Erwin Leister

UNGESCHMINKT

IM GALOPP DURCH DIE GESCHENKTE ZEIT
TEIL II

Autobiografische Reportage

Redaktionelle Mitarbeit und
digitale Bildgestaltung
Florian Seiler

Skript
Hannelore Schilling

Herstellung und Verlag: BoD - Books on Demand, Norderstedt
ISBN 978-3-7448-9106-6

Inhalt

PROLOG

Von der Hitlerjugend geprägt,
beschloss ich als 18-jähriger
die „Heldenlaufbahn" einzuschlagen.
Fallschirmjäger!
Der „Fall" war tief.
Ich lernte was Krieg bedeutet.
Heimat und Seele
ein Trümmerhaufen…

ROYAL CANADIAN MOUNTED POLICE

PRISONER OF WAR DESCRIPTION FORM

No. of Camp   132.

P. of W. No.   CP 3678. - **260154**

Name	LEISTER, Erwin.	Rank	Gfr.

Branch of Service   Air Force.

Date of Capture   7-5-43.

Nationality or Race   German.

Date of Birth	8-11-24.	Height	5'8.
Weight	156.	Complexion	Fair.
Hair	Lt. dk brown. lt. part. Unruly.	Eyes	Brown. Clear and round.
Chin	Round.	Nose	Straight.
Mouth	Full lips.	Teeth	Good.
Languages Spoken	German.		

Scars, marks   Scar beside lt. eye. Birthmark lt. cheekbone and rt side of neck. Scar base of 1st. finger lt. hand , under side.

Dress   Uniform shirt. P.O.W. shorts.

Occupation or Trade   Farm inspector.

Religion   R.C.

Date of Photograph   27-7-43.

Remarks: Erect. Sl

Photograph
lt. hand.

JCB.

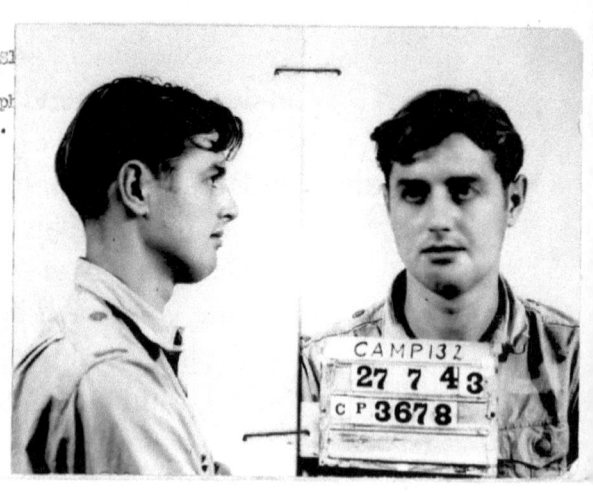

Der kanadische „Steckbrief"

DIE BETROGENE GENERATION

Diesem Verbrecher genügten nur 12 Jahre, halb Europa in Schutt und Asche zu legen, zwanzig Millionen Leben auszulöschen, um sich am Ende der Apokalypse ohne Skrupel, feige und verlogen aus dem Leben zu stehlen!
Unbegreiflich – es bleibt ein Phänomen der Geschichte – wie eine gebildete Nation, angeblich das „Volk der Dichter und Denker", auf diesen perfiden Demagogen Hitler hereinfallen und ihm, bis zum bitteren Ende, folgen konnte.

Gottlob ist das mörderische Inferno seit über einem Jahr Geschichte, die Waffen schweigen.
Nahe der englischen Hafenstadt Harwich, in einem improvisierten Zeltcamp, warte ich mit hunderten deutscher Kriegsgefangener, auf den Abtransport in die Heimat.
Einst aufgewachsen in einem Land, das sich selbstherrlich „Großdeutschland" nannte, marschierten wir, im festen Glauben an den „Endsieg", „für Führer, Volk und Vaterland", jung und voller Enthusiasmus, in die Schlachten.
Wir siegten, verloren, opferten unsere Knochen, verreckten, überlebten das sinnlose Gemetzel und verbrachten letztendlich viele Jahre hinter Stacheldraht.

In diesem Sommer, Juni 1947, zeigt sich die Sonne besonders freundlich und in unserem Zelt, spartanisch ausgestattet mit 50 Doppelstockbetten, ist es verdammt heiß.
In der „oberen Etage" eines Doppelstockbettes durchlebe ich zum wiederholten Mal das Wiedersehen mit den Eltern und Manfred, meinem Bruder.
Auf dem Unterbett Sepp Hintermoser aus Tirol und Paule Hufnagel aus Potsdam.
Auch sie beschäftigt nur ein Thema – unsere Heimkehr!
„Sag' Erwin, schläfst du?"
„Nee, warum?"

„Wenn i` so d`rüber nachdenk`, ha`m wir doch a` verdammtes Glück
g`habt!"
Paule hält inne mit dem Brilleputzen:
"Glück... wie meenst`n dett?"
„Naja, wenn i` so an die armen Schweine in Russland denk`..."
„Da haste Recht, keen Mensch kann sich sein Schicksal aussuchen,
det passiert ebend."
„Sag Erwin... und du willst dich tatsächlich in die „Russenzone"
absetzen?"
„Mensch Sepp, dort bin ich geboren.
Thüringen ist meine Heimat und wenn..."

„Attention please! Attention please!
Alle Kriegsgefangenen der „Russischen Besatzungszone", mit dem
Familiennamen A bis einschließlich L, machen sich bereit!
Nach kurzer Busfahrt werden sie den Hafen von Harwich erreichen und
von dort mit dem Fährschiff übersetzen nach Holland.
Ende."

Jedweder Gefühlsduselei entwöhnt, drücke ich beiden nur kurz die Hand:
„Macht`s gut. Meine Adresse habt ihr. Vielleicht sehen wir uns
irgendwann mal wieder."
Paule nickt:
„Bleib jesund alter Knabe und komm` jut heim!"

Die Nordseewellen benehmen sich ausnehmend friedlich, als wir am
Nachmittag das Fährschiff nach Holland besteigen.
Dicht gedrängt auf dem Oberdeck, den Seesack krampfhaft untern Arm
geklemmt, kommen wir uns irgendwie „verloren" vor.
Nirgendwo auf dem Schiff ist ein englischer Wachsoldat in Sicht!!
Und es dauert, bis uns allmählich bewusst wird... wir sind frei...
Kameraden... wir sind frei!!!
Unweit von mir tönt eine verhaltene Stimme:
„In der Heimat, in der Heimat..."
Und Sekunden später, singt, jubelt, ein Chor von 500 überglücklichen
Männern:
„In der Heimat, in der Heimat, da gibt`s ein Wiedersehen!"

Freudetrunken liegen wir uns in den Armen, währenddessen fleißig die „Tränchen" kullern…

Just in dem Augenblick als das Fährschiff am Kai in Hoek van Holland anlegt, öffnet der Himmel sämtliche Schleusen, es gießt aus Eimern und sieht nach einem Dauerregen aus.
Zu unserem Glück!
Somit bleibt uns, während der bevorstehenden Eisenbahnfahrt, der Anblick unserer, am Boden liegenden Heimat, erspart.

In Sichtweite unserer Anlegestelle wartet er bereits, der „Heimkehrerexpress"!
An der Spitze der endlosen Güterwagenschlange, zwei imposante Lokomotiven, die bereits mächtig unter Dampf stehen.
Im Laufschritt und nass bis auf die Knochen, erklimmen wir den uns zugeteilten Wagon und beim Anblick der „Innenausstattung" bekommt unsere Euphorie einen sanften Dämpfer.
Die Wände verdreckt, der Fussboden verschlissen und als Krönung stinkt es auch noch bestialisch!
Was soll's, wir haben schon Schlimmeres überstanden, Augen zu und durch.
Wir nutzen unseren, von der „Royal Navy" ausgemusterten Seesack, als Kopfkissen und während die entfesselten Regentropfen unaufhörlich auf unsere ärmliche Bleibe hämmern, „verabschieden" wir uns einstweilen von dieser „schnöden Welt".

Am nächsten Morgen, als wir die hessische Grenze Richtung Osten passieren, haben sich die Regenwolken endlich davon gemacht und während einige Kameraden versuchen die Wagontür aufzuschieben, steht die übrige Belegschaft gespannt in den „Startlöchern", um einen möglichst günstigen Platz zu ergattern.
Erste Sonnenstrahlen, die neugierig durch die Baumwipfel blinzeln, dazu die klare, frische Morgenluft – es tut der Seele wohl!

Momentan nähern wir uns einer Gegend, die mir seit frühester Jugend vertraut ist – das Eichsfeld!

Unweit von hier erhebt sich der „Hülfensberg", ein weit über das
Eichsfeld hinaus bekannter Wallfahrtsort.
Zu Füßen dieser Pilgerstätte liegt, eingebettet in eine sanfte
Hügellandschaft, das beschauliche Dörfchen Döringsdorf.
Eine kleine Zweihundertseelengemeinde, in der mein Vater einst, als
frisch gebackener Junglehrer, seine ersten Sporen verdient hat.
Döringsdorf – dieses, für den Rest der Welt völlig unbedeutende
Fleckchen Erde, ist für mich von „Historischer Bedeutung"!
Hier haben, am 8. November 1924, meine Eltern, Oma, Opa und der
Rest der Sippe, mir, dem allerersten Enkelkind, die „gebührende
Bewunderung" gezollt.

Wir dampfen weiter durch das beschauliche Thüringer Land, passieren
kleinere Orte, die vom Krieg anscheinend verschont geblieben sind und
nähern uns der Stadt, wo die Eltern und Bruder Manfred,
das „Inferno" glücklicherweise überstanden haben – Erfurt.
Ehemals bekannt als die „Blumenstadt im grünen Herzen Deutschlands".
Meine Ankunft steht in den Sternen und dass ich noch vierzehn Tage in
einem Quarantänelager „einsitzen" muss, ahnt meine Familie nicht.
Die Lokomotiven beginnen das Tempo merklich zu drosseln,
während mein Puls mehr und mehr an Fahrt aufnimmt.
Erste Häuser… Straßen… Grünanlagen… Einfahrt in den Bahnhof…
Bremsen quietschen… ein Ruck… der Zug steht!

Erfurt – Hauptbahnhof
Bahnsteig A
Mir verschlägt es die Sprache!!
Das Bahnhofsgebäude verkommen… auf den Gleisen verstreuter Müll…
verrostete Hinweisschilder… überall Berge von Schutt!
Auf dem Bahnsteig einige Reisende, zumeist Frauen und Alte.
Ärmlich gekleidet, abgemagert, die Gesichter verhärmt, kaum ein
Lächeln.
Manche blicken verstohlen zu uns herüber.
Was mag in ihnen vorgehen?
Vielleicht ist der Mann, Sohn oder Bruder vermisst, gefallen oder noch
irgendwo in Gefangenschaft?
Ein Mädchen winkt.

Offensichtlich gilt der Gruß mir.
Ich winke, leicht verkrampft, zurück.
Im Wagon herrscht Stille... die Kameraden sind ebenfalls geschockt.
Ein alter Schaffner zückt seine Trillerpfeife, hebt die Kelle und langsam
setzt sich unsere „Heimkehrerschlange" wieder in Bewegung, Richtung
Saalfeld-Unterwellenborn, der letzten Station meiner Odyssee.

Das Qurantänelager diente während des Krieges französischen
„Fremdarbeitern", die im benachbarten „Stahlwerk Unterwellenborn" für
den „Endsieg" schuften mussten, als Unterkunft.
Die Barackenwände „verraten" es.
Überall französische Sprüche und Verse, zum Teil mit erotischem
Hintergrund.
Das Lager umsäumt ein hoher, verrosteter Stacheldrahtzaun.
Den Eingang „ziert" ein Schlagbaum, daneben ein verlassenes
Postenhäuschen.
Ich teile mein spartanisch eingerichtetes „Apartment" mit drei
sogenannten „Grenzgängern".
Zwielichtige, ausgebuffte Geschäftemacher, die einem zeitgemäßen
„Gewerbe" nachgehen.
Bei Nacht und Nebel stehlen sie sich über die „grüne Grenze", kaufen in
den drei „Westzonen", der amerikanischen, französischen und
englischen ein, um es möglichst gewinnbringend in der „Ostzone"
zu verscherbeln.
Ihr Habitus entspricht kaum dem armseligen, gegenwärtigen
„Modetrend" und im Gegensatz zu den meisten Lagerinsassen, verrät
ihre Physiognomie weit weniger ausgehungerte Falten.
Eine Unterhaltung mit ihnen erübrigt sich.
Sie verbringen die Zeit mit einem „Spielchen", das mir bis dato
unbekannt war – „Tauschbörse"!
Heringe gegen Nylonstrümpfe,
Unterhosen gegen Zigaretten,
Marmelade gegen Herrensocken, u.v.m.
Der Fieseste unter ihnen ist „Schieberwilli" aus Gera.
Aalglatt und trickreich versucht er seine Tauschkumpane übers Ohr zu
hauen.

Als Lagerverwalter Gesinger, ein waschechter Bajuvare, unvermittelt auftaucht, lassen sie das illegale Warensortiment, wie geübte Magier, im Handumdrehen verschwinden.

Gesinger zückt seine Brille und sieht auf seinen Zettel:

„Ham`s hier zufällig auf der Stub`n einen...".

„Erwin Leiser?"

„Leister!"

„Oder so..."

„Der bin ich!"

„Draußen vor`m Schlagbaum soan`s zwoa ältere Herrschaften, die nach ehna gefragt ham`. I` mach` sie d`rauf aufmerksam, sie dürfen das Lager nicht verlassen, denn die Vorschrift..."

Ohne weitere Belehrungen abzuwarten, springe ich durch das offene Barackenfenster – und wenig später liegen wir uns in den Armen!

Vater, von der Wiedersehensfreude überwältigt, versucht mannhaft sein Zittern zu verbergen, Mutter kullern ungehemmt die Tränen und mir... versagt es die Sprache.

Allmählich gelingt es Mutter die Tränenflut zu bändigen, Vater hat sich wieder fest im Griff... und ich finde langsam die Sprache wieder:

„Ihr... ihr seid ja so dünn geworden!"

Mutter schluchzt:

„Wir haben Oma gestern beerdigt... Sie hat so sehr auf dich gewartet!"

Beim Anblick meiner Eltern, beide nur noch Haut und Knochen, begann ich zu begreifen was dieser Krieg auch in der Heimat angerichtet hatte.

Das also war meine „siegreiche Heimkehr"!
Der „Held" im Quarantänelager eingesperrt,
die Eltern ein Häufchen Elend und die Heimat ein Trümmerhaufen...

Aber ich lebe!!

ANGEKOMMEN

Alles steht noch am alten Platz... mein geliebtes Klavier... in der Ecke
die alte Standuhr, deren aufdringliches Geläute mich einst zum
Wahnsinn treiben konnte... auf dem Vertiko der „Volksempfänger", die
„Goebbels-Schnauze", vor dessen Lautsprecher Vater, unter einer
Wolldecke vergraben, den verbotenen Nachrichtensendungen des
„Londoner Rundfunks" lauschte... der Tisch liebevoll gedeckt mit
Mutters Sammeltassen... sogar einen Blumenstrauß hat sie als
Willkommensgruß aufgetrieben... alles wie früher – und doch anders!

Mutter kommt mit dem Kaffee.
„Wo steckt denn Manfred?"
„Dein Bruder verbringt seine Ferien in Lengenfeld, hilft Opa bei der
Ernte. Dort kann er sich mal richtig satt essen."
„Und Vater?"
Sie schweigt.
„Um diese Zeit müsste er doch längst zu Hause sein, dauert denn der
Schulunterricht so lange?"
Sie schenkt mir ein, ich sehe wie ihre Hände zittern.
„Warum sagst du denn nichts?"
„Vater ist entlassen... alle ehemaligen Mitglieder der NSDAP sind vom
Schuldienst suspendiert.
Seit voriger Woche arbeitet er in einer Gummifabrik. Wir sind heilfroh,
dass er endlich Arbeit hat!"
„Gummifabrik? Schafft er denn das, ich meine körperlich?"
Sie zuckt die Schultern.
„Er prüft Gummi."
„Gummi? Doch nicht etwa Autoreifen?!"
„Nein..."
Sie läuft rot an und nuschelt:
„Kleinere Dinge..."
„Meinst du „Pariser?"
„Aber Juuunge...!!"

Im Korridor schnappt das Schloss und wenig später steht Vater in der Tür, blass und erschöpft.

Ein jämmerlicher Anblick in seinem abgetragenen Anzug.

Er umarmt mich.

„Mutter hat es dir sicher schon gesagt... ich bin fristlos entlassen... bin im Schuldienst nicht mehr tragbar."

Mutter versucht die bedrückte Stimmung zu entkräften.

„Jetzt setzt euch, sonst wird der Kaffee kalt!"

Ich lasse es mir schmecken. „Muckefuck" und Pflaumenkuchen! Nicht ahnend, welche Kostbarkeit das heute ist, angle ich mir ein zweites Stück.

Vater spöttelt:

„Inzwischen ein Mann geworden, aber immer noch der alte Süßschnabel."

„Aber Karl, lass ihn doch, der Junge kommt aus dem Krieg!"

„Das sieht man seinen Pausbacken aber nicht an und außerdem haben wir keinen Krieg mehr."

Ach ja, das war er wieder, unser Vater mit seinem gewohnten „Oberlehrerton"!

Augenblicklich steigt die alte Widerborstigkeit in mir hoch und ich nuschele mit übervollem Mund:

„Wie war denn hier das Kriegsende?"

Vater überspielt meine Provokation:

„Die Amis wurden mit weißen Fahnen empfangen und die nachfolgenden Russen mit roten!"

„Soll das ein Witz sein?"

„Nein, Junge. In Erfurt gab es, als die „Rote Armee" auftauchte, nur Antifaschisten!"

„Du willst mich wohl auf den Arm nehmen? Hier haben doch damals alle „Heil" und „Sieg" gebrüllt!"

„Stimmt! Das war alles nur Tarnung!

Jetzt sind die Hakenkreuze aus den Fahnen herausgeschnitten und die Vergangenheit ist nur noch ein Loch..."

Grauer Alltag

Wenn ich künftig nicht Hungers sterben oder nackt unter Brücken kampieren will, muss ich mir im Rathaus umgehend die „Überlebenspapiere" abholen.
Nach 5 Jahren Krieg und Gefangenschaft, dem zivilen Leben total entwöhnt, betrete ich schüchtern und ein wenig hilflos einen großen, weiß getünchten Raum, wo an fünf Tischen, lange Menschenschlangen schweigend und geduldig auf ihre Abfertigung warten.
Zumeist Frauen, ältere Männer und einige Russlandheimkehrer, unschwer an ihren abgetragenen Wattejacken zu erkennen.
Die Luft ist stickig. Alle schweigen.
Eine bedrückende Atmosphäre.
Ohne einen blassen Schimmer, wo ich mich einzuordnen habe, schlängele ich mich nach vorn zu einem der Tische.
Plötzlich wird die, halb tot geglaubte Menschenmenge, lebendig:
„He, du vollgefressener Pinkel stell dich gefälligst hinten an!"
„Du Arschloch denkst wohl du bist was Besseres!"
„Guckt ihn nur an, der schiebt doch!"
„Hau bloß hier ab, du fetter Sack!"
„Entschuldigung... ich... wollte doch nur..."
„Wir wollen hier alle nur, oder denkste` mir ha`m uns hier zur Polonaise aufgestellt?"
Und so durfte ich als Letzter diese „gastliche Stätte" verlassen.

Der Rat der Stadt Erfurt
Wohnungsamt
436

Erfurt, den ____ 194__
Drachengasse 2
Telefon: 2 51 01 /

Zuweisungsschein
Für den Untermieter

Herrn _____, Erfurt
Fr _____ Nr. _____

Gemäß Artikel VIII des Wohnungsgesetzes — Gesetz 18 — vom 8. März 1946 wird von Ihrer Wohnung folgender Wohnraum erfaßt:
_____ möbl. / leer, nicht / heizbar, mit ____ Betten
mit insgesamt ____ qm.   Schlafgelegenheit
Korridor, Küche, Keller und Abort sind den zugewiesenen Untermietern zur Mitbenutzung zu überlassen.
Für diese Räume wird hierdurch zugewiesen:
Herr _____

Ein „gerettetes
Überlebenspapier"

15

Beim anschließenden Spaziergang über Erfurts einstigen Prachtboulevard, dem „Anger", gibt es wenig zu bestaunen.

Armselig dekorierte Schaufensterauslagen, die meisten Scheiben demoliert und mit Brettern vernagelt.

Ärmlich gekleidete Passanten, die Gesichter ausgemergelt und verbittert, hassten gleichgültig aneinander vorbei.

Der tägliche Kampf ums Überleben hat sie abgestumpft.

Vorm Portal des Hauptpostamtes, auf eine Holzkrücke gestützt, hält ein Junge, vielleicht 18 Jahre alt, den Passanten schüchtern sein verschwitztes Wehrmachtskäppi entgegen, ihm fehlt der rechte Arm.

Das Betteln fällt ihm sichtlich schwer.

Auf einer Bank daneben, in die Zeitung vertieft, sitzt ein auffallend gut gekleideter älterer Herr, der fortwährend den Kopf schüttelt.

Das ist doch…

"Hallo, Herr Studienrat!"

Er sieht auf:

„Studienrat a.D., junger Mann. Mein Personengedächtnis lässt zu wünschen übrig. Sind sie ein ehemaliger Schüler des „Langemark-Gymnasiums?"

„Ich hatte Griechisch und Latein bei ihnen… Leister… Erwin Leister!"

„Leister…?"

Nach längerer Pause:

„Leister… haben sie anlässlich der Elternabende zuweilen den Schulchor dirigieren dürfen?"

„Mhm…"

„Wie geht es ihnen? Sie scheinen auffallend wohlgenährt?"

„Ich bin vor kurzem aus britischer Gefangenschaft entlassen worden."

„So… na, was sagen sie zu unserem einstmals stolzen Vaterland?

Er gerät in Rage:

„Diese Proleten!

Überall haben sie sich gegenseitig die lukrativsten Posten zugeschoben!

Es regiert die Dummheit!

Unsere Altvorderen hatten recht:

Es ist nichts Ärgeres wert, als wenn ein Bettelmann kommt aufs Pferd!

Das wird nicht gut gehen!

Meine Villa in der Goethestraße musste ich räumen, Platz machen für
einen Vaterlandsverräter, einem ehemaligen Major des
,Nationalkomitees Freies Deutschland'.
In Moskau hat man ihn einer Gehirnwäsche unterzogen.
Können sie sich noch an Dr. Hellmich und Oberstudienrat Wenzel
erinnern?"
„Aber ja, bei Herrn Wenzel haben wir Zeichnen gelernt."
„Beide Kollegen haben sich nach dem Zusammenbruch, samt ihrer
Familien, umgebracht!
Was für eine Zeit!"
Er weist auf die Zeitung.
„Hier! Lügen, nichts als Lügen! Primitivste Propaganda!
Diese Proleten wollen die Welt verändern!"
Er erhebt sich abrupt.
„Machen sie`s gut und leben sie sich ein.
Sie werden nicht viel Freude haben. Adieu!"
Ich sehe ihm nach.
Dr. Rauch, Studienrat a.d., ehemaliger „alter Kämpfer".
Träger des „Goldenen Parteiabzeichens der NSDAP".
Damals, wenn unsere Klasse wenig Lust am Unterricht verspürte,
brachten wir ihn „stets auf das Thema:
,Unser Führer, „Großdeutschland" –
und die Unterrichtsstunde war „gelaufen"!

Ich passiere die Johannesstraße.
Überall, an jeder Ecke Parolen.
„Nie wieder Krieg!"
„Vorwärts zum Sozialismus!"
„Es lebe die siegreiche Sowjetunion!"
„Stalin, der beste Freund des deutschen Volkes!"
Am Heimatmuseum kommt mir ein klappriger Traktor, mit zwei hoch
beladenen Anhängern voller Kohlen, entgegen.
Plötzlich beginnt der Motor zu streiken und die Fuhre bleibt stehen.
Der Fahrer, nicht sonderlich überrascht von der Situation, schnappt sich
seelenruhig den Werkzeugkasten und kriecht unter die Motorhaube des
„Oldtimers."

Im Nu sind einige Jungen zur Stelle, erklimmen behände den Anhänger und werfen, wie geübte Tempojongleure, den herbeieilenden Passanten die kostbare Fracht in ihre aufgehaltenen Einkaufstaschen.
Als der Fahrer ölverschmiert wieder auftaucht, sieht er nur noch den Rest der Diebesbande eilig um die nächste Straßenecke entschwinden.
„Schämt Euch Ihr verdammten Schweine, die Kohlen sind fürs Krankenhaus bestimmt!"

Ein weithin sichtbares Gebäude, vor Jahren zur „sittlichen" Erbauung der Bürgerschaft errichtet, blieb von den alliierten Bomben glücklicherweise verschont, das „Stadttheater!"
Die kulturell ausgehungerte Bevölkerung steht oft die halbe Nacht hindurch Schlange, um eine der heißbegehrten Theaterkarten zu ergattern. Man möchte, und sei es nur für ein paar Stunden, dem trostlosen Alltag entfliehen, sich verzaubern lassen von Puccinis „Tosca", Lessings „Nathan der Weise" oder den Melodien des Walzerkönigs Johann Strauss.
Namhafte Künstler, Schauspieler, Sänger, Musiker, deren einstige Wirkungsstätten unter Trümmerbergen verschwunden sind, finden in Erfurts gastlichem Musentempel Aufnahme.
Obwohl man den „Erfurter Puffbohnen" bisweilen eine gewisse Sturheit nachsagt, verehren, ja lieben sie „ihre" Künstler!
Es geschieht nicht selten, dass der „auserkorene Liebling" statt Blumen, ein sorgsam verschnürtes „Fresspäckchen" überreicht bekommt.
Spendiert von Bürgern, die ihren edlen Perserteppich gegen einen Sack Kartoffeln, Mehl, Speck oder andere Naturalien verscherbelt haben.
Somit ist es manchem Bauern vergönnt, nicht nur sein Wohnung, sondern auch die Ställe angemessen auszustatten.

IM HEILIGTUM DES PRINZIPALS

‚Ich glaube an die Unsterblichkeit des Theaters. Es ist der seligste Schlupfwinkel für diejenigen, die ihre Kindheit heimlich in die Tasche gesteckt und sich damit auf und davon gemacht haben, um bis an ihr Lebensende weiterzuspielen‘
(Max Reinhardt)

Zugegeben, es hat mich verdammte Überwindung gekostet, bis ich eines Tages im Vorzimmer des Intendanten saß, nervös in irgendwelchen Zeitungen herumblätterte und ungeduldig auf meine „Audienz" wartete.
Die Tür zum „Heiligtum" tut sich auf und eine „kühle Blonde mit Hochsteckfrisur" flötet:
„Herr Generalintendant lässt bitten."
Ich erhebe mich mit weichen Knien.
Da thront er, hinter einem barocken Schreibtisch, der Prinzipal des Hauses, Generalintendant Johannes Arpe.
„Bitte nehmen sie Platz!"
Er blättert in seinen Papieren.
„Sie sind Herr Leister, kürzlich aus britischer Gefangenschaft entlassen und möchten bei uns anfangen?"
Hoffnungsvoll bejahe ich seine Frage.
Er sieht mich lange an.
„Halten sie sich denn für begabt?"
„Ich hatte in Kanada bereits Gelegenheit erfolgreich auf der Bühne zu stehen."
„Auf der Lagerbühne oder in einem professionellen Ensemble?"
„Naja, so halb und halb. Es waren ja auch richtige Künstler in Gefangenschaft."
Er stutzt und sieht mich fordernd an.
„Ist ihnen eigentlich bewusst, dass sie ein ausgezeichnetes ‚Thüringisch‘ sprechen?"
„Das hat mir noch niemand gesagt."
„Manchmal genügt ein einziger Satz!
Junger Freund…bevor sie sich auf die Bretter wagen, rate ich ihnen eine Schauspielschule zu besuchen.

Lernen sie das Handwerk eines Schauspielers von der Pieke auf!
Ein großer Theatermann hat es treffend formuliert:
‚Wenn du das Fundament eines Hauses nicht solide aufbaust, stürzt das
Gebäude irgendwann im dritten Stock zusammen.‘
Das ist die Realität! Anders funktioniert es nicht!"
Es klopft.
„Ja, bitte?"
Erneut die „kühle Blonde mit der Hochsteckfrisur":
„Entschuldigung Chef, Verwaltungsdirektor Krummbein wartet."
„Ich komme!
Also junger Freund, denken sie in Ruhe darüber nach."

Trotz des wohlgemeinten Ratschlages fühle ich mich zutiefst getroffen.
Glaubte ich doch bisher, mein perfektes Hochdeutsch sei eine Parallele
zum gepriesenen „Oxford-Englisch".

Mütter ahnen meist wenn mit ihren Kindern etwas nicht stimmt.
„Na, es hat wohl nicht geklappt mit dem Engagement?"
„Der Intendant war sehr nett..."
„Aber..."
„Er meint ich soll erst mal eine Schauspielschule besuchen."
„Schauspielschule?"
„Hmm..."
„Reich mir mal die Zeitung rüber, da hab ich doch vorhin etwas
gelesen... hier:
...dem Thüringischen Landeskonservatorium Erfurt wird ab
1.September 1947, mit Beginn des neuen Semesters, eine
Schauspielabteilung angegliedert. Neuer Leiter wird der aus Hamburg
stammende Chefdramaturg Siegfried Tettenborn..."
Sie legt die Zeitung beiseite:
„Probiers doch mal Junge, vielleicht hast du Glück!"
Und ich hatte Glück!

In einer alten Villa, unter einem üppigen Kronleuchter, auf dessen Prismen noch der Staub der Vorkriegszeit zu liegen scheint, sitzen auf wackeligen Biergartenstühlen, achtzehn frischgebackene Adepten der Schauspielkunst und lauschen andächtig und ehrfurchtsvoll den Worten ihres künftigen „Erziehungsberechtigten":

„Meine lieben künftigen Kollegen!
Der Beruf des Schauspielers ist ein Geschenk!
Eine Berufung, die uns Besessenheit, Fleiß, Demut und eiserne Disziplin abverlangt.
Wir stehen vor einem Neubeginn!
Endlich ist das gegenseitige Abschlachten, die Verrohung aller menschlichen Werte vorbei.
Wir sind gefordert, den Menschen wieder humanistisches Gedankengut nahe zu bringen.
Das bedeutet, „hohles Pathos", deklamatorisches Brüllen sollten wir in unserer künftigen Arbeit zu meiden suchen und uns um Aufrichtigkeit bemühen.

Wahrheitsliebe, Leidenschaft, Neugier und Verantwortungsbewusstsein sind Tugenden, die es anzustreben lohnt.
Der denkende Schauspieler, früher oft verspottet, ist heute selbstverständliche Forderung.
Es gilt, unser wichtigstes Handwerkszeug, die Stimme zu trainieren. Wir müssen lernen mit ihr zu haushalten, damit der „Faust" im letzten Akt nicht „schlapp" macht.
Körperbeherrschung, Spannung und Entspannung, Rhythmik und Raumgefühl sind unabdingbare Voraussetzung für die Erarbeitung einer Rolle.
Wir müssen die Kunst der Beobachtung lernen, den Leuten „aufs Maul" schauen, wie es Luther einst tat oder wie Bertold Brecht es ausdrückt: Es gilt gesellschaftliche Zusammenhänge zu begreifen!
Arbeiter und Bauern sind nicht dumm, Könige nicht voller Würde. Köche nicht immer dick und Liebespaare nicht nur jung und schön.'
Wir müssen die Zeit verstehen lernen, in historischen Zusammenhängen denken!
Helfen wir durch unsere Kunst, das Theater und Kulturstätten nicht wieder zu rauchendenden Trümmerhaufen werden!
Kunst im Dienst des Menschen! Kunst im Dienst des Friedens!
Stellen wir uns dieser zutiefst humanistischen Forderung mit Lust und Tatendrang!
Willkommen in unserer neuen Schauspielabteilung!"

Mit Geduld und Verständnis führen uns die Dozenten, größtenteils erfahrene Schauspieler, Regisseure und Dramaturgen, in die „Kunst der Verstellung" ein.
Einer unserer „Lehrmeister" bleibt mir unvergessen!
Konrad G., begnadeter Mime, optisch ein „Zwillingsbruder" Goethes und ein passionierter „Schluckspecht".
Nach einem gewissen Quantum braunen Kräuterlikörs, von ihm treffend als „Kommodenlack" tituliert, gerät er ins Schwärmen.
Wenn er aus seinem reichen Komödiantenleben plaudert, liegen „Dichtung und Wahrheit" stets eng nebeneinander.
Zu seinem Standardrepertoire zählt u.a. folgende Episode:
„Freilichtbühne Neustadt an der Dosse! Herrlicher Sommerabend!

Wir spielen den „Wilhelm Tell" von Friedrich Schiller!
Die Vorstellung ausverkauft! Ich gebe den Freiherrn von Attinghausen, einen Greis von 85 Jahren.
Die bewegende Schlussszene!
Vom Tode gezeichnet, lege ich meine zitternde Hand auf das Haupt des Kindes von Wilhelm Tell:
‚Auf diesem Haupte, wo der Apfel lag - wird euch die neue Freiheit grünen! Das Alte stürzt...es ändert sich die Zeit...und neues Leben blüht aus den Ruinen!
Drum haltet fest zusammen!
Seid einig... einig... einig!!'
Darauf breche ich zusammen – Tot!
Die Zuschauer geschockt, halten den Atem an!
Plötzlich eine Stimme aus dem Publikum:
„Jetzt hat er ausjeschissen..."
Dieser Barbar!! Da reißt man sich die Seele aus dem Leibe!
Stirbt wirkungsvoll den Theatertod und dann kommt so ein Kunstbanause daher und versaut allen die Stimmung!!"

Dienstag, 10.00 Uhr.
Rollenstudium bei Konrad G.
Der „Meister", wie wir ihn respektvoll titulieren, sitzt leicht „kommodenlackgeschwängert", auf einem vorsintflutlichen Thron, den er sich aus dem Möbelfundus des Theaters organisiert hatte.
„Also, junger Kollege in spe, ich kann es nur immer wiederholen.
Mit unserer Fantasie müssen wir versuchen, in die Seele eines, uns fremden Menschen, einzudringen, möglichst viel von seinem Wesen in uns aufsaugen, um es glaubhaft in die darzustellende Figur einfließen zu lassen.
Ein verdammt komplizierter und manchmal schmerzhafter Vorgang.
Manchem „Auch-Schauspieler" bleibt das „Abtauchen" in einen fremden Charakter verwehrt.
Er bleibt zeitlebens ein „Macher"! Schon Goethe wusste um diese Unzulänglichkeit:
‚Wenn ihrs nicht fühlt, ihr werdets nie erjagen!'
Und nun genug der Theorie, was haben wir für heute vorbereitet?"

„Den Monolog des „Arnold von Melchtal" aus „Wilhelm Tell."
Er strahlt.
„Aha, sehr anspruchsvoll... der „Tell" hat mich immer verfolgt!
Außer dem „Attinghausen" habe ich noch den „Gessler verbrochen",
seinerzeit in Castrop-Rauxel... Tempi passati!"
Womit er bedeutungsvoll die Augen schließt, die rechte Hand erhebt und
das Zeichen zum Anfang gibt:
„Ich höre!"
„ ...in die Augen sagt ihr...blind also – wirklich blind und ganz
geblendet? Oh, blinder alter Vater, du kannst den Tag der Freiheit nicht
mehr schauen – du sollst ihn hören!!
Wenn von Alp zu Alp die Feuerzeichen flammend sich erheben - die
festen Schlösser der Tyrannen fallen!
In deine Hütte soll der Schweizer wallen – zu deinem Ohr die
Freudenkunde tragen – und hell in deiner Nacht soll es dir tagen!"
Keuchend am Boden hockend, erwarte ich die fällige Kritik des
„Meisters".
Stille...
Der „Meister", anscheinend vom „Kommodenlack" übermannt, ist sanft
entschlummert...
Kein Student hätte sich jemals erdreistet, ihn in dieser peinlichen
Situation aufzuwecken!
Seit über einer Stunde sehe ich nun schon bedeppert aus dem Fenster und
lasse des „Meisters" hemmungslose „Schnarchkanonaden" geduldig über
mich ergehen.
Plötzlich ein röchelnder Stoßseufzer!
Er schreckt auf...reibt sich die Augen...bemerkt mich!
Pause...
Plötzlich schüttelt er vorwurfsvoll das Haupt:
„Nein...nein... so nicht junger Freund!"
Ich habe kaum ein Wort verstanden... du... du...du nuschelst!
Dafür ist mir meine kostbare Zeit zu schade!"
Worauf er sich erhebt, mit großer Geste die Tür zuschlägt und mich,
kritiklos, mit meinem „Melchtal-Monolog" am Fenster stehen lässt.

24

Das Studium ist anstrengend.
Der Fechtunterricht, die Gymnastikstunden, sowie meine heftigen
Amouren lassen die, einst in England angefutterten Pfunde, alsbald dahin
schmelzen und meine Figur auf das Standardmaß des deutschen
Nachkriegsbürgers schrumpfen.

„SCHWOF" IM KAISERSAAL

An dem Ort, wo Napoleon 1808 die europäischen Fürsten, in dem nach
ihm benannten „Kaisersaal" versammelte, tummelt sich heute die
vergnügungshungrige Jugend der Stadt zum „Schwof".
Auf dem abgelatschten Parkett des spärlich beleuchteten Festsaals, kaum
beheizt, hüpft und swingt die tanzwütige Menge nach den Rhythmen der
Kapelle „Willi Kluth".
Eintritt: Drei Mark und ein Stück Brikett.
Da den meisten Besuchern die Tanzstundenzeit, infolge des Krieges,
vorenthalten bleibt, gleicht das Gehoppse zuweilen einem „schreitenden
Ringkampf".
Stadtbekannte Stenze, sogenannte „Pomadenjünglinge", schieben und
schleudern ihre „Swing-Lieschen" lässig über das Parkett.
Wahre Akrobaten im Verrenken ihrer „Gehwerkzeuge".
Favorit ist der Boogie-Woogie!
„Haste kalte Beene, haste kalte Beene
tanzte „Boogie-Woogie" haste keene.
Haste nasse Socken, haste nasse Socken
tanzte „Boogie-Woogie" sind `se trocken."
Die Menge tobt! Der Saal kocht!
Während der Tanzpausen servieren lustlose Aushilfskellnerinnen
erlesene Getränke:
Bier ohne Blume, Fassbrause mit Süßstoff oder lauwarmen
„Muckefuck".
Ein verstohlener Blick durch die Tür der Damentoilette verrät den
derzeitigen Modetrend.
In Ermangelung echter Strümpfe pinseln sich Freundinnen gegenseitig
Strumpfnähte auf die nackten Waden.

Der Eindruck ist verblüffend, doch leider nur von kurzer Dauer.
Wenn zu vorgerückter Stunde „Willi Kluth" und seine Mannen die
ergreifende Schnulze von den „Capri-Fischern" intonieren, die Paare
engumschlungen, sich leidenschaftlich Lügen ins Ohr säuseln, geht
plötzlich das Licht aus – Stromsperre!
Spätestens bis zu diesem Augenblick sollte das „Startloch" für „intimere
Vorhaben" gegraben sein!
Doch Vorsicht! Manch` „reizvollen Kurven" sieht man nicht an, ob sich
die Maid, im Lustgefühl vergangener Paarung, einen Tripper oder
ähnlich „Beglückendes" eingehandelt hat.
Makabere Sprüche machen die Runde:
‚Haste Tripper, Syph` und Schanker – biste lange noch kein Kranker'!
Raue Nachkriegsmentalität...

STECKRÜBENSUPPE UND WATTEJACKEN

Unweit des Domes und der Severi-Kirche, dem Wahrzeichen der Stadt
Erfurt, erhebt sich der Petersberg, mit der gleichnamigen Zitadelle.
Eine Stadtfestung aus dem 17. Jahrhundert.
Militärisch genutzt bis zum Jahre 1964.
Seit geraumer Zeit beherbergen die barocken Mauern ein
„Quarantänelager" für Kriegsheimkehrer aus Russland.
Auf Anfrage des „Rates der Stadt" erklärte sich unsere
Schauspielabteilung umgehend bereit, den heimgekehrten Soldaten die
14-tägige Quarantänezeit mit einem „heiter-literarischen Programm"
etwas zu verkürzen.
Die Dozenten haben Günther Krause, später in der DDR unter dem
Namen „Günthi" als Conférencier bekannt, Kurt Postel, künftiger
Sportreporter beim „Westdeutschen Rundfunk" Köln und meine
Wenigkeit auserkoren.

E. Leister, K. Postel, G. Krause

Wir melden uns an der Pförtnerloge.
„Na, Jungchen… wo soll`s denn hinjehen?“
„Jungchen? Das klingt nach Ostpreußen!“
Der Pförtner nickt.
„Gumbinnen is` meine Heimat.“
Plötzlich rollen dicke Tränen über sein mageres Gesicht.
„Meine Frau und Mariellche, was meine vierjährige Tochter ist, sin bei
de Flucht umjekommen… erfroren… in der eisigen Kälte… beide
wech… mir bleibt nischt mehr… alle sinn se wech…!“
Nach einer Pause.
„Wo möchtet ihr denn hin?“
„Zum Quarantänelager.“
„Zu de` armen Kerle aus Russland“.
Er wischt sich die Tränen ab.
„Na, kommt mal mit!“
Wir traben hinterher. Vorbei an ehemaligen Kasernen, Pferdeställen,
einer Militärarrestanstalt, einem Exerzier- und Paradeplatz.
Wenn diese Festungsanlage reden könnte!

Hier wurden Generationen junger Männer gedrillt, um für die „Gerechte Sache" irgendeines Kaisers, Königs, Fürsten oder Führers erbärmlich zu krepieren.

Es muss die Küchenchefin sein, die uns am Eingang des Quarantänelagers temperamentvoll begrüßt:

„Ihr seid de Gaukler, gelle?

Also euer Auftritt is` im Speisesaal und wechen der knappen Kohlen ist das gleichzeitig auch der Aufenthaltsraum.

Ne Bühne gibt's nich`, gelle, aber e` kleines Bodest, wo se` euch alle sehen können.

De Heimkehrer warten schon, ha`m aber keine Ahnung, was auf se` zugommt.

Habt` er Hunger, `s is` noch e` bisschen Suppe übrig."

Krause kriegt lange Ohren:

„Wunderbar Chefin, vielleicht nach unserem Programm!"

„Gud, ich sach` Erna`n Bescheid!", womit sie eilig Richtung Küche entschwindet.

„Kuddel" plagen plötzlich Zweifel:

„Was meint ihr? Die armen Schweine haben doch bestimmt ganz andere Sorgen als einem literarischen Programm zuzuhören."

Krause schmettert ab:

„Quatsch nich! In einer Stunde sind wir klüger! Auf geht's!"

Als Krause die Speisesaaltür vorsichtig öffnet – herrscht schlagartig Stille!

Wir schlängeln uns durch die Stuhlreihen zu unserem Podest.

Welch` ein jammervoller Anblick!

Vor uns hocken Männer in verdreckten, grauen Wattejacken, die Gesichter ausgemergelt, die Minen versteinert, niemand lacht!

Krause stößt „Kuddel" in die Seite:

„Los fang an!"

„Kuddel" hatte sich zur Begrüßung eines Spruches von Goethe bedient und völlig verunsichert legt er los:

„Ich liebe mir den heit`ren Mann am meisten unter meinen Gästen.

Wer sich nicht selbst zum Besten halten kann - der ist bestimmt nicht von den Besten!"

Totenstille... Ratlosigkeit...

Die vom Schicksal gebeutelten Männer, fühlten sich von der „klassisch gestelzten" Begrüßung des Altmeisters Goethe, anscheinend verkohlt.
Krause, mit sicherem Instinkt für die Situation, schiebt „Kuddel" beiseite:
„Am Honig schleckt der Bär, der Braune,
es leckt der Aal an der Kaldaune,
im tiefen Wasser schleckt der Barsch,
und ihr meine Lieben –
seid mir alle recht herzlich willkommen!"
Lächeln... Lachen... freundlicher Applaus!
Das Eis ist gebrochen!
Sichtlich beeindruckt von unserem kleinen literarischen Programm, spenden sie uns einen herzlichen Schlussapplaus! Debüt bestanden!
Erstmalig erleben wir das Gefühl, was für ein Geschenk es ist, Menschen für kurze Zeit ihre Sorgen vergessen zu lassen.
Wir bedanken uns für die unerwartete Aufmerksamkeit und wünschen allen eine glückliche Heimkehr.
Krause drängt uns in die Küche, wo bereits die „Gage" auf uns wartet – eine Terrine Steckrübensuppe!
Während des Löffelns dieser lauwarmen Köstlichkeit wandern meine Gedanken nach England ins Repatriierungscamp.
Ich muss an die Worte von Paule Hufnagel aus Potsdam und Sepp Hintermoser aus Tirol denken.
‚Diese armen Schweine in Russland…
Keen Mensch kann sich sein Schicksal aussuchen… det passiert ebend, wa...'

DAS DAMOKLESSCHWERT

Auf dem Korridor vor dem Probensaal warten sechzehn Prüflinge, total verstört und keines klaren Gedanken mehr fähig, auf ihre „Hinrichtung"!

Kommilitoninnen

Henry, der ansonsten immer die große Fresse schwingt, knabbert pausenlos an seinen Fingernägeln.

„Schmidtchen", fest überzeugt seine Stimme auf Höchstleistung zu trimmen, schluckt fortwährend Kräutertee.

Hannes versucht es mit Eigelb, dem vermeintlichen „Wundermittel der Tenöre".

Eva und Brigitte sind plötzlich Stammgäste des „stillen Örtchens".

Krause und „Kuddel" irren pausenlos im Korridor auf und ab.

Angesichts dieses allgemein seelischen Ausnahmezustandes, versuche
ich die Gedanken zu ordnen:
„Mensch Leister, Krieg und Gefangenschaft überstanden!
Schlimmer kann´s doch nicht kommen!"

Acht Tage später ist die Prüfungsangst Geschichte.
Im Festsaal des „Thüringischen Landeskonservatoriums" folgen vierzehn
glückliche Absolventen den Abschiedsworten des Chefdramaturgen
Tettenborn.
Ein bewegender Augenblick!
Seit Bestehen der Schauspielabteilung sind wir die ersten Studenten, die
in die „freie Wildbahn" entlassen werden, verabschiedet in eine
ungewisse Zukunft.
Selbst unsere Dozenten können eine leise Rührung nicht verbergen.
In zähem Ringen um die bestmögliche künstlerische Interpretation,
haben sie uns das nötige Rüstzeug, für den schönsten aller Berufe,
mit auf den Weg gegeben!
Ab morgen steht in meinem offiziellen „Steckbrief":
Beruf: Schauspieler
Also Leister, auf in den Kampf!

BOMBENREGEN

Mein künftiger Agent O. Daxel-Hansen, profunder Kenner der Theaterlandschaft und vertrauensvoller Berater vieler Intendanten und Regisseure, unterbreitet mir drei Angebote:
Theater Stendal, Nordhausen und Greifswald.
Ich entscheide mich für das Nächstliegende.

Nordhausen Hauptbahnhof.
„Der soeben eingetroffene Personenzug aus Erfurt hat voraussichtlich 15 Minuten Aufenthalt.
Ende der Durchsage!"
Das Zugabteil ist proppevoll!
Eingekeilt zwischen Kisten und Koffern, wühle ich mich, immer verfolgt von den mürrischen Blicken der Mitreisenden, hinaus ins Freie, erreiche die Kassenhalle, wo mir zur Begrüßung eine Handtasche um die Ohren fliegt.
Es tobt eine verbissene Schlacht um den einzig geöffneten Fahrkartenschalter.
Hier sprechen die Fäuste!
Als Zeichen meiner Lauterkeit erhebe ich beflissen beide Hände, schlängele mich durch das Kampfgetümmel und erreiche, Gottlob ohne weitere Blessuren, den Bahnhofsvorplatz.
Nein... es ist keine Fata Morgana!
Soweit das Auge reicht – Trümmer, eine „Geisterlandschaft"!
Total zerbombte Häuser deren Schornsteinreste anklagend in den Himmel ragen.
Hier, in dieser einstmals blühenden Stadt, das Deutsche Reich lag längst im Koma, haben die alliierten Bomber noch einmal ganze Arbeit geleistet!
Ein alter Straßenbahnwagen zuckelt vorsichtig durch die Trümmerwüste Richtung Bahnhof.
Dem „Oldtimer" entsteigen drei Damen.
Alle sind wohlgenährt, elegant gekleidet und reich mit „Klunker" behangen.

Allem Anschein nach sind sie auf „Hamstertour".
Ihre leeren Koffer und Taschen verraten es.
Der Schaffner, in seinem ärmlichen, abgewetzten Dienstjackett, sieht
ihnen nachdenklich hinterher.
Derartige Tauschgeschäfte bleiben ihm mit Sicherheit versagt.
„Na, junger Mann, wo wollen `se denn hin?"
„Zum Theater."
„Na, da steigen `se ma` ein. Die dritte Station, macht zwanzig Pfennig."
Er zieht die Bimmel, der klapprige „Überlebenskünstler" setzt sich
wieder in Bewegung und quält sich mühsam über die Schotterpiste,
vorbei an hoch aufgetürmten Steinhaufen und verkohlten Mauerresten.
Hier haben einmal Menschen gelebt!!
Eines Tages verdunkelte sich die Sonne über der Stadt, die Luft vibrierte
vom Höllenlärm der Motoren – und plötzlich regnete es Bomben, die
alles Leben auslöschten...
Am Relikt der ehemaligen Stadtmauer erinnert eine Tafel an die
Apokalypse:

„ UND TAUSEND JAHRE LAG SIE SO AM HANG UND WUCHS...
DANN KAM EIN TAG, WIE TAGE DES GERICHTS, UND SIE
ZERBRACH. "

„Hallo junger Freund, wir sind da!"
Nein, es ist kein Trugbild!
Stolz wie ein Phönix aus der Asche, inmitten der verheerenden
Zerstörungen, erhebt sich das altehrwürdige „Nordhäuser Stadttheater!"
Dieses Kleinod der Bürgerschaft hat das Inferno, außer dem stark
beschädigten Seitenflügel, weitgehendst überlebt.
Am Bühneneingang entdecke ich einen Schaukasten mit den
Theaternachrichten:

Eine Mitteilung der Intendanz:

Liebe Freunde des Nordhäuser Theaters.
Mit Beginn der kommenden Spielzeit ist die improvisierte Spielstätte im
Saal des Gasthofes „ Harmonie " Vergangenheit und wir können dank
der großzügigen Unterstützung unserer Regierung und des Fleißes der

Werktätigen, unser schönes altes Theater wieder eröffnen. Mit einem
Spielplan, der getragen ist vom Geiste des Humanismus und
Völkerverständigung. Helfen wir mit bei der Erkämpfung des Friedens
und der Einheit Deutschlands.

Ihre Intendanz

Nächste Premiere:
„ANTIGONE"
Schauspiel von Walter Hasenclever

Unmittelbar neben mir setzt ein Mann seinen Kartoffelsack ab.
„He, Nachbar, mach dich mal nich` so breit, mein Sohn will auch mal
gucken."
„Du, Papa?''
„He?"
"Andigoone was is`n das?"
Der Vater kratzt sich bedeutungsvoll am Kopf und schweigt.
Doch der Sohn lässt nicht locker und zeigt auf die
Premierenankündigung.
„Hier stehts!"
Der Sohn buchstabiert.
„An- di – goone…"
Der Vater hüllt sich weiterhin in Schweigen.
Der Sohn stupst seinen Vater an:
"Du weißt`s wohl auch nich?"
„Warum?"
„Nu, weil du nischt sagst, was is`n „Andigoone?"
„Andigoone?"
„Ja."
„Nu... haste noch nischt von Indianern gehört?"
„Ach so, Indianer..."
„Nu gomm, lass den jungen Mann weiter gucken!"
Womit er seelenruhig seinen Sack Kartoffeln schultert und mit dem
wissensdurstigen Knaben von dannen zieht.

Das Vorstellungsgespräch

Er residiert unter dem Bildnis des Landesvaters Wilhelm Pieck, hat
auffallend große Ohren und erwartet mich bereits –
Hans Bornemann, der Chef des Hauses.
Nach dem üblichen „Begrüßungs-Blabla" kommt er umgehend zur
Sache:
„Sie sind uns von Daxel-Hansen empfohlen worden, womit sich ein
Bühnenvorsprechen erübrigt. Mit Beginn der kommenden Spielzeit
werden wir unser wiedererstandenes Haus mit dem Schauspiel „Kabale
und Liebe" von Schiller eröffnen. Ihre Zusage vorausgesetzt, habe ich
folgenden Vertrag vorbereitet:
> *„Jugendlicher Held und Liebhaber,*
> *jugendlicher Bonvivant"*

„Sollten Sie mit der Gage von 275,- Mark einverstanden sein, werden
wir ihnen die Rolle des „Ferdinand" anvertrauen.
Die Proben beginnen mit Anfang der neuen Spielzeit."

Der „Ferdinand" als Antritts-Rolle!
275 Mark Gage!
Leister, du künftiger „Krösus"!

I. Dienstvertrag

Zwischen

den Bühnen der Stadt Nordhausen

vertreten durch den komm. Intendanten, Herrn Albert Grünes

und

Herrn, ~~XXXXXXXX~~ Erwin Leister

ist folgender Vertrag abgeschlossen worden:

§ 1.

Das Mitglied ist für die Kunstgattung als Schauspieler (Anfänger)

und für das Kunstfach als jugendlicher Held und Liebhaber, jugendlicher Bonvivant

für d~~XXX~~ die Bühnen der Stadt ~~XXXX~~in Nordhausen angestellt.

Die Bezeichnung des Kunstfachs wird durch das in der Anlage bezeichnete Rollengebiet ersetzt — ergänzt.
(Dieser Satz kann auch gestrichen werden, wenn das Kunstfach ausgefüllt wird.)

§ 2.

Der Vertrag beginnt am 1. Oktober 1949

und endigt am 30. September 1950

§ 3.

Das Mitglied hat zu beanspruchen:

1. ein Gehalt von

im . Vertragsjahre ~~monatlich~~ 275.-- DM (in Worten Zweihundertfünfund DM)
siebzig.-------------

35

LAMPENFIEBER

15.Oktober 1949
Festveranstaltung anlässlich der Wiedereröffnung des
„Stadttheaters Nordhausen"
Premiere des bürgerlichen Trauerspieles
„KABALE UND LIEBE"
von Friedrich von Schiller

In den vorderen Reihen des Zuschauerraumes, erwartungsvoll,
die Ehrengäste.
Unter ihnen meine Eltern, die ihren „Großen" erstmalig auf einer Bühne
erleben und aufmerksam verfolgen, wie „Ferdinand" seiner „Luise" den
Giftbecher reicht und beide, nach „Schillers Vorlage", die Welt verlassen
müssen.
Als sich der Vorhang senkt und nach einigen Sekunden der Ergriffenheit
orkanartig der Applaus aufbraust, schwinden mir die Sinne!
Der Adrenalinspiegel schlägt Purzelbäume und für einen kurzen
Augenblick sind die tristen Nachwehen des Krieges vergessen.

Luise
(Hella Alfermann)

Meine erste Kritik
...hier ent-
wickelte sich ein Ferdinand (Erwin Leister) schil-
lerischer Prägung. Ausgesprochen seinem Gefühl
hingegeben, blieb er ein Tastender im Labyrinth
der eigenen Seele, der noch nicht zum Bewußtsein
vordringt, dessen Reaktionen deshalb auch spontan, überschwänglich, ja sogar vielleicht hemmungslos wirkten und wirken durften. Nichts
war dem Verstande zugemessen, alles diesem
jungen Herzen, Louise...

„Thüringische Landeszeitung"

36

Apropos Applaus!!

Ein „Trance-Zustand" und intimer Freund der Eitelkeit, dem sich kein Schauspieler, Sänger, Musiker, Tänzer oder Artist entziehen kann!

P.S.:

Wenn man dem „Orakel" Glauben schenken darf, soll ein bekannter Tenor aus Holland, seit Generationen erkorener Liebling der Damenwelt, weit über hundert Jahre alt werden!

Mühsam gestützt, von zwei Damen des Ballettes, zieht es ihn immer wieder ins Pariser „Maxime".

"Do-Do, Clo-Clo, Frou-Frou", er „kennt" sie alle mit Namen!

Nicht schnöder Mammon, Applaus, stehende Ovationen sind es, die sein Künstlerherz beflügeln!

Man sollte greisen Mimen ein „Applausoleum" errichten, wo sie ihre Eitelkeit bis zum „endgültigen Abgang" ungestört auskosten können!

Quartiersuche

Ich klingele.

In der Tür erscheint ein älterer Herr.

Auffallend, seine großkarierten Hausschuhe.

„Sie kommen vom Theater?"

Ich bejahe es.

Darauf schüttelt er vielsagend das Haupt:

„Ich glaube kaum, das ihnen das Quartier zusagt."

„Oh, ich bin nicht wählerisch."

Er deutet auf ein verrostetes Schild neben der Haustür:

„ALTERSHEIM"

„Dafür dürfte es für Sie noch etwas früh sein."

„Vielleicht könnte ich es mir trotzdem mal ansehen."

„Bitte, wenn Sie es möchten."

Im Korridor versperrt uns eine ältere Dame den Weg.

„Herr Berger!!"

„Guten Morgen Frau Knesebeck, gut geschlafen?"

„Nein, nein Herr Berger, das habe ich nicht!

Diese Frau Busemann bringt mich noch ins Grab mit ihrer skandalösen Schnarcherei, ich könnte sie zuweilen umbringen!"

„Aber Frau Knesebeck!"

„Jawohl Herr Berger, umbringen!", womit sie erregt die Klotüre hinter sich zuschlägt.

Herr Berger lächelt und winkt ab.

„Spätestens in einer Stunde sitzt sie friedlich mit Frau Busemann auf dem Sofa und strickt Socken für ihre Enkelkinder.

Kommen Sie!"

Über eine knarrende Holztreppe geht's hinauf bis unters Dach.

„Vorsicht, Kopf einziehen!"

Ein uraltes Eichenbett, auf dem Nachttisch eine grüne „Igelit-Lampe", ein riesengroßer Kleiderschrank und ein wackelnder Stuhl, vervollständigen das „stilvolle Ambiente".

„Übrigens, die Toilette mit Waschgelegenheit befindet sich leider eine Treppe tiefer."

Nach einer längeren Pause.

„Herr Berger..."

„Ja?"

„Ich übernehme den ,Salon'!"

„Ist das Ihr Ernst?"

„Raum ist in der kleinsten Hütte, die alten Leutchen stören mich nicht und wenn wir uns über die Miete einigen, ist das „Appartement" gebongt!"

Fortan kampierte ich, als einziges Mitglied des Theaters, sozusagen der Zeit vorauseilend, in einem Altersheim.

THEATERALLTAG

Proben

Ein Schauspieler hegt zeitlebens nur einen Wunsch – spielen, spielen, spielen!

Und Nordhausen bietet mir diese Chance!

Täglich heißt es proben.

Fremde Charaktere erspüren, ausprobieren, verwerfen, verzweifeln und die kritischen Bemerkungen lästiger Regisseure ertragen.

Unser Ensemble ist noch relativ jung, außer O. Wendland, einem alten Komödianten aus der „Max Reinhardt-Ära", der noch das „rollende R" beherrschte.
Ich höre noch heute seinen Kommentar vor dem schwarzen Brett, beim „Studium" des neuen Besetzungszettels:
„Unbegrrreiflich wie die dieserrr Idiot von einem Regisseurrr den unbegabten Kirrrchhoff mit dem Faust besetzen kann! Diese Rrrolle gebührrret mir! Goethe hat ihn mirrr quasi auf den Leib geschrrrieben! Es gibt keinen besserrren Faust an diesem Hause! Ich und diese Wurrrzen!! Diese winzige Rrrolle!
Ein Verrrbrrrechen an der Kunst!
Schmierrrentheater!
Ich kündige!"
Spätestens zu Probenbeginn ist die Wut verraucht aber der eiserne Wille erwachsen, das gesamte Ensemble „an die Wand zu spielen"!

Premieren

Wenn der Schlussapplaus aufbrandet, liegt man sich freudig in den Armen und jeder glaubt von sich – ich war der Beste!
Mit stolzgeschwellter Brust, den Arm voller Blumen, im Komödianten-Jargon als „Triumphgemüse" tituliert, schwebt man in seine Garderobe.
Es riecht nach Leberwurst!
Auf Arnos Schminkplatz prangt ein Paket, geziert mit einer Rose.
Er ist der große Schwarm einer Fleischermeistersgattin.
Zu jeder Premiere zweigt sie für ihn eine Blut- oder Knackwurst, sowie ein Pfund Gehacktes ab und alles ohne Lebensmittelmarken!
Sie ahnt nicht, dass Arno mit zwei Würsten seine Saufschulden begleicht und mit dem Rest seine Zimmerwirtin besänftigt, die schon lange vergeblich auf die Miete hofft.
Abgeschminkt und „runderneuert", geht's zu „Knolle", in unsere Theaterkneipe.
„Knolle" schreibt an!
Nach einigen Promille lockert sich die Premieren-Anspannung.
Es wird gelabert, gelobt, die Welt verbessert, integriert, gestritten,

geflirtet und voller Inbrunst schluchzt Rudi Schuricke zum zigsten Male seine „Capri-Fischer", bis „Klärchen" durch die Scheiben lugt und die euphorisierten Mimen energisch zum Aufbruch mahnt.

Am anderen Morgen, die mit Spannung erwartete Kritik!

Wohlgemeint, verleiht sie der Seele des Komödianten Flügel!

Man hebt ab, schwebt göttergleich über den Wolken!

„Dieser Kritiker versteht wirklich etwas vom Theater!

Er beherrscht und beleuchtet die kleinste Nuance!

Seine subtile Wortschöpfung ist kein Gesülze!

Alle Achtung! Der Mann versteht sein Handwerk!"

Nächste Premiere, gleicher Rezensent – ein Verriss!

„Dieses Arschloch! Dieser Laie!

Von nichts `ne Ahnung, aber „Klugscheißen"!

Der soll mir bloß nicht noch mal über`n Weg laufen!"

P.S.

Ich schließe mich vorbehaltlos dieser zeitweilig „psychischen Störung" an!

„Bürger Schippel"
Schauspiel
von C.Sternheim

„Moral"
Lustspiel von L. Thoma

„Antigone"
Schauspiel von
W. Hasenclever
(Übernahme)

„Ballade vom
Eulenspiegel
Federle und der
dickenPompane"
von G. Weissenborn

Rollen – Augenblicke der „Verstellung"…

41

„Die Sonnenbrucks"
Schauspiel von
L. Kruczkowski

„Alle meine Söhne"
Schauspiel von
A. Miller

„Antigone"

„Mirandolina"
Lustspiel von C. Goldoni

„Golden fließt der Stahl"
Schauspiel von A. Grünberg

42

„Helden oder der Pralinésoldat"
Schauspiel von B. Shaw

Abstecher

Dezember. Minusgrade.
Harz und Umgebung tief verschneit.
Wir warten seit einer Viertelstunde vorm Bühneneingang auf unseren
Abstecher-Bus.
Irgendetwas scheint mit der klapprigen „Rostlaube", die uns nach
Benneckenstein befördern soll und schon seit geraumer Zeit anfällig ist,
nicht zu stimmen!
„Kollegen", stöhnt Verwaltungsdirektor Hartmann völlig aufgelöst,
„was wir seit langem befürchtet haben, ist eingetroffen!
Unser Theaterbus hat das Zeitliche gesegnet!"
„Amen!"
Schlichter Kommentar vom „Heldenvater" Bartholsen.
„Die Benneckensteiner Vorstellung ist ausverkauft!
180 Besucher freuen sich auf euer Kommen.
VEB *Kraftverkehr* schickt uns umgehend als Ersatz einen
geschlossenen LKW.
Ich weiß um diese Zumutung. Solltet ihr euch dennoch entschließen,
spendiert die Theaterleitung zum „Aufwärmen" zwei Flaschen
„Nordhäuser Doppelkorn".
Eine ausverkaufte Vorstellung platzen lassen!
Enttäuschte Zuschauer nach Hause schicken!
Unvorstellbar!!
Bei zehn Grad Minus auf der blanken Ladefläche eines LKW hocken,
da kommt Freude auf!
Kollege Bartholsen müht sich unverdrossen uns bei Laune zu halten.
Den Blick „theatralisch `gen Himmel" gerichtet, intoniert er einen alten
„Knattermimen" (ein schlechter Schauspieler früherer Zeit):
„Herrr im Himmel, schau auf unsere schlotterrrnden Gebeine!
Erbarrrme dich unserer Gänsehaut und sende einen Hauch von Wärrrme
auf die Bühne in Beneckenstein!
Du weißt, „Nathan der Weise" spielt im Orrrient!
Soll ich denn den „Nathan" denn im prrrofanen Wintermantel spielen?"
Kommentar von der hinteren Ladefläche:
„Halt doch endlich deine Klappe und pass auf, dass dein Gebiss nicht
anfriert."

„Du großfressiger Anfänger !
Lern` du erstmal auf der Bühne richtig sprechen! "

Es quietscht, es ruckt. Der Laster steht. Wir sind am Ziel.
Blaugefroren, triefnäsig und übelster Stimmung, hieven wir uns von der
Ladefläche.
Der Saal ist brechend voll.
Zu allem Übel müssen wir auch noch den Zuschauerraum durchqueren.
Bei unserer Ankunft erheben sich die Zuschauer spontan von den Plätzen
und spenden uns begeistert Applaus!
„Standing Ovations" vor einer Vorstellung!!
Augenblicklich ist die „arktische Dienstreise" vergessen.
Schnell Schminke ins Gesicht, rein in die Klamotten und rauf auf die
Bühne!
Diese engagierten Theaterbesucher darf man nicht enttäuschen!
Wir spielten uns die Seele aus dem Leib und nach der Vorstellung
überreicht uns der Kulturobmann statt Blumen, eine Flasche
selbstgebrauten „Glühwürmchen-Likör" und zwei Flaschen Obstwein.
Anschließend geht es in den Gasthof „Zur Tanne", wo Otto Krüger, der
ausgebuffte Wirt, wie üblich eine kräftige Erbsensuppe (ohne Marken!)
vorbereitet hat.
Herz und Magen erwärmt, erklimmen wir wieder die frostige
Ladefläche, köpfen die erste Flasche „Doppelkorn", und stimmen unsere
„Abstecherdiätenhymne" an:
„Das alles für drei Mark,
das alles für drei Mark,
das alles für drei lump`ge Mark,
li-la-lump`ge Mark,
das alles für drei Mark... "
Der weitere Verlauf der Heimreise durch die eisige Winternacht verliert
sich im Dunkeln, künftig machte der Fahrer des Lastwagens einen
weiten Bogen um uns und der Intendant kehrte mit seinen Genossen von
der Volkspolizei die Anzeige, wegen „nächtlicher Ruhestörung", untern
Tisch.

NEUE SPIELZEIT 1951/52

Vollversammlung

Im Zuschauerraum haben sich, wie üblich, Grüppchen gebildet.
In der ersten Reihe das „Ballett".
Besonders die Damen, eine hormonelle Augenweide!
Besessen von ihrem Beruf, verdienen sie ihre paar Groschen im wahrsten
Sinne des Wortes – „im Schweiße ihres Angesichtes".
Dahinter der „Chor" – die „verhinderten Solisten"!
Von Mutter Natur mit einer schönen, aber oft kleinen Stimme
ausgestattet, ertragen sie ihr Schicksal meist zähneknirschend.
Sie sind die erbarmungslosesten Kritiker der Solisten!
Gruppe drei das „Orchester".
Umschwebt von Bach und Beethoven, und ab und an in die Niederungen
der lapidaren Operette verstoßen, sind sie von ihrer musikalischen
Qualität so überzeugt, dass kein Dirigent dieser Welt ihr Wohlwollen je
erringen könnte!
Dahinter die „Phalanx" göttlicher Stimmen!
Die „Sopranistin", der „Tenor", „Bariton", „Bassist", „Altistin",
„Buffo", „Soubrette" usw.
Alle sind sie vom gleichen Geist beseelt – ich bin Sänger, wer ist mehr!
In den letzten Reihen – das „Schauspielensemble".
Sendungsbewusst.
„Wir sind das geistige Gesicht des Hauses!
Uns wird es gelingen, die Menschheit aufzurütteln, und sie in eine
leuchtende Zukunft zu führen!"

Der Intendant betritt die Bühne und läutet die neue Spielzeit ein:
„Liebe Kolleginnen, liebe Kollegen,
Theater auf dem Weg zum Sozialismus heißt:
Schaffung eines wahrhaftigen Volkstheaters und Gewinnung der
Werktätigen in Stadt und Land.
Erinnern wir uns, es war gewiss ein großes Risiko erstmalig mit unserer
Oper aufs Dorf zu gehen und mitten auf dem Marktplatz von

Großbodungen Smetanas „Verkaufte Braut" vor einem Publikum zu
spielen, das zum größten Teil noch nie eine Oper gesehen hatte.
Und wenn ich es, trotz vieler Widerstände - selbst aus dem eigenen
Leitungs-Gremium, dennoch tat, und die Frage der Rentabilität zunächst
hintanstellte, so geschah das aus der Erkenntnis, der Wichtigkeit eines
solchen Versuches heraus.
Zu unserem Empfang hatte das ganze Dorf Fahnenschmuck angelegt,
Begrüßungstransparente der umliegenden Kali-Werke waren über die
Straße gespannt. Den Kartenverkauf hatte der *KONSUM* übernommen.
Aus Gasthöfen und Tanzsälen wurden Stühle geholt, sogar der Pfarrer
stellte seine Kirchenbänke bereitwillig zur Verfügung. Leute, denen eine
überhebliche Bourgeoise nachsagt, dass sie nichts davon verstünden,
lauschten in tiefer Ergriffenheit den Opernmelodien und nahmen ein
gemeinsam großes Erlebnis mit nach Hause.
Das, was in Großbodungen geschah, war der Anfang eines weiten
Weges, der zur kulturellen Gleichberechtigung zwischen Dorf und Stadt
führen wird und dessen Ziel wir jetzt beim Aufbau des Sozialismus
erreichen werden."

In gewissen Zeitabständen bittet mich Herr Intendant in sein Büro zu
einem persönlichen Gespräch:
„Kollege Leister, ich kann es nur wiederholen, sie gehören zu uns, in die
Partei der Arbeiterklasse! Ich verstehe nicht, weshalb sie noch zögern.
Durch ihre, in vielen Rollen überzeugende Interpretation progressiver
Helden, sind sie quasi zum Vorbild der Nordhäuser Jugend geworden.
Eine Ehre und zugleich Verpflichtung!
Denken sie noch einmal in aller Ruhe darüber nach..."

„Vorwärts zum Sozialismus!"
„Gemeinsam für eine bessere Zukunft!"
„Helft mit ein friedliches Deutschland aufzubauen!"
„Entscheide dich am 15.Oktober für Krieg oder Frieden!"
„Wähle die Kandidaten der Nationalen Front!"
„Deutschland einig Vaterland!"
„Nie wieder Krieg!"

Losungen, die man vollen Herzens bejahen konnte!
Doch das ständige Eindreschen mit dem Holzhammer, gepaart mit
Unaufrichtigkeit, das „Schönreden", „Hochjubeln", das fortwährend
penetrante „am Arsch lecken" der Moskauer „Edelmenschen", sind auf
Dauer schwerlich zu ertragen!
Wenn an einem Theater etwas reibungslos klappt, so ist es der schnelle
Informationsfluss.
Selbstverständlich waren sämtliche Kollegen über mein ständiges
„Antanzen" beim Intendanten informiert.
Die „Rettung" nahte, in der Gestalt unseres „Heldenvaters" Rolf
Bartholsen.
Als einstiger Oberleutnant der Wehrmacht war er der
„National Demokratischen Partei Deutschlands" (NDPD) beigetreten.
Einer Vereinigung fortschrittlich gesinnter Bürger, denen jedoch die
Dogmen der „Moskau-hörigen" Genossen zu wesensfremd waren.
„Junge", sagte Bartholsen zu mir, „fortan hast du deine Ruhe und der
Parteibeitrag von einer Mark monatlich, reißt kein Loch in unsere kleine
Gage."

SIEGER

Fluchend und stöhnend, unter der Last eines riesigen Blumenkorbes,
begegneten mir auf dem Flur der Damengarderoben zwei
Bühnenarbeiter.
„He Willi! Es steht doch gar keine Premiere an, darf ich malneugierig
sein?"
An Fräulein Jutta Eberhardt:
„Freundliche Grüße und alles Gute zum Spielzeitbeginn"
Fleurop Leipzig.
„Ohne Absender?
Komisch, in dieser öden Zeit so ´n protziger Blumenkorb!"

Sie ist neu im Ballettensemble, hat knallrote Haare, verbreitet eine
unnahbare Arroganz und trägt keinen BH.

Verständlich, dass sich künftig außer mir, auch noch andere Kollegen mächtig ins Zeug legten und fleißig um ihre Gunst buhlten.
Wie sich bei näherer Nachforschung herausstellte, ist die attraktive junge Dame mit einem Herrn aus Leipzig „verbandelt", der die pekuniären Möglichkeiten der Zeit geschickt zu nutzen wusste und mit dem opulenten Blumenangebinde „Punkte" sammeln wollte.
Eines Tages, der clevere Zeitgenosse hatte sich längst nach Brasilien abgesetzt, ward` mein hartnäckiges Bemühen belohnt!
In der Puschkinstraße 21, einer wunderschönen alten Villa, die Gottlob von den Bomben verschont geblieben ist, haben wir zum ersten Mal das „Nachtfest Aphrodites" gefeiert.
Eine Zweisamkeit, welche nunmehr 58 Jahre das Auf und Ab des Daseins überdauert hat.

Eines Tages heißt es Koffer packen.
Meine "Anfänger-Lorbeeren" hatte ich „eingeheimst".
In der Stunde des Abschiedes gilt mein Dank „Herrn Schiller",
der es mir ermöglicht hat, mich mit der Traumrolle des „Karl Moor" aus „Die Räuber" vom Nordhäuser Theaterpublikum zu verabschieden.

Szene mit Will Partisch als „Franz Moor"

49

Die Vorstellung ist ausverkauft.
Als der Schlussvorhang fällt, erheben sich die Zuschauer von ihren
Plätzen.
„Standing Ovations"!
In einem Blumenmeer, behängt mit einen goldenen Lorbeerkranz, dessen
Schleifen mit meinen, bis dato gespielten Rollen bemalt sind, versuche
meine Rührung tapfer zu verbergen...

„Das ehrwürdige Nordhäuser Stadttheater"

Nordhausen, du vom Leid so arg geprüfte Stadt am Harz, lebe wohl!

THEATERDIREKTOR „STRIESE"
(Import aus Wien)

Er kommt mir schon auf dem Flur entgegen:
„Ah, der jugendliche Held aus Nordhausen!"
Freundlich reicht er mir die Hand.
„Hoch-Fischer. I` bin der Intendant. Kommen`s und nehmen`s Platz.
Na, ham`s hierher g`funden? Wie war die Fahrt?"
„Es gibt Angenehmeres…"
„Ja `s Reisen mocht ka Freud` heutzutag`.
Sie san`s zwar a bissel mager für das Fach, aber sie g`falln mer!
Ihr Agent der „Daxel-Hansen" hat sie empfohlen, aber damit mer den
Oberspielleiter net übergeh`n, werden`s uns nachher auf der Probebühne
des „Schützenhauses" a bissel wo`s vortrag`n.
Pro forma, sonst is` er mer bös`!
Was ham`s denn in Nordhausen an Gage `kriegt?"
„Naja als Anfänger..."
„I zahl` ehna dreihundertfünfzig Mark pro Monat!
Mehr is net drin!
I geh` sonst ab! Der Stadtkämmerer erschlogt mi`!"
Dreihundertfünfzig Mark!
Ein Händedruck besiegelt den Vertrag.
‚Leister, es geht bergauf!'

Meine künftige, weniger „prunkvolle" Wirkungsstätte

51

Mein neuer Intendant schenkt seine Aufmerksamkeit weniger dem Schauspiel, noch der Oper, seine Liebe gilt der Operette – insbesondere den Damen des Ballettes.

Wir Schauspieler spielen uns in muffigen „Fundus-Klamotten" die Seele aus dem Leib und für sein „ geliebtes Ballettchen" ist ihm nichts zu schade.

Generalprobe der Operette „Schwarzwaldmädel".

Statt des lieblichen Naturkindes „Bärbele", stürzt eine „Megäre" auf die Bühne, die „Diva" des Hauses!

„Ich weigere mich die Premiere in solch alten Fetzen zu singen! Die neuen Stoffe sind ja wieder mal an die dämlichen „Huppdohlen" verschwendet worden, also Chef, entweder ich bekomme ein neues Kostüm oder sie lassen ihr „Ballettchen" die Premiere singen!"

Sie rauscht ab, eine Tür kracht – Stille!

Intendant „Hofi" erhebt sich, ruft laut: „Pause!" und entschwindet.

Nach zehn Minuten taucht er wieder auf, verschanzt sich hinter seinem Regiepult und brüllt:

„Die Probe geht weiter!"

Und siehe da, die wutschnaubende Diva singt, sanft wie ein Lämmchen, die Generalprobe zu Ende.

Schlitzohr „Hofi" hatte wieder einmal gesiegt!

Weshalb, wodurch, wieso, war leider nie zu erfahren…

Böse Zungen verglichen ihn mit dem ausgebufften Theaterdirektor „Striese" aus dem Schwank „Der Raub der Sabinerinnen".

Mit erstaunlichem Geschick lancierte er das Zeitzer Theater, ohne das obligatorische „Parteibonbon" am Revers, durch die politischen Turbulenzen des Sommers 1953.

Erwin Leister – ein Name, den man sich merken muß

Als jugendlicher Held und Liebhaber wurde er, vom Theater aus Nordhausen kommend, nach Zeitz verpflichtet [...]

In Zeitz konnte unser jugendlicher Held schon unter Beweis stellen, was er kann. Die Darstellung des „Fiesco" wird noch lange in Erinnerung bleiben. Doch wer Erwin Leister in „Auf verlorenem Posten" sah, muß diese einmalige Leistung anerkennen.

Erwin Leister hatte einen guten Start in Zeitz, man wird sich den Namen merken müssen; denn der fortschrittliche Geist, der den jungen Künstler beseelt, ist ein Garant dafür, daß er uns nicht enttäuschen wird.

Reum

Die „National-Zeitung" blieb mir auch künftig stets „wohlwollend auf den Fersen"…

53

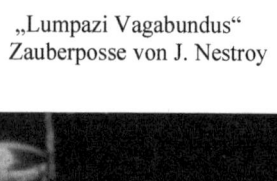

„Lumpazi Vagabundus"
Zauberposse von J. Nestroy

In der Mitte
Intendant „Hofi"

Des Meeres und der Liebe Wellen"
Tragödie von F. Grillparzer

„Auf verlorenem Posten"
Schauspiel von P.H. Freyer

Zeitz, den 2. 7. 1953

Sehr geehrter Herr Leister!

Es ist mir ein Bedürfnis, Ihnen heute am Tage Ihres Scheidens aus
unserem Theater meinen herzlichsten Dank für Ihre wertvolle Mitarbeit auszusprechen. Sie haben uns in verschiedenen Rollen viele
frohe Stunden geschenkt.
Für Ihre Zukunft wünsche ich Ihnen das Beste.

Intendant Otto Hoch-Fischer

Hochachtungsvoll!

Auf nach Greiz, zu Jutta, meiner künftigen Frau!

55

ROLLENWECHSEL

Ein Schreckensruf reißt mich aus dem Tiefschlaf!
Jutta steht am Fenster und brüllt:
„Eine Kuh! Da schwimmt eine Kuh!"
Ich verklemme mir eine zynische Bemerkung, rappele mich hoch – und
es verschlägt mir die Sprache!
Unter unserem Fenster, die „Weiße Elster", normalerweise ein friedlich
plätscherndes Flüsschen, hat sich über Nacht in einen breiten Strom
verwandelt!
Entwurzelte Bäume, Zäune, Schränke, aufgeblähte Tierkadaver werden
von den wild tobenden Fluten mitgerissen.
Meterhohe Wellen peitschen über das Geländer der nahen
„Friedensbrücke", weil angeschwemmtes Treibgut drängenden
Wassermassen den Durchlass versperrt.
Und der Pegel steigt und steigt!

Die Hosen hochgekrempelt, Jutta im Huckepack, wate ich durch die
überfluteten Straßen zum naheliegenden Theater.
Die Kassenhalle und das Foyer stehen bereits unter Wasser!
Zahlreiche Kollegen, die eigentlich Probe hätten, sind schon fleißig am
Werk und wir versuchen im Verein mit der Feuerwehr zu retten, was zu
retten ist.

Zwei ganze Tage dauert der verzweifelte Kampf gegen die
Naturgewalten und es bedurfte geraumer Zeit bis das Ausmaß der
Schäden beseitigt und sich das Leben wieder einigermaßen normalisiert
hatte.
Ein etwas ungewöhnlicher Spielzeitbeginn!
Den hiesigen Intendanten, Otto-Ernst Tickardt, kennt man
in Kollegenkreisen als „Vollblut-Theatermann".
Nicht wenige seiner „Entdeckungen" führte der spätere
künstlerische Weg an größere Bühnen, zu Rundfunk, Film und
Fernsehen.
Unter anderem Rolf Hoppe, Reinmar- Johannes Baur, Dieter Franke,
Jürgen Hentsch, Kammersänger Walter Schmidt, Kammersängerin
Elisabeth Breul, Professor Dieter Bülter-Marell u.v.a.

Die Greizer Bürger zollen den musikalischen Werken, insbesondere der
Operette, ein weitaus größeres Interesse, als den Aufführungen des
Schauspiels, zum Leidwesen des Intendanten, einem ausgewiesenen
Schauspielverfechter.
Ergo steht zu Spielzeitbeginn „Die Perle von Tokay", eine Operette von
F. Raymond, auf dem Spielplan.
Zur Premiere bleibt der erwartete Erfolg nicht aus.
Etliche „Da Capi" und nicht endender Applaus.
Einem Kollegen ist der Premierenrummel zumeist völlig schnuppe,
unserem Kantinenwirt „Willi".
Ob Erfolg oder Reinfall einer Aufführung – in „Willi's" Kantine wird
beides stets ausgiebig „begossen".

Heute quillt die „Theater-Klause" über, es herrscht Hochstimmung!
Das Sängerensemble feiert sich!
Allenthalben joviales Schulterklopfen!
Friede, Freude, Eierkuchen!
Im hinteren Teil der Kantine hockt das Schauspiel-Ensemble.
Seit dem Besuch der Generalprobe versprühen die Kollegen beißende
Kritik an der Inszenierung.
Leicht beschwipst, gesellt sich Jutta, zum Zeitpunkt Tänzerin, zu unserer
Runde.

„Ist es gestattet bei den „wahren Künstlern" des Hauses Platz zu nehmen?", womit sie sich schwungvoll auf meinen Schoss platziert.
„Na Jugendfreund Leister? Wie hat dir denn die Inszenierung gefallen?"
„Willst du meine ehrliche Meinung hören?"
„Ich bitte darum!"
„Scheiße...!"
„Wie bitte?"
„Ich sagte Scheiße!"
Pause.
Sie kippt den Rest ihres Glases hinunter und sieht mich mit ihren großen „Kullerchen" herausfordernd an:
„Dann mach `s doch besser wenn du es kannst!"
„Das könnte ich dir beweisen!"
„Ha, Ha!"
Sie erhebt sich, steuert leicht schwankend die Theke an und verkündet lautstark:
„Willi, einen „Doppelten"! Mister Leister leidet an Größenwahn!"
Dann nimmt sie Platz neben unserem Musik-Dramaturgen A. Scorell.

Dramaturgen sind die Theoretiker des Theaters.
Sie müssen Stücke finden, kluge Reden halten und alles besser wissen.
Als Schauspieler sind sie meist ungeeignet, da ihnen ihr
Intellekt im Wege steht.
Unser Dramaturg ist ein Ausnahmefall!
Außer einem beachtlichen Intelligenzquotienten hat ihm die Natur noch eine außergewöhnlich schöne Gesangsstimme verliehen, die er allerdings nicht beruflich, sondern nur nach einigen Gläschen Doppelkorn zum Einsatz bringt.
Immer wenn Kantinenwirt „Willi" in den Morgenstunden den Feierabend einläutet, schmetterte Kollege Scorell mit Inbrunst die Arie des „Sarastro" aus der „Zauberflöte":
„In diesen heil`gen Hallen, kennt man die Rache nicht..."
Der Heimweg mit Jutta gleicht einem spannungsgeladenen Schweigemarsch...

„Die Provokantin"

Am nächsten Tag reitet mich der Teufel, ich stürme in das
Intendantenzimmer und ohne Umschweife, komme ich augenblicklich
zur Sache:
„Chef, ich würde gerne eine Operette inszenieren!"
Intendant Tickardt glaubt sich verhört zu haben, schiebt seine Brille auf
die Stirn und sieht mich ungläubig an:
„Hab ich dich recht verstanden?"
„Ja Chef, ich würde es gern mal versuchen!"
„Eine Operette?"
„Ja!"
„Du, als einigermaßen passabler Schauspieler, willst eine Operette
inszenieren?"
„Ja, es interessiert mich, ich würde es gern mal versuchen!"
Pause.
„Bitte...wenn du glaubst dass du es packst, ich erwarte dich morgen
vierzehn Uhr zum Vorsingen!"

„Wieso? Ich will doch nicht vorsingen!"
„Als künftiger „Operetten-Jockel" brauchst du doch einen Tenor und ein ebensolcher singt morgen vor."

Neugierig und etwas unsicher hocke ich im Zuschauerraum inmitten der musikalischen Vorstände.
Der Kandidat, optisch ein „Johannes-Heesters-Verschnitt", betritt die Bühne.
Tickardt eröffnet die „Prozedur":
„Guten Tag. Würden sie sich bitte vorstellen."
„Mein Name ist Gerd Hutschenreuter."
„Woher kommen sie?"
„Aus Leipzig."
„Aha...! Was führt sie denn ausgerechnet zu uns, an dieses kleine „Pimperle-Theater", hier fährt doch nicht mal eine Straßenbahn?"
„Greiz hat aber einen sehr guten Ruf!"
„So? Das behaupten doch alle Theater von sich.
Was dürfen wir hören?"
„Als erstes die Arie des „Max" aus dem „Freischütz" von Carl Maria von Weber."
„Na, da legen sie mal los!"
„Dürft´ ich vielleicht um einen Stuhl bitten?"
Inspizient Kühnel bringt ihm das gewünschte Requisit.
„Dieser Stuhl ist ein Baumstumpf!"
Tickardt kontert:
„So viel Fantasie besitzen wir. Also bitte!"
Der Korrepetitor haut in die Tasten und „Max" beginnt:
„Durch die Wälder, durch die Auen, zog ich leichten Sinn`s dahin; alles, was ich konnt` erschauen, war des sichren Lob`s Gewinn,alles, was ich konnt`... "
Plötzlich springt Tickardt auf, mitten in der Arie!
„Danke! Das genügt!"
„Max" bleibt der Ton im Halse stecken...
Tickardt brüllt los:
„Wollen sie sich nicht bei uns entschuldigen?!"
Betretenes Schweigen…
„Weshalb Herr Intendant?"

„Weil sie unsere kostbare Zeit gestohlen haben!"
„Sie sind hier in einem Theater und nicht um Urwald!
Mit so einer „Pieps-Stimme" wagen sie sich als Solist zu bewerben?"
Peinliche Pause.
„Kollege Scorell!"
Unser Dramaturg war, infolge seines Restalkohols, sanft entschlummert.
Tickardt lauter:
„Herr Kollege Scorell!!"
Er springt auf, leicht verdattert:
„Chef?"
„Zeigen sie mal dem Kollegen aus Leipzig, was WIR unter Gesang
verstehen!"
Scorell, total verwirrt, taucht ab, findet unter dem Gestühl sein
verlorenes Gebiss wieder, tastet sich über den Laufsteg des Orchesters
auf die Bühne und hebt an:
„In diesen heil`gen Hallen kennt man die Rache nicht..."
„Danke Herr Scorell!"
Dann wendet er sich freundlich an den „Max" aus Leipzig:
„Haben sie diese Stimme gehört?"
„Jawohl Herr Intendant."
„Sehen sie, das ist unser Niveau!
So singen bei uns bereits die Dramaturgen!"
Unter Tickardts Ägide hat sich niemals wieder ein Sänger des Leipziger
Opernchores in Greiz beworben.

NEULAND

Juttas „beschwipste Provokation" sollte meinen weiteren künstlerischen
Weg entscheidend bestimmen!

Mein künftiges Credo!
Operette – du oft Geschmähte!
Von vielen Menschen Geliebte!
Du immer wieder totgesagtes „Schmuddelkind"!
Wer sich dir hingibt, muss dich mögen, ernst nehmen,

deine kuriosen Geschichten auf seinen Wahrheitsgehalt abklopfen, von Plattitüden und Kalauern entstauben und dich möglichst spannend mit leichtem Augenzwinkern erzählen.

Ein Glücksumstand, wenn man als Regisseur eines „Dreispartentheaters" die Rollen und Partien einer Operette, so es die musikalischen Anforderungen erlauben, mit Schauspielern besetzen darf.
Ich hatte dieses Glück!
Den meisten Schauspielkollegen machte es Freude, sich gelegentlich im heiteren Genre auszuprobieren, allen voran Rolf Hoppe!
Niemals ahnend, dass eines Tages der „Amerikanische Oskar" seine Vitrine zieren würde.

**Erste Regieversuche,
auch in anderen Sparten**

Greiz, den 28. 4. 57

Herrn

Erwin Leister

Ich gratuliere Ihnen zu der hoch
künstlerische Inszenierung meiner
Oper Sigmund Báthory und ich
sage vielen Dank für die Ergän-
zungen meiner Fantasie.
Ihr

Zoltán Hornitzky

SIGMUND BÀTHORY von Zoltan Hornitsky
Uraufführung
Meine erste Operninszenierung

MASSENBEWEGUNG

Der Winter 1956/57 kennt keine Gnade.
Es herrscht arktische Kälte.
Während die „Jecken" an Rhein und Ruhr die Karnevalsumzüge
notgedrungen absagen mussten, trotzte der Osten dem eiskalten
„Schweinewetter"!
Walter Ulbricht, oberster Parteichef und eiserner Verfechter „sächsischer
Mundart", hatte verkündet:
„Wer fleißig arbeitet, soll auch fleißig feiern!
Karneval, das können wir auch!"
Allerdings waren im Rathaus Greiz die karnevalistischen
Gepflogenheiten bis dato völlig unbekannt.
Also wurden die Kulturverantwortlichen verdonnert, einen Karneval zu
organisieren.
Ein Rosenmontagszug musste her!

Nach intensiver Überzeugungsarbeit erklärten sich die bekanntesten
Betriebe der Stadt bereit, je einen Festwagen zu erstellen.
Einige zähneknirschend, da es an Fahrzeugen mangelte.
Die Wahl des Prinzenpaares fiel auf eine attraktive Heilgymnastikerin
des Greizer Krankenhauses und meine Wenigkeit.
Entgegen aller marxistischen Überzeugung erhob man uns in den
„Adelsstand"!
„Prinz Fodenkätscher Erwin I" und ihre „Tollität Prinzessin Renate I."
Übrigens die spätere Gattin des bekannten Sängers Peter Schreier.
„Fodenkätscher" ist eine Dialektwortschöpfung aus der Textilindustrie.
So wurden die Weber einst genannt.
Der Theaterfundus lieferte die närrische Kostümierung.
Und den „Prunkwagen" des Prinzen, eine abgehalfterte Kutsche seines
Großvaters, stellte uns ein Handwerksmeister zur Verfügung.
Einiges Kopfzerbrechen bereiteten uns die Texte der Karnevalslieder:
„Oh, du wunderschöner deutscher Rhein..."
„Kornblumenblau ist der Himmel am herrlichen Rheine..."
„Warum ist es am Rhein so schön..."
Diese westliche Selbstbeweihräucherung!

Greiz liegt an der „Weißen Elster", einem anmutigen Flüsschen und ist musikalisch leider weitgehendst vernachlässigt!
Freundlicherweise erklärte sich ein Kollege vom Theaterorchester bereit, eine lokale Hymne zu komponieren.
Und wie sollten die biederen Greizer ihrer karnevalistischen Begeisterung Ausdruck verleihen?
„Alaaf" und *„Helau"* entfällt!
Wir einigten uns auf ein Idiom aus dem urgreizer Sprachschatz:
„Genner he!"
Was frei ins Deutsche übersetzt soviel bedeutet wie:
„Das kann doch nicht wahr sein!"

Rosenmontag.
Der Wettergott lässt sich nicht erweichen, es wurde noch kälter!
10.30 Uhr. Die Narrenkarawane formiert sich.
An der Spitze des Zuges eine Blaskapelle.
Die Musikanten, in ihren wahllos zusammengestoppelten Kostümen, machen einen wenig repräsentativen Eindruck.
Der Musikkapelle folgt der „Prunkwagen" des Prinzen.
Von einem „Konsum-Dekorateur", fachmännisch mit fünf farbenprächtigen Luftballons und einer Papiergirlande, geschmückt.
Nachfolgend zwei Herren mit Zylinder, schwarzgewandet.
Auf ihren Schultern, einen aus Pappe gebastelten Sarg, mit der Aufschrift:
„Wir wollen Frieden auf lange Dauer - deshalb weg mit Adenauer!"
Der Kutsche folgen die Mannen des Elferrates.
Humorige Kollegen, von ihren Gewerkschaftsleitungen großzügigerweise für das närrische Treiben „abgestellt".
Höhepunkt des imposanten Zuges sind sieben LKW`s älterer Bauart, aufwendig dekoriert mit bunten Luftschlangen und „aufmunternden Losungen":
„VEB Paperfabrik" grüßt den 1. Greizer Karneval!"
„VEB Kammgarnspinnerei" - selbstverständlich auch dabei!"
„Mit Freude und Elan erfüllen wir den Plan!"
Kurz vor dem Start des Narrenzuges kommt der stellvertretende Bürgermeister angehechtet, mit einem Sack voller Bonbons.
Hustenbonbons, eingewickelt in grünes Papier.

„Hier, teilt`s ä` bisschen ein, damit`s langt!"

Er vermeldet voller Stolz, dass die närrische Paradestrecke bis zum Rathaus, wo die „Proklamation" verlesen werden soll, dicht umsäumt ist von Zuschauern, die dem karnevalistischen Großereignis neugierig entgegenfiebern!

Vom nahen Kirchturm schlägt es 11.00 Uhr.

Der historische Augenblick der „Welturaufführung" unserer Karnevalshymne!

Atemlose Stille... es tut sich nichts!

Die Musikanten beginnen zu gestikulieren, einige deuten verlegen auf ihre Instrumente, deren Mundstücke so erkaltet sind das die, zum Blasen benötigte Spucke, augenblicklich an ihren Lippen gefriert!

Ratlosigkeit, totales Chaos!

„Kollegen...", ergreift der stellvertretende Bürgermeister das Wort, „keine Diskussion!

Wir können die frierenden Zuschauer nicht warten lassen, also auf geht's!"

Die Musikanten, total verstört, klemmen ihre streikenden Instrumente untern Arm latschen los, schweigend, schamvoll, gesenkten Hauptes.

Unser Erscheinen löst bei den Zuschauern einiges Befremden aus!

Schwarz gekleidete „Sargträger" hinter einer ärmlichen Kutsche., schweigende Musikanten mit zerknirschten Gesichtern.

Unser Aufmarsch gleicht eher einem Trauer-, denn einem fröhlich, ausgelassen Karnevalszug.

Ich, schlotternd vor Angst und Kälte, erhebe mich von meinem Kutschbocksitz und entbiete meinen „närrischen Untertanen" den „majestätischen" Gruß:

„Hallo Greiz!"

Keine Reaktion!

Meine wohlgemeinte Geste läuft völlig ins Leere und auch mein hilflos nachgeschobener Schlachtruf „Genner – he!", findet keinerlei Erwiderung!

Die „Karnevals-Neulinge" sind von den ungewöhnlichen, „närrischen Gepflogenheiten", anscheinend total überfordert!

Kurt Bachmann, der Pförtner des Rathauses ist eigentlich ein äußerst gewissenhafter Mensch, doch hat er, im Trubel des ungewohnten

Ereignisses vergessen, die blauen FDJ-Fahnen vom Balkon des Rathauses einzuholen!

Bei unserem Eintreffen ist er noch eifrig mit dem Einrollen eines Transparentes beschäftigt, denn der „Slogan" scheint der Heiterkeit der Stunde wenig angemessen:

„FDJ-ler stärkt die Reihen unserer Volkspolizei!"

In gespannter Erwartung des karnevalistischen Prozedere haben sich, laut Schätzung des Elferrates, circa 15 000 Greizer Bürger auf dem Rathausplatz versammelt, weit mehr als zu den üblichen „Mai-Demonstrationen".

Möglicherweise ist die Zahl, im Überschwang des spektakulären Ereignisses, etwas geschönt.

Sei`s drum, der Platz ist rappelvoll.

Unterhalb unseres Balkons hat sich unsere Blaskapelle postiert.

Da sich die Musikanten weiterhin in „vornehmer Zurückhaltung" üben, ist „Prinzessin Renate I." angehalten, ihre Begrüßungsansprache ohne musikalische Einstimmung vorzunehmen.

Renate, gelernte Krankengymnastikerin und der öffentlichen Rede absolut ungewohnt, beginnen die Knie zu zittern.

Ihr charmantes Lächeln gefriert und die Stimme versagt ihr den Dienst.

Mir als Schauspieler sind derartige „Hänger" nicht unbekannt.

Ich küsse ihr galant die Hand und bedanke mich für ihre „warmen Begrüßungsworte"!

Erster Lacher! Gott sei Dank, Situation gerettet!

„Meine lieben Greizer, die ihr erstmalig zaghaft versucht euer Alltagsgesicht abzulegen, um euch hemmungslos in den Faschingstrubel zu stürzen – seid mir gegrüßt!

Gegrüßt mit unserem neu gekürten „Schlachtruf": „Genner – he!"

Die Menge schweigt, außer einer schon reichlich besoffenen Gruppe verkleideter Schornsteinfeger.

„Liebes Narrenvolk!

Allein die Tatsache, dass wir dieser „Eiszeit" tapfer trotzen und nicht wie die Jecken in Köln, Düsseldorf und Mainz, den Rosenmontagszug abgesagt haben, beweist dem Rest der Welt, dass wir die „wahren Narren" sind!

Liebe Närrinnen und Narren!

Ich hoffe ihr nehmt mir diese plumpe Anrede nicht übel, denn wenn wir heute…"

In diesem Augenblick fegt eine Windböe über den Rathausplatz, reißt mir das Manuskript aus der Hand und trägt meine mühevoll zusammengeklaubten Pointen, über die Dächer davon!

Mir stockt der Atem!

Ich spüre die lüstern, lauernden Augenpaare auf mich gerichtet… jetzt weiß er nicht weiter!!

Angst gebiert zuweilen die absurdesten Gedanken!

„Liebe Närrinnen und Narren... ich… ich habe Großes mit euch vor! Es… es ist kalt... sogar… sehr kalt... und was macht ein Mensch wenn er friert… er bewegt sich!!

Die Pauke, das einzig noch funktionsfähige Instrument unserer „stummen Sinfoniker", wird unsere gymnastischen Übungen taktvoll begleiten.

Ist jemand gegen meinen Vorschlag, den bitte ich um das Handzeichen! Niemand!

Also legen wir los!"

Und nun geschieht etwas kaum Glaubhaftes!!

Die Menschenmenge auf dem Rathausplatz, ob groß, klein, nüchtern oder besoffen, folgt meinem Kommando!

„Das Manuskript noch fest umklammert…"

68

Sie hüpfen, strampeln, beugen, strecken, klatschen – nur beim Kopfstand haben sie gestreikt!
Turnvater Jahn hätte seine helle Freude gehabt!
Es war die Geburtsstunde der „Massen-Aerobic."
Bedauerlich, dass die Welt von diesem „epochalen Ereignis" keinerlei Notiz genommen hat...

Der „1. Greizer Karneval" – und keiner wollte ihn verpassen!

Nun geht`s ins Warme, ins „närrische Hauptquartier", HO-Gaststätte „Friedensbrücke", die Kneipe mit dem geräumigsten Saal der Stadt.
Endlich warme Füße, endlich Musik, endlich einen Doppelkorn.
Der Erfindungsreichtum zum „Anstoßen" treibt immer neue Blüten:
„Ein Prosit und ein dreifaches „Genner he" auf die Organisation – den Elferrat – auf Greiz – das Prinzenpaar – die Kälte, usw."
Als die „Kapelle Lehmann" in der Morgenstunde zum „Finale" bläst, ist die „Würde" des Prinzen total im Eimer!
Der Heimweg liegt im Nebeldunst und ist sehr kurvenreich...!
Aus unserem trauten Heim dringt Musik und lautes Lachen.

Ach ja… die Kollegen wollten ja nach der Vorstellung auch Fasching feiern!
Ich schaffe es gerade noch bis zur Wohnungstür, dann sacken mir die Knie weg.
Jutta öffnet und im Hintergrund vernehme ich die Stimme des Intendanten:
„Kollegen, seht euch das an!
So enden alle Monarchen!"

Prosit!
„Prinzessin Renate", die künftige Frau Schreier

Greiz – „Perle des Vogtlandes"

Inmitten der Stadt erhebt sich der Schloßberg.
Von hier oben hat man einen faszinierenden Blick, besonders im Winter.
Dir zu Füßen das Städtchen, die Dächer tief verschneit.
Langsam dunkelt es... in den Fenstern, den Straßen... überall gehen die
Lichter an... Abendglocken läuten... vom Himmel wirbeln Millionen
winziger „Wattebällchen" hinunter zur Erde, um auf den
schneebedeckten Dächern noch ein Landeplätzchen zu erhaschen.
Ein Wintermärchen!
Unweit von der Stadt erreicht den „Goethe-Park".
Ein „Kleinod der Gartenbaukunst", dereinst angelegt vom berühmten
Fürsten Pückler.
Gepflegter Rasen, fantasievoll angelegte Blumenrabatten, fremdartige,
exotische Bäume.
Beeindruckend, wenn im Herbst die bunten Blätter von den Wipfeln der
Baumriesen segeln und als leichter Teppich auf den Wegen liegen
bleiben.
Oder der Parkteich.
Aus allen Ecken kommen die Frösche gekrochen, zum allabendlichen
„Quak-Konzert".
Ein beliebtes Ausflugsziel der Greizer ist das „Weiße Kreuz",
eine schroffe, schwer zu ersteigende Felsklippe.
Das Besteigen erfordert eine „ausgefeilte Klettertechnik".
Ich erinnere mich an eine Sylvesternacht, in der wir mit einigen Kollegen
„freudetrunken" die Felsenwand zu erklimmen suchten...

Abschied

Mit Beginn der neuen Spielzeit räumt O.E. Tickardt seinen
Intendantenstuhl und wechselt in die nahe „Bezirkshauptstadt Gera".
Üblicherweise nimmt ein Intendant, die ihm genehmen Kollegen mit,
zum Leidwesen derer, die folglich ihren „Hut nehmen" müssen.
Eine leidige Theaterpraxis!
Der Abschied von Greiz, insbesondere von unserer „Schlummermutter"
Tante Dorle, fällt uns nicht leicht.

Bei ihr fanden wir all die Jahre ein freundschaftliches Zuhause.
Hebamme Dorothea Schmidt ist eine Greizer „Institution"!
Man kennt sie allgemein nur als die „Schmitten".
Im Verlaufe ihres Berufslebens hat sie etwa 15.000 neuen Erdenbürgern
geholfen das zuweilen recht unfreundliche Licht der Welt zu erblicken!
Zu den „Neuankömmlingen" zählt auch unser Töchterchen Patricia

Mein „darstellerischer Nachlass"

Rainmar Johannes Baur   Olly Dille

„FREUNDE"
Schauspiel von G.-H. Kunzelmann
Rainmar Johannes Baur, später Mitglied des
„DEUTSCHEN THEATERS BERLIN"

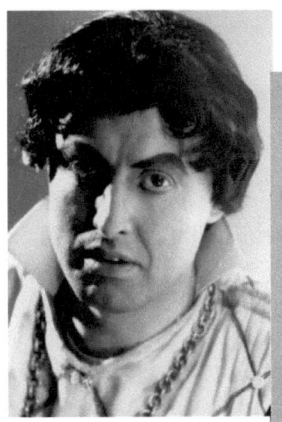

„Maria Stuart"
Schauspiel von F. v. Schiller

DIE JUNGFRAU VON ORLEANS

Schauspiel von F. v. Schiller

ihesus maria

„Spuren im Watt"
Schauspiel von J. Jomeyer

„Schinderhannes"
Schauspiel von C. Zuckmayer

„Beaumarchais"
Schauspiel von F. Wolf

73

DIE BEZIRKSHAUPTSTADT

Im Gegensatz zum beschaulichen Städtchen Greiz ist die Einwohnerzahl unseres neuen Domiziles, sind die Kultureinrichtungen, das Theater, das Ensemble, alles „eine Nummer größer"!
Hier bin ich zunächst ein „Mister Nobody", der sich die Gunst des Theaterpublikums und der alteingesessenen Kollegen erobern muss.
Manches ist anders, doch ein Theaterbetrieb verläuft letztendlich allerorten nach dem gleichen Muster.

Ein Regisseur benötigt keine Schminke, daher werden meine „Sitzungen" beim Maskenbildner künftig weniger.

ARBEITSVERTRAG

zwischen

dem Rat der Stadt Gera -Bühnen der Stadt Gera-

vertreten durch Herrn Intendant Otto Ernst Tickardt

und

Herrn
Frau Erwin Leister
Fräulein

wird folgender Vertrag abgeschlossen:

§ 1

Herr
Frau Leister
Fräulein

wird für das Kunstfach Schauspiel, Oper, Operette

und das Aufgabengebiet Schauspieler für Rollen nach Individualität und Regisseur für Schauspiel, Oper und Operette

für das — die Bühnen der Stadt Gera einschl. Abstecherorte

Ochsenkopfantennen

Wenn man den „DDR-Medien" Glauben schenken darf, „schreiten wir
auf der Straße des Sozialismus weiter siegreich voran!"
Wenn nur das „West-Fernsehen" nicht existieren würde!
Wehe, wenn bei ungünstiger Wetterlage die „Flimmerkiste" streikt, sich
Grieskörnchen auf der Mattscheibe tummeln, dann herrscht bei Familie
Schmittenkötter der Ausnahmezustand!
Auch linientreue Genossen umgehen die Parteidisziplin und montieren
das „Sprachrohr des Klassenfeindes" hinter die Gardine oder unters
Dach.
Man lebt in zwei Welten, während der Arbeit im „Sozialistischen
Kollektiv" und daheim mit dem „West-Fernsehen".
„Hör zu, Klaus-Jürgen, erzähle morgen in der Schule ja nicht, dass wir
„Was bin ich?" (Eine Sendung mit Robert Lembke) geguckt haben."
Der kleine Klaus-Jürgen kapierte die „Mahnung".
Es blüht die „Doppelmoral"!

Nicht nur in Gera rumort es!!
Schuld ist ein Aufruf der „Nationalen Front".
Überall Plakate und Losungen:
„Die Sonne geht im Osten auf, im Westen geht sie unter.
Wir bauen für den Frieden auf, drum Westantennen runter!"
FDJ-Brigaden tauchen auf, diskutieren mit den Bewohnern die
Westantennen abzubauen. Andernfalls würden sie aufs Dach steigen und
die „Giftküche des Klassengegners" herunterholen!

Bühnen der Stadt Gera.
Schauspiel-Vollversammlung.
Ein Genosse der Bezirksleitung der SED bemüht sich die Weisung des
Politbüros zu erläutern:
„Liebe Genossen, liebe Kollegen, ich wiederhole es, wer sich vom
Westen informieren lässt, erfährt Lüge, Hetze und Verleumdung!
Er schadet am Ende sich und unserer Republik!
Ich bin gekommen um eure ganz persönliche Meinung zu erfahren.
Also frei heraus!"
Eisiges Schweigen…

„Ihr habt doch eine Haltung zu unseren Maßnahmen!"

Keine Antwort...

„Es passiert doch nichts, wenn ihr eure Meinung sagt!"

Helmut Polze meldet sich als Erster, hochrot vor Erregung:

„Gestern Abend stand eine Gruppe FDJ-ler vor meiner Tür und verlangte den Schlüssel zum Dachboden.

Wissen Sie, was ich gemacht habe?

Ich habe sie davongejagt!

Diese Aktion erinnert mich lebhaft an meine Hitlerjugendzeit!

Ich denke da an den „HJ-Streifendienst" und..."

„Danke! Weitere Meinungen?"

Dann Jürgen Hentsch:

„Ich glaube so viel politische Intelligenz zu besitzen, um Wahrheit von plumper Lüge unterscheiden zu können, aber diese dauernde Bevormundung, was ich zu tun, zu lassen, zu sehen und hören habe, kotzt mich an!"

Spontaner Applaus!

Dieter Wien wird lauter:

„Haben sie mal überlegt, weshalb die Bürger das Westfernsehen einschalten?!

Weil das Programm nicht so langweilig ist wie unser „DFF"!

Im Übrigen bin ich froh, dass die verantwortlichen Genossen endlich mal zur Kenntnis nehmen, was die Bevölkerung über das momentane „Westantennen-Theater" denkt!"

Erneuter Applaus!

Die aufgeheizte Stimmung nimmt an Schärfe zu!

Intendant Tickardt versucht die Wogen zu glätten.

Er „eiert", schließlich ist er Genosse!

Ich spüre, dass die Kollegen ins offene Messer rennen, unterdrücke meine Gefühle – und schweige.

Dafür schäme ich mich noch heute!!

Ergebnis der „freien Aussprache" –

„An diesem Theater hat sich eine konterrevolutionäre Plattform gebildet"!

Helmut Polze, Jürgen Hentsch und Dieter Wien bekommen je zwei Jahre „Berufsverbot"! Sie haben sich in der „Produktion" zu bewähren!

Helmut Polze wurde später, nach einigen Jahren in Leipzig, von Walter Felsenstein an die „Komische Oper Berlin" verpflichtet.
Dieter Wien ging zum „Maxim Gorki-Theater" und Jürgen Hentsch zählte viele Jahre zur Schauspiel-Elite des „Deutschen Theaters". Nach der Wende sah man ihn in vielen Fernsehproduktionen, unter anderem an der Seite von Arnim Mueller-Stahl, Götz George und Senta Berger.

Den folgenden Brief ihrer Freundin, hat mir Hannelore Fiedler, eine ehemalige Kollegin aus Gera, freundlicherweise überlassen!

Meine liebe Hanne!   Gera, d.5.12.61
Vergessen habe ich Dich nicht aber es ist immer so viel Arbeit. Möchte mich heute für das liebe Geburtstagsgeschenk bedanken. Schade, daß Du nicht hier sein konntest. Wir haben alle an Dich gedacht. Überhaupt, gedenken wir Deiner oft. Du warst und bist uns eben sehr lieb. Möchte Dir nun einige unerfreuliche Neuigkeiten schreiben. Vielleicht weißt Du es auch schon. Vor ein paar Wochen wurden Dieter Wien, Helmut Polze, Jürgen Hentsch fristlos entlassen. Sie müssen für längere Zeit in die Produktion. Jürgen Hentsch; weil er nicht wählen war, D. Wien und H. Polze wegen politischen Äußerungen. Es waren schreckliche Tage auch für uns. Wenn die Kollegen wieder in ihrem Beruf arbeiten dürfen, entscheidet die (Partei) und die Arbeiter in den Betrieben, wo sie arbeiten (Überschrift: Sorge um den Menschen.) Schluss liebe Hanne, ich schreibe noch vor Weihnachten.

Zum Zeitpunkt dieser Inszenierung, ahnten die „Delinquenten" noch
nichts von ihrer späteren „Verbannung".

DER ARME KONRAD

Schauspiel aus dem Deutschen Bauernkrieg 1514

von

Friedrich Wolf

Musik von Paul Dessau

Regie: Erwin Leister
Ausstattung: Theo Hug

P E R S O N E N :

Konz		Bert Brunn
Geispeter	⎫ Bauernhauptleute	Dieter Wien
Schneckenherodes	⎬ des Armen Konrad	Rolf Hoppe
Bantelhans	⎭	Gerd Funk
Sebastian, Fähnrich des Armen Konrad...........		Helmut Deißinger
Bruder Arnold		Klaus Ziller
Buchenbech...............................		Kurt Brandenburg
Entemeyer		Curt W. Franke
Auerhahn		Fredy Roth
Der blinde Andres	⎫ Bundschuher a. d. Breisgau	Günter Grünschneder
Fidi	⎬	Jürgen Hentfch
Res, Trommlerin		Inge Koch
Anna, Konzens Weib......................		Ilse Strambowski
Herzog Ulrich		Helmut Fiedler
Ritter Thum		Helmut Polze
Jörg von Weiler		Lothar Förster
Molinarius		Gerhard Hänfel
Judica		Marianne Barth
Flux		Peter Festerfen
Hummel		Rolf Perthel
Ein Jäger		Ulf Reiher
Schwarzhanfin ....:.................		Senta Efler
Bantelhanfin		Christa Körner
Bäuerin		Johanna Möfchke
Bauer		Heinrich Hegner

Ort der Handlung: Schwabenland   Zeit: Das Jahr 1514
Paufe nach dem 5. Bild   Spieldauer: 2¾ Stunden

Premiere: 10. Januar 1960

78

„Laternenfest"

Schauspiel von Hans Pfeiffer

Im Rollstuhl Eberhard Schäfer, später Regisseur beim DFF.
Jürgen Hentsch, „Deutsches Theater Berlin"
Ruth Glöß, Mitglied der „Volksbühne Berlin" und des
„Brecht-Ensembles"

...diese Aufführung zu einem Theatererlebnis von seltener künstlerischer Überzeugungskraft und Geschlossenheit macht. Erwin Leister, der Regisseur, verschafft seiner Inszenierung durch die sichere Führung der Schauspieler und das Herausarbeiten eindrucksstarker szenischer Nuancen, eine ungewöhnliche Dichte und bezwingende Atmosphäre...

„Thüringische Landeszeitung"

Erwin Leisters Inszenierung ist ein Muster der künstlerischen Geschlossenheit, wie man sie sich besser nicht denken kann. Das Ganze fesselnd und immer wieder zum Nachdenken zwingend. Mit Recht finden Werk und Wiedergabe stets den starken Beifall der ergriffenen Besucher. Eine solch schöne Ensembleleistung wünschen wir uns in jeder Theateraufführung. hg.

„Volkswacht Gera"

79

FREIER WIND

Operette in drei Akten von Isaak Dunajewski
Text von W. Winnikow, W. Kracht und W. Tipot
Deutsch von Alice Wagner und Dr. Heinrich Möller
Bearbeitung von Erwin Leister

Musikal. Leitung: Lothar Wießner
Inszenierung: Erwin Leister

Klementina Maritsch, Seemannswitwe
... Johanna Möschke
Stella, ihre Tochter .... Sigrid Labuhn
Pepita, Kellnerin .. Christel-Klöpfel-Böhm
Monna, Kellnerin ...... Hannelore Fiedler
Berta, Kellnerin .... Maria Göllner
Regina de Saint-Cloud ..... Karin Buchali
Janko, Matrose .... Harry Dalgas
Philip, Matrose .... Alexander Toth
Thomas, Matrose .... Siegfried Hotho
Cäsar Gall, ein alter Schauspieler
... Erhard Groß
Der Wirt der Kneipe „Zum siebenten Himmel"
... Heinrich Hegner
Georg Stan, Verwalter einer Reederei
... Helmut Polze
Micky, sein Neffe ... Günter Grünschneder
Mr. Chesterfield, ein „Privatmann"
... Rolf Hoppe
Ein Einäugiger, Polizeispitzel
... Fredy Roth
Polizeiinspektor
Polizeisergeant
...

Der schwierige Weg, den der Intendant der Bühnen der Stadt Gera, Otto Ernst T i c k a r d t, mit seinen Künstlern auf der Suche nach neuen Ausdrucksmitteln in der Operette bisher ging, hat sich vor allem bei den Aufführungen der beiden sowjetischen Operetten gelohnt, die ein beispielloser Erfolg wurden. Erwin L e i s t e r, ein meisterhafter, begabter Regisseur, ein Mann, der mit der süßlichen Operettenromantik Schluß macht, servierte auch diese Operette ausgezeichnet gewürzt. Er tat alles, um sie zum Erfolg zu führen.

„Volkswacht Gera"

Rollenwechsel

Mancher Schauspieler tut sich schwer „stante pede" vor den Vorhang zu treten, um beispielsweise eine Spielplanänderung anzukündigen. In der Rolle des „Hamlet" ist er ausschließlich auf seinen Bühnenpartner fixiert, das heißt er „ignoriert" den Zuschauerraum. Zu meinem Glück hatte ich diesbezüglich keinerlei Probleme. Ich mochte den unmittelbaren Kontakt mit dem Publikum. Ein Glücksumstand, der es mir ermöglichte zu „tingeln". „Tingeln", abgeleitet vom dem Wort „Tingel-Tangel", ist am Theater die Bezeichnung für einen willkommenen Nebenverdienst. Mein häufiges Konferieren, Moderieren oder Ansagen übertraf bisweilen das wenig spektakuläre monatliche „Salär".

Der Zuschauer

Ein Publikum ist schwerlich einzuordnen. Wenn die „Götter in Weiß", in Begleitung ihrer Gattin, den „Jahresabschluss" feiern, kannst du „im Handstand jodelnd herein gehüpft" kommen – sie reagieren kaum. Erst zur mitternächtlichen Stunde, nach dem nötigen Quantum „Schampus", wenn der Abend längst gelaufen ist, tauen sie auf und werden Mensch wie du und ich. Anders die Lehrerschaft. Wenn sich die „Gilde der Erzieher" im Zuschauerraum versammelt hat, hilft nur der unmittelbare „Frontalangriff"! „Verehrte Lehrerschaft! Sollte ich der Kühnheit verfallen, sie heute Abend mit einer „scharfen politischen Schote" aufzuschrecken und sie wissen nicht wie sie auf meine Provokation reagieren sollen, schauen sie klugerweise zum Herrn Schulrat! Wenn er lacht, lachen sie mit und sie liegen immer richtig!" Nach dieser provokanten These ist das Eis meist gebrochen.

Gera/Ronneburg.

Zentrum des Uranbergbaus.

Kumpel unter Tage, ein Knochenjob!

Um die Bergmänner bei Laune zu halten, verfährt die
„Wismut-AG" nach der Losung: „panem et circensis!"

Neben dem Salär eines Kumpels, das allgemein weit über dem
Durchschnittslohn des Normalverbrauchers liegt, sorgt die „Konzert -und
Gastspieldirektion Gera" für die kulturelle Betreuung der Schächte.

Die „Brigadefeiern", „Mach mit-Wettbewerbe" und
„Leistungsvergleiche" werden meist von den kostspieligsten
künstlerischen Darbietungen „umrahmt".

Diese Abende unterliegen einem traditionellen Reglement.

Wenn zum Beginn der Veranstaltung die Bergmannsweise,
„Glück auf, der Steiger kommt" erklingt, ist ein Großteil der Kumpels
bereits angeheitert oder besser, besoffen.

Dann verkündet der Parteisekretär die obligate „Planübererfüllung" –
was die Kumpels wenig stört, sie quatschen und saufen weiter.

Den Redner scheint es nicht zu tangieren, er leiert seine Phrasen
monoton herunter, ohne auch nur eine Sekunde von seinem
vorgegebenen Manuskript aufzublicken.

Die künstlerischen Darbietungen, insbesondere die wenig bekleideten
Damen des Ballettes, werden mit zunehmendem Alkoholpegel,
temperamentvoll beklatscht und am Ende des Programms vereinen sich
Bühne und Zuschauerraum zu Drafi Deutschers musikalischem Credo:
„Marmor, Stein und Eisen bricht, aber unsere Liebe nicht!"

„Tingel-Tangel"

Helmut Fiedler   Peter Kindermann

„Musikalischer Frühschoppen"

Onkel Gustav

Operette – Jungbrunnen der reiferen Jugend!
Welcher Operettenfreund gerät nicht in Verzückung, wenn „Iduna" aus
dem „Feuerwerk" der staunenden Welt stolz verkündet:
„ *Oh, mein Papa war eine wunderbare Clown.*
 Oh, mein Papa, war eine große Künstler... "
Wir proben den zweiten Akt.
Auf der Probebühne sind zwei Podeste für eine imaginäre
„Drahtseilnummer" aufgebaut.
Jedes Podest zwei Meter hoch – Abstand zehn Meter – lose verbunden
mit einer Wäscheleine, dem vermeintlichen „Drahtseil".
Drei ältere Herren, die im Verlauf der Handlung dem „Spießerdasein"
abgeschworen haben, schlüpfen voller Enthusiasmus in die Rolle eines
Clowns.
„Onkel Heinrich" hockt freudetrunken unter der lose gespannten
Wäscheleine.
„Onkel Fritz" lehnt glückselig am rechten Podest und hoch oben, auf
dem linken Podest, steht „Onkel Gustav" – alias Rolf Hoppe, mit großen
Kinderaugen, der Welt völlig entrückt!
Die drei Onkels legen los, voller Inbrunst:
„ *Oh, mein Papa...* "
Bei der markanten Stelle: „ *...und seine Aug` wie Diamanten strahlen...* "
schaut „Onkel Gustav" mit verklärtem Kinderblick hinauf zum
Schnürboden, tritt wie in Trance auf die lose Wäscheleine –
und stürzt ab!
Armbruch! Krankenhaus! Umbesetzung!
Ein Desaster, denn Rolf wäre ein großartiger „Onkel Gustav"
geworden…

Premiere:
„ *Die Jungfrau von Orleans* " von Schiller.

Der letzte Vorhang ist gefallen, der Applaus verebbt.
Jetzt schnell abgeschminkt, die „Spaßmacherfarbe" runter, raus aus den
verschwitzten Klamotten, rasch unter die Dusche und ab in die Kantine!

Am Stammtisch hat Herr Zumpe, unser geschäftstüchtiger Kantinenwirt, bereits eine „Runde Pils" aufgefahren.
Dieser hochwillkommene Tropfen löscht den Durst und lässt die Premierenanspannung allmählich abklingen.
Als letzter gesellt sich Rolf Hoppe zu unserer Runde:
„Habt ihr schon gehört, Willi A. Kleinau ist tot."
(W. A. Kleinau zählte zu den profiliertesten Schauspielern des Deutschen Theaters Berlin und der DEFA).
Helmut Polze ironisch:
„Mensch Hoppe, die Stelle ist vakant, das wär doch was für dich, Berlin – „Deutsches Theater"!
Allerdings müsstest du noch`n bisschen zulegen, der Kleinau hatte `ne Menge mehr auf den Rippen als du."
Rolf, nie um eine Antwort verlegen, kontert:
„Na und, fett werden ist keine Kunst!"
Kollege Ferdy Roth, „leidenschaftlicher Liebhaber" der Schnapsmarke „Blauer Würger" und schon gehörig „abgefüllt", mischt sich ein:
„Rolf, ma... mal ehrlich, glaubst du, dass dich in Ber...Berlin eine Sau versteht?"
„Wie meinst`n das?"
„Wie ich da... das meine? Du… du machst den Mund nich`auf, du nuschelst. Da... das wird nie was!"
„Vielleicht könntest du mir noch`n bisschen Sprechunterricht erteilen?"
„Ma... mach ich. Da... das wird aber teuer!"
„Sagen wir, pro Stunde eine Flasche „Blauer Würger".
„A... abgemacht!"
Herr Zumpe mit geschultem „Kellnerblick", serviert unserem Tisch bereits die vierte Runde „Doppelkorn".
Ferdy Roth, mittlerweile restlos besoffen, schnappt sich als erster das Glas:
„Prost Gemeinde! Au... Augen zu und ru... runter mit dem Zeug!"
Der Abend kommt in Fahrt, ein Tisch voller Komödianten, da blüht der „Flachs", Dichtung und Wahrheit mengen sich, es quatschen alle durcheinander und der Lärmpegel schwillt an bis zum „fortissimo"!
Erst als der Morgen graut, geht auch dem leidenschaftlichsten Disputanten die Puste aus.

Abgekämpft, die „Linse" leicht getrübt, verlassen wir die rauchgeschwängerte „Arena".

Draußen, wo sich die Nacht bereits verabschiedet hat und erste Sonnenstrahlen neugierig über die Dächer blinzeln, empfängt uns die triste Realität!

Der Taxistand, wie immer – verwaist und die Straßenbahn kommt erst in einer halben Stunde, also geht es nach Hause, per pedes.

Jutta vorweg… ich folge ihr – beide schweigend!

Wir erreichen die „Pestalozzi-Oberschule".

Jutta deutet auf die Eingangstür.

Sie steht sperrangelweit offen!

Auf der Treppe, weithin sichtbar, steht ein Aufsteller:

„Wahllokal"

„Himmel-Arsch – es ist ja Wahlsonntag!"

„Na, dann mal ran an die Urne, bringen wir `s hinter uns!"

Der Wahlleiter, bass erstaunt, dass ausgerechnet zwei Theaterleute als erste ihrer Wahlpflicht genügen, überreicht Jutta mit großer Geste drei mickrige rote Nelken.

Im Hinausgehen zischelt sie mir zu:

„Na, haste fleißig deine Kreuzchen gemacht?

Wie lange woll`n die uns eigentlich noch verarschen..."

Theaterferien

Jutta hockt in der Kantine und studiert die „Volkswacht", das „Partei-Organ des Bezirkes".

Er winkt schon von Weitem, Verwaltungsdirektor Stier.

„Kollegin Leister, ist es gestattet?"

„Bitte, bitte...!"

„Ich habe ein Attentat auf sie vor."

„Ein Attentat? Machen sie mir keine Angst."

„Was trinken wir?"

„Wie bitte?"

„Na, sagen sie schon."

„Einen „Zitronengespritzten". Herr Zumpe kennt meine „Sorte"."

„Kollege Zumpe, für Frau Leister einen „Gespritzten" und mir bitte
einen Wodka!"
„Also, verehrte Kollegin, um es kurz zu machen:
Sie müssen wieder mal was schreiben!
Seit ihrer Revue, *„Sachen gibt's, die gibt's gar nicht"*, sind inzwischen
drei Jahre vergangen.
Ich bin überzeugt, der Intendant und die Dramaturgie wären begeistert!"
Pause.
„Haben sie denn `ne bestimmte Idee?"
„Ne, als Verwaltungsdirektor versteh ich zwar was vom Geld, aber..."
„Wie lange geben sie mir denn Zeit?"
„Ich denke so `n halbes Jahr, so um Silvester rum."
„Hm... und wie stets mit `nem Komponisten?"
„Komponisten? Ne, ich dachte wir machen das, wie in der letzten Revue,
heutige Schlager, hübsch verpackt in so `ne heitere Geschichte.
Na, wie denken sie darüber?"
Pause.
„Gut... aber versprechen möchte ich ihnen nichts!"
„Ach, sie werden das schon packen.
Prost! Auf eine zündende Idee!"

Die Spielzeit neigt sich dem Ende.
In letzter Minute haben wir noch einen Ferienplatz ergattert, an der
Ostsee, in Arenshoop.
Die erste Reise im eigenen Gefährt, ein weißer *„Trabant 500"*.
Die Sonne strahlt und wir sind rundum glücklich!
Tochter Patricia, inzwischen drei Jahre alt, quengelt auf dem Rücksitz:
„Pappi, is so langweilig."
„Aber Pati, wir sind doch bald da!"
„Immer sagst du das."
„Es dauert nicht mehr lange, dann sind wir an einem großen Wasser, wo
es Möwen gibt und viel Sand. Dort kannst du den ganz Tag buddeln."
„Stümmt ja gar nicht, Mittags muss ich schlafen."
„Das darfst du dann im Strandkorb."
Pause.
Oh, Wunder, sie schweigt!
Kurz vor dem Ortsschild von Ahrenshoop fängt es leise an zu nieseln.

Petrus hat die Sehnsucht der Landratten nach Wasser offensichtlich in den falschen Hals gekriegt.

Und plötzlich ist es stockdunkel, also schnell rechts ran.

Blitze zucken, es donnert, es kracht und Sekunden später steht unser schmucker „Trabi" unter „Dauerbeschuss".

Dicke Regentropfen hämmern wie besessen auf unser liebevoll poliertes Pappdach.

Jutta blickt besorgt zur Decke, angelt sich nervös einen „Glimmstengel" aus ihrer Handtasche, ich starre gebannt auf die Frontscheibe und die Tochter pennt.

Und unvermittelt, als hätten wir diese „Sintflut" nur geträumt, wird es wieder hell! Der Himmel strahlt und die Sonne zeigt sich erneut von ihrer schönsten Seite.

Motor an und weiter!

Arenshoop, das „Künstlerdörfchen", scheint ausgestorben, keine Menschenseele weit und breit.

„Fahr langsam... Nummero 4… wir sind da!"

Die Wirtin empfängt uns freundlich und wenig später sind wir bereits weitgehendst über die örtlichen Gegebenheiten informiert.

Ihr Mann Hinnerk, ein ehemaliger Boddenfischer, ist vor kurzem verstorben. Beide Töchter sind aus dem Haus und wir sind quasi ihre allerersten Feriengäste.

Wir möchten aber bitte niemandem erzählen, wo wir untergekommen sind, sonst bekomme sie Ärger mit dem Bürgermeisteramt.

Wir versprechen es.

Unser Kämmerchen ist ausgestattet mit zwei wuchtigen Eichenbetten, in denen sich sicher schon Generationen von Boddenfischern vergnügt haben.

Zwei muffige Nachtschränke, vier Kleiderhaken an der Tür, zwei Stühle und eine „15 Watt-Tranfunzel" an der Decke, vervollständigen das „Luxus-Appartement".

„Mammi, wo ist denn mein Bett?"

„Du darfst mit in meinem Bett schlafen."

„Will ich nich, ich will ein Bett!"

„Dann darfst du bei Pappi schlafen."

„Will ich nich!"

„Dann schläfst du gar nicht."

„Au fein."
„Mami hat Hunger und bevor du nicht schlafen musst, gehen wir essen."
„Ich will ein Eis!"
Wir beenden den Dialog und marschieren zum „Kurhaus".

Er kommt uns schon kopfschüttelnd entgegen:
„Bedaure die Herrschaften, es ist alles besetzt!"
Diese Lüge gehört zum Standardrepertoire des Oberkellners aus dem
„Kurhaus".
Erst ein „Scheinchen", welches ich ihm dezent in die Seitentasche seines
Kellnerjacketts schiebe, ändert die Sachlage schlagartig.
„Augenblick, ich sehe mal nach... aber versprechen kann ich nichts."
Wir warten.
Wenig später kommt er zurück, scheißfreundlich.
„Sie haben ausgesprochenes Glück!
Soeben sind hinten in der Kaminecke drei Plätze frei geworden, wenn sie
mir bitte folgen wollen."
Wir wollen!
Und nach einem weiteren „Scheinchen" ist die Kaminecke für 14 Tage
unser!

Das Wetter meint es gut mit uns.
Pati ist glücklich, planscht ausgiebig in den Ostseewellen und formt
fleißig „Sandtörtchen".
Wir beiden „Alten" genießen die Sonne und freuen uns über die
zunehmende Bräunung.
Die Kurhausverköstigung ist unter den gegebenen Umständen durchaus
„machbar", bis auf die gewöhnungsbedürftigen Essenszeiten!
Mittagessen 11.30 Uhr. Abendessen 17.30 Uhr.

Pati schleppt stets einen Osterhasen mit sich rum, den ihr die „Westoma"
geschickt hat.
Wenn die Hotelgäste hungrig in den Speisesaal geströmt kommen und
ungeduldig auf die Suppe warten, büchst sie aus, zieht von Tisch zu
Tisch und labert die Gäste voll:
"Guck mal, den Osterhasen hat mir die Oma geschenkt!"

Während der Mutti die tägliche „Anmache" allmählich peinlich ist, freuen sich die Gäste über die „Kleine mit dem Osterhasen".
Uns gegenüber, auf seinem Stammplatz, sitzt ein bekannter Ballettmeister.
Er führt einen erbitterten Kampf gegen „das Altern".
Daher sieht man ihn oft mit sehr jungen, attraktiven Begleiterinnen.
Nebenbei benimmt er sich noch wie ein Halbstarker und das allgemeine Schmunzeln der Umwelt, hält er für Bewunderung.

Letzter Ferientag.
Wir warten auf das Mittagessen.
Jutta hat den Osterhasen bereits eingepackt und somit der Tochter die obligaten „Tischbesuche" vermasselt.
Nun hockt sie missgelaunt an meiner Seite und starrt unverwandt hinüber zum Ballettmeister, der wahrscheinlich um sie aufzuheitern, fortwährend alberne Grimassen schneidet.
Plötzlich springt sie auf und brüllt: „Lass das Opa!"
Peinliche Stille!
Dann bricht unvermittelt ein Lachsturm los!
Jutta blickt zu Boden und sucht ein „Loch zum Abtauchen".
Ich schaue verlegen in die Runde, deute auf die Tochter und stammele bedeppert: „…Kindermund!"
Die Stimmung ebbt ab, als die Kellner mit der Suppe kommen und Töchterchens provokante Einlage ist augenblicklich Vergangenheit.
Das letzte „Abendmahl" hat Jutta, aus Schamgefühl, sausen lassen…

„Lass das, Opa!"

Der „Westosterhase" grüßt freundlich von der Kühlerhaube

90

DER MÖRDER STRICKTE STRÜMPFE

Die Heimreise ist über Berlin geplant, verbunden mit einem Besuch unserer Freunde Eika und Hans Becker.
Außerdem steht ein Abstecher zum „Ku-damm", dem „Prachtboulevard des Klassenfeindes", auf dem Programm.
Ich freue mich auf Hans, meinen alten Kumpel aus „Nordhäuser Zeiten".
Mit ihm, dem überzeugten Genossen, kann man so herrlich blödeln und streiten.
Nach etlichen Gläschen unserer Lieblingsmarke „Rosenthaler Kadarka", landen wir stets beim gleichen Thema:
Ist der Sozialismus, mit seinen hehren Idealen, überhaupt realisierbar?
Ist es die bessere, menschenwürdigere Gesellschaftsform?
Wie wird sie aussehen die künftige Welt?
Wir redeten uns die Köpfe heiß!
Erst wenn sich gegen Morgen die Sonne zum „Dienstantritt" meldet, die letzte Pulle „Rosenthaler Kadarka" „geköpft" ist, sinken wir todmüde in die Kissen.

Auf dem „Kurfürstendamm", der „West-Berliner Nobelmeile", wimmelt es von Besuchern aus der „Zone".
Wir drücken unsere Nasen platt an den fantasievollen Schaufensterauslagen, bestaunen das übervolle Warenangebot der Geschäfte und Boutiquen.
Hier riecht es irgendwie anders als in Görlitz, Weimar oder Plauen.
Wir zählen sorgsam unsere umgetauschten „Piepen".
Vielleicht reicht es noch für ein Eis oder `nen Kinobesuch.
Apropos Kino – eine Gelegenheit, die wir ausgiebig nutzten.
Fünf Filme hintereinander!!
Bis auf den Klassiker „Vom Winde verweht" mit Clark Gable, sind es künstlerisch meist wenig überzeugende Streifen.
Auf der Rückfahrt, in der S-Bahn, sitzt uns eine Gruppe Urlauber aus Sachsen gegenüber und tauscht ihre Erlebnisse aus:
„Ward `n ihr och off `m „Gudamm"?"
„Nu glar! „Vom Winde verweehd" ham` mer uns angeguckt... also einmalig... ä Erlebnis!"

„Mir war `n ooch im Gino. Mir ham` ooch herrliche Filme geseh`n.
„Almenrausch und Edelweiss"... Erni sach e mal, wie hiess`n der andre?"
„Liane, die weiße Sklavin!"
„Genau... na un dann der dolle Grimi... „Der Mörder strickte Strümpfe"... also e mal ehrlich, so was kann uns`re „DEFA" nich`!"
Plötzlich starrt mich Jutta mit großen Augen an!
„Was ist denn, ist dir schlecht?"
„Nein! Ich hab `s!!"
„Was denn?"
„Die Idee für eine Revue!!"

Morgen geht es nach Hause.
Eika hat wieder einmal alles „aufgefahren".
Hans erhebt sein Glas:
„Prost! Auf unseren letzten Abend!"
Das nächste Gläschen harret vergebens seiner „Vernichtung",
meine Augenlider beginnen zu streiken, das Ergebnis des „Kino-Marathons"!
Und weil die liebwerte Gattin gleichfalls mit den „Guckchen" kämpft,
beschließen wir, im gegenseitigen Einvernehmen, den Abend wegen „Übermüdung der Gäste" vorzeitig abzubrechen.
Der nächste Morgen. Abschied.
Händeschütteln, Umarmung, Küsschen.
Unser nächstes Wiedersehen sollte... doch davon später!

Zurück in Gera.
Zum Theater gehören allgemein auch Dramaturgen.
Sie sind das „geistige Gesicht" des Hauses.
Und so manch` einer dieser Berufsgattung, steht mit dem Humor auf „Kriegsfuß".
Nach ihrem Gusto beginnt die „wahre Kunst" bei den Herren Goethe, Schiller, Shakespeare, Beethoven, Wagner und ähnlich begnadeten Genies.
Operette, Revue oder Boulevard-Stück... naja... ein notwendiges Übel, damit die Kasse stimmt.

Dramaturgen sind u. a. auch verantwortlich für das Programmheft.
Der Dramaturg von Juttas neuem „Opus" ist neu an unserem Theater
und möchte sich beweisen.
Voller Stolz unterbreitet er uns seinen Entwurf des Programmheftes,
aufgemacht im Stil einer „BILD-Zeitung".

Ein Auszug aus dem Programmheft:

Exklusiv-Interview mit
JUTTA EBERHARDT-LEISTER

In dem intim-mondänen Arbeitszimmer sitzen wir der bekannten Dichterin gegenüber.

„Sehr verehrte Meisterin, Sie haben uns erlaubt, einige Fragen an Sie richten zu dürfen".

„Bitte".

„Gestatten Sie also die erste Frage: Wie kamen Sie zur Literatur?"

„Da mich nach achtjährigem Zusammenleben mein Mann nicht mehr so oft zu küssen begehrt, entschloß ich mich, ein intimes Verhältnis mit der Muse einzugehen. Anregte mich auch mein Horoskop: Ich bin, wie Goethe: Jungfrau."

„Unsere Leser wird vielleicht auch interessieren, welches Ihr Hobby ist."

„Ich beschäftige mich zur Zeit sehr angeregt mit der Psychoanalyse der Stubenfliege. Auch koche ich sehr gern, obwohl es mein Mann vorzieht, essen zu gehen."

„Dürfen wir Sie nun noch nach Ihren neuen literarischen Plänen fragen?"

„Ja. Da ich jetzt in meine Genie-Epoche eintrete, liegt mir ein ernst-dramatisches Werk am Herzen. Es geht um die Gestaltung der Probleme, die sich aus dem Einfluß des Nihilismus zwischen Pharao und dem Volke Jordaniens ergeben."

"Gnädige Frau, wir danken ihnen für dieses sachkundige, offene Gespräch!"

Die „Dichterin" meditiert…

Misst man den Erfolg einer Inszeinierung am Beifall des Publikums, so war die Resonanz der Revue, anlässlich der Premiere, recht beachtlich. Ein gewisser H.J. Müller, Kritiker der „Volkswacht" dem „Organ der Bezirksleitung Gera der Sozialistischen Einheitspartei Deutschlands", war allerdings anderer Meinung.
Hier einige Auszüge:

Großer Aufwand – geringer Nutzen

Zur Aufführung der Revue „Liebe, Geld und ...!... Kurven!

...genügt es, an der Oberfläche herumzukratzen, wenn nicht — auch in einer Revue! — die gesellschaftlichen Wurzeln dieser Erscheinungen bloßgelegt werden?

...Aufgabe des Theaters ist es, den Werktätigen zu helfen, „die Höhen der Kultur zu erstürmen und von ihr Besitz zu ergreifen", wie auf dem V. Parteitag gesagt wurde, Offenkundig sind jedoch die Werktätigen mit ihren kulturellen Bedürfnissen wesentlich weiter, als dies die Geraer Theaterleitung und die Autorin wahrhaben wollen.

Gewiß ist es nicht einfach, das Problem der leichten Muse zu lösen. Der Weg aber, der mit dieser Revue beschritten wurde, führt nicht vorwärts, sondern zurück. In ihrem „Führer durch den Spielplan" fragt die Theaterleitung, ob es richtig war, die Revue ins Anrecht zu übernehmen. Wir meinen, darauf muß man mit „Nein" antworten. Mehr noch: Es gälte zu überlegen, ob die Revue angesichts ihrer ernsten Mängel nicht gänzlich vom Spielplan abgesetzt werden sollte.

Hans-Joachim Müller

„Volkswacht Gera"

Satire heißt negative, gesellschaftliche Erscheinungen, menschliche
Schwächen, politische Ereignisse oder Ähnliches, mit Spot
bloßzustellen.
Wir versuchten in unserer Inszenierung, die derzeit in Westdeutschland
üblichen, kitschigen, verlogenen „Liebesschmonzetten" und „Sex-
Filmchen" zu parodieren.
Der Kritiker der „Thüringischen Landeszeitung" rezensierte die Premiere
etwas freundlicher:

„Liebe, Geld und Kurven"

...Inwiefern Geld, inwiefern Liebe —
das dürften wir hinreichend erläu-
tert haben. Blieben noch die Kurven. Aber wissen Sie was? Kurven
Sie selber ins Theater und sehen Sie
sich das alles an! Zitieren wir nur
abschließend noch die klassischen
Worte des Regisseurs Schreyvogel,
welcher sagte: „Ich will Meyer heißen, wenn die ‚Heidelinde' kein Erfolg wird!" Er hat sich geirrt. Dafür ist er auch ein Regisseur. Ich
aber (schlußfolgernd aus dem Beifall) irre mich nicht mit der Behaup-
tung: Ich will Schreyvogel heißen,
wenn diese Revue nicht bereits ein
Erfolg i s t !   my

(Regisseur „Schreyvogel" war in die Handlung integriert)

Glücklicherweise fühlte sich die Theaterleitung nicht bewogen dem
Wunsch des Kritikers der „Volkswacht" zu entsprechen und die Revue
aus dem Spielplan zu nehmen.
An der Theaterkasse bildeten sich künftig lange Besucherschlangen und
den Zuschauerraum bevölkerten ungewöhnlich viele junge Leute, die es
ansonsten vorzogen unseren „Musentempel" zu meiden.
Womit die Prognose des Verwaltungsdirektors vollends aufging:
„Eine schlechte Kritik macht neugierig!"

„LIEBE, GELD UND KURVEN"

Rolf Hoppe, in seinen Anfängerjahren.
Der Sultan, inmitten reizvoller Haremsdamen.

Als Cowboy mit Helmut Polze.

Die vielseitige Autorin

DAS MASSENGRILLEN

„Flughafen Berlin-Schönefeld".

Von den Tantiemen der Revue können wir uns erstmalig einen
„Auslandsurlaub" leisten.
Auf nach Bulgarien!
Die Abfertigungshalle ist so gut wie leer.
„Achtung eine Durchsage!
Der Flug nach Sofia verspätet sich um 90 Minuten. "
Das Flughafenrestaurant füllt sich.
Wir finden Platz am Tisch eines älteren Herrn, der sich gerade einen
doppelten Wodka genehmigt.
Ich fühle mich jämmerlich.
„Jutta gib mir bitte noch 'ne Pille."
„Du hast doch schon zwei geschluckt."
„Egal, zur Sicherheit."
„Mach dich doch nicht verrückt, es ist noch niemand oben geblieben!"
„Bitte hör auf… diese Menschenmassen in der beengten Maschine…
die verbrauchte Luft… alle Kabinenfenster zu… du... du... erstickst!"
„Beruhige dich!"
„Nein! Nein! Flieg du allein! Ich fliege nicht mit!"
„Rege dich ab!"

„Spürst du denn keine Angst?"
„Ne, ich freue mich auf den Flug", womit sie mitleidlos in Richtung Tresen entschwindet.
Unser Tischnachbar setzt sein leeres Wodkaglas ab:
„Entschuldigen se` wenn ick mir einmische, mir jeht och der Arsch off Grundeis, mein allererster Flug nach Bulgarien.
Ick bin ja mal jespannt, wat mir dort erwartet."
Jutta kehrt zurück.
„Hier deine „LMA-Pille" und Wasser."
„Entschuldigen Sie, junge Frau, hätten sie vielleicht für mich och so `n Ding?"
„Oh, noch so `n starker Mann!
Na, hoffentlich hat der Pilot keine Flugangst."
„Achtung, Achtung!
Die Passagiere zum Flug nach Sofia. Abfertigungsschalter drei.
Bitte beeilen!"
Plötzlich ist mir alles scheißegal.
Brav, wie ein Hündchen trabe ich Jutta hinterher und wenig später sitze ich angeschnallt in der Maschine.
Die Pille verfehlt ihre Wirkung nicht und als sie zur Startbahn rollt, bin ich längst der „Umwelt entrückt"...
Ein heftiger Ruck reißt mich aus meinen Träumen!
Erster Gedanke – wir stürzen ab!!
Dann die Lautsprecherdurchsage:
„...sind soeben in Sofia gelandet!"
Allgemeines Aufatmen!
Endlich wieder festen Boden unter den Füßen!
Beim Besteigen der bereitgestellten Busse, die uns an die „Sozialistische Riviera" befördern sollen, verschlägt uns die angestaute Hitze beinahe den Atem.
Unser Fahrer ist offensichtlich immun gegen derartige Temperaturen.
Auf unsere Bitte alle Fenster zu öffnen, zuckt er nur hilflos die Schulter.
Die Busse starten und angesichts der fremden, faszinierenden Landschaft, ist die allgemeine Missstimmung alsbald verflogen.
Links und rechts der Straße, soweit das Auge reicht, Blumenfelder.
Rosen, in den unterschiedlichsten Farben, das „Duftende Gold" Bulgariens.

Und inmitten dieser Blumenpracht, sind Frauen fleißig mit der „Ernte , dem Pflücken der Knospen, beschäftigt.
Wir erfahren, dass man für 1 Gramm Rosenöl circa 20.000 Blüten benötigt.
Es begegnen uns Eselsgespanne, deren Kutscher es kaum zu stören scheint, wie sich die drolligen, grauen Kerlchen, mit der überladenen Fracht durch die heiße Mittagsglut quälen müssen.
Die bulgarische Sonne ist unerbittlich und als wir am frühen Nachmittttag, total erschöpft, das Hotel „Plovdiv", unsere künftige Bleibe, erreichen, sind wir heilfroh.
Zu unserem Empfang scheint die gesamte Belegschaft aufmarschiert und der beleibte Herr, der uns sogleich begrüßen wird, wirkt ein wenig nervös.
„Vielkomen Froinde aus DDR" – kurzer Blick auf seinen Spickzettel, „wir stoolz sind sie als allerärste Reisegrupe in unsere Hotel zu grussen."
Dann geht es auf die Zimmer.
Nagelneues Interieur. Geschmackvoll und zweckmäßig eingerichtet.
Das Personal allerdings, scheint mit den Gepflogenheiten eines Hotelbetriebes noch etwas überfordert.
Dessen ungeachtet begegnen uns die Kellner und Zimmermädchen mit aufrichtiger Freundlichkeit.
Trinkgeld ist verpönt!
Eine lobenswerte Tugend, die man Jahre später, mit dem Auftauchen der „D-Mark", umgehend „korrigiert" hat!

Unsere ersten Urlaubstage sind der absolute Horror!
Da die Speisen zumeist mit reichlich Öl angerichtet sind, „probt der Magen den Aufstand"!
Auf einem „gewissen Örtchen" herrscht tagelang der „Ausnahmezustand"!
Doch damit nicht genug, der fremden Kost ist etwas beigemengt, das sich rasant in sämtliche Poren frisst – Knoblauch!
Kein noch so probates Mittel kann dieser „penetranten Eruption" Paroli bieten, es stinkt bestialisch!
Die gemeinsame Duldung dieser Ingredienz schmiedet Menschen zusammen!

„Schmeckt wohl nicht?"
„Scheiß Knoblauch…"

Ich machte noch eine weitere Erfahrung!
Gruppenreisende unterteilt man in drei Spezies von Menschen:
„Sympathische", „Indifferente" und „Armleuchter".
Außer einer verklemmten Buchhalterin aus Berlin, der wir bald den
Ehrentitel „Miesmuschel" verpassten, überwogen in unserer Gruppe die
angenehmen Zeitgenossen.
Die Mahlzeiten werden auf einer, mit Weinlaub überdachten, Terrasse
serviert.
Zum Abendessen gibt es eine Flasche Rotwein – pro Kopf!
Verständlich, dass kein Gast die Abendtafel räumt, bevor nicht das letzte
Glas geleert ist.
Zu vorgerückter Stunde, wenn die Gemüter, dank des bulgarischen
„Göttertropfens" enthemmt sind, greift Günter Oppenheimer, Pianist des
„Mitteldeutschen Rundfunkorchesters Leipzig", in die Tasten des neuen
Flügels und die sangesfreudige Gemeinde schmettert lauthals, sodass die
Schwarzmeerküste erbebt:
*"Komm ein bisschen mit nach Italien, komm ein bisschen mit ans blaue
Meer"…*

Den „literarischen" Teil, der launigen Sommerabende, bestreitet zumeist
Rolf Ludwig, begnadeter Mime vom „Deutschen Theater" Berlin.
Sein Repertoire scheint unerschöpflich!
Als Seelenverwandter des „Barons von Münchhausen", geraten Dichtung
und Wahrheit gelegentlich durcheinander.
Seinem steten „Durst" ist niemand gewachsen!
Wenn sich nach Mitternacht die Tafel allmählich leert, zieht es Rolf
meist in die nächste Bar, zu seiner Lieblingsmarke „Mastica".

Nach einem opulenten Frühstück geht es zum
Strand.
Meist folgen wir der „Massenprozession von
Sonnenanbetern", denn alle beseelt nur ein
Gedanke – „Braun werden"!
Am „Sandstrand" herrscht „Backofentemperatur"
und das „Massengrillen" läuft bereits auf
Hochtouren!
Schnell Klamotten runter, eingeölt und rauf aufs
Badelaken.
Besonders bequem ist die Liegeposition nicht,
doch die „Mutation" erfordert Opfer.
Allmählich nimmt die Pelle Farbe an!
Jetzt bloß nicht schlapp machen, der Sonne
trotzen, durchhalten!
Erst wenn die Sonne sich anschickt abzutauchen,
hat der "Bräunungs–Wahnsinn" ein Ende.

Ich stehe unter der Brause, puhle den restlichen Sand aus den Ohren,
während Jutta versucht das endlich gebräunte Gesicht mit ihren
kosmetischen Wundermittelchen noch etwas aufzumotzen.
„Du, Juttl´ ?"
„ Hm..."
„Weißt, was ich jetzt möchte?"
„Nein, aber du wirst es mir gleich verraten."
„Ich möchte mal Mäuschen spielen."
„Wo denn?"

„Ich hätte gern gewusst, was sich auf den Hotelzimmern gegenwärtig so abspielt."

„Vor dem Abendessen gar nichts!"

„Kannst du dir vorstellen, wie sie vorm Spiegel wohlgefällig ihren schokobraunen Luxuskörper bewundern, und sich schon diebisch auf die neiderfüllten Blicke der Kollegen und Bekannten daheim freuen?"

„Du wohl nicht, he?"

„Ist doch eigentlich idiotisch, nach kurzer Zeit ist die Bräune verflogen und die ganze „Schinderei" war umsonst."

Urlaubstage vergehen meist allzu schnell, morgen geht es nach Hause. Schon bei unserer Ankunft haben wir bemerkt, dass es den Leuten hierzulande sichtbar schlechter ergeht als uns und weil das Hotelpersonal weiterhin jedweden Obulus verweigert, lassen viele Gäste, am Tag der Heimreise, ihre entbehrlichen Klamotten „absichtlich zurück".

Eindrücke...

Zu unserer Verabschiedung ist wiederum die ganze Hotelbelegschaft angerückt.

Herr Todorov, der umtriebige Direktor, lässt es sich nicht nehmen, uns, seiner allerersten Reisegruppe, „Lebewohl" zu sagen:

„Liebe Froinde aus DDR.

Hofe Aufenthalt in Bulgaria hat sie gefalen.

Fir Zukunft ales gutt un vill gesund!"

Obwohl das Personal sprachlich überfordert ist, haben zum Abschied alle brav geklatscht.

Sei`s drum, wir fanden es rührend.

Solch` liebenswerte „Abschiedsbekundung" bleibt künftigen Gästen höchstwahrscheinlich vorenthalten.

Flugplatz Varna.

In wenigen Minuten startet die erste Maschine mit den Gästen unserer Berliner Reisegruppe.

Freundliches Händeschütteln, Umarmungen und das Versprechen künftig unbedingt in Verbindung zu bleiben!

Na ja...

„Goodbye Varna..."

Beim Anblick unseres Fliegers beschleicht mich ein absurder Gedanke!
„Herr im Himmel, lass mich zu Fuß nach Hause pilgern"!
Oh, wie ich die Passagiere beneide, die völlig unbeschwert die Stufen
der Gangway hinaufklettern!
Leister, reiß dich zusammen!
Es gibt kein zurück!
Wir heben ab und bald ist die vorgegebene Flughöhe erreicht.
„Fasten belt" erlischt.
Ich schäle mich aus dem lästigen Gurt und erwarte von der Frau
Gemahlin ein Wort der Bewunderung.
„Na, Jugendfreund Leister, es geht doch auch ohne Pille, dieses
Vergnügen hättest du bereits beim Hinflug haben können,
anstatt zu pennen!"
Ich schweige, bewahre den „Ehefrieden" und widme mich der „Berliner
Zeitung".
Donnerwetter, was für eine Überraschung!
„Die Ernteschlacht ist in vollem Gange.
Unsere fleißigen Mähdrescherkapitäne haben ihr Getreidesoll bereits zu
150% übererfüllt!"
Ein „Wunder", wie es die braven Genossenschaftsbauern, alljährlich
immer wieder aufs Neue schaffen!
„Achtung eine Durchsage!
Meine Damen und Herren bitte schnallen sie sich an!
Es könnte etwas turbulent werden!
Wir sind gezwungen einer Gewitterfront auszuweichen.
Ende!"
Entsetzte Gesichter!
Noch während wir, total verwirrt die Gurte anlegen, prasselt ein
Regenguss los!
Tischtennisballgroße Hagelkörner hämmern auf die heftig vibrierenden
Tragflächen!
Plötzlich ist es stockfinster!
Kinder schreien… Blitze zucken… es donnert und kracht… das
Flugzeug beginnt zu schlingern… „Hilfe"… „Wir stürzen ab!!"
Schlagartig geht das Licht wieder an, die Maschine fängt sich und zieht
ruhig weiter ihre Bahn.
Vom Heckteil ruft eine erregte Stimme:

„Ist zufällig ein Arzt an Bord?"
Ein älterer Herr, von den noch immer angsterfüllten Blicken verfolgt,
bahnt sich den Weg zu dem Hilferufer, dann eilt er zum Cockpit.
„Achtung eine Durchsage!
In wenigen Minuten werden wir auf dem Flugplatz in Bukarest
notlanden!
Bitte bewahren sie Ruhe!
Es besteht keinerlei Grund zur Panik!
Ich wiederhole, es besteht keinerlei Grund zur Panik!
Ende der Durchsage!"

Der Schock sitzt allen so in den Knochen, dass wir die Landung auf dem
Flugplatz „Bucuristi" kaum bemerken und kurz nach dem Aufsetzen ist
die Maschine von Soldaten umstellt, ihre Gewehre und
Maschinenpistolen drohend im Anschlag!
Ein Offizier taucht auf.
Mit unendlicher Geduld versucht unser Flugkapitän ihm klarzumachen,
dass wir notlanden mussten weil ein Passagier, infolge einer Herzattacke,
in Lebensgefahr schwebt und dringend Hilfe braucht!
Der Offizier, anscheinend nur der rumänischen Sprache mächtig,
zuckt verlegen die Schultern.
Die Zeit vergeht, es tut sich nichts und die Hitze in der Maschine ist
unerträglich.
Auf unsere Bitte, das Flugzeug verlassen zu dürfen, ernten wir nur ein
müdes Kopfschütteln.
An der Gangway stoppt ein Geländewagen, dem ein weiterer Offizier
entsteigt.
Das augenfällige „Ordensgebammel" verrät einen höheren Dienstgrad,
der zum Glück ein paar Brocken Englisch versteht.
Er ermöglicht uns eine telefonische Verbindung mit der
„Botschaft der DDR".
Doch es ist Sonntag und die Botschaft geschlossen!
Allgemeine Ratlosigkeit!
Mittlerweile ist die Maschine so aufgeheizt, dass wir größtenteils in
Unterwäsche auf unseren Sitzen hocken.
Nach etwa einer Stunde fährt ein Krankenwagen vor, der unseren
herzkranken Patienten abholt.

Es bewegt sich weiterhin nichts, die Hitze steigt und der Getränkevorrat ist aufgebraucht!

Angesichts der bewaffneten „Freunde", die unser Flugzeug noch immer umstellt halten, beschwört uns der Kapitän Ruhe zu bewahren.

Inzwischen sind zwei Stunden vergangen und endlich erhalten wir die Starterlaubnis!

Hoch lebe die Freundschaft mit unserem „Sozialistischen Bruderland Rumänien"!

Erst am späten Abend, todmüde, gezeichnet von den Strapazen des Fluges und enttäuscht von unseren „Klassenbrüdern", entsteigen wir unserem „Unglücksflieger".

Das nun Folgende zählt zu den Augenblicken, die man zeitlebens nicht vergisst!

Die, vor uns in Sofia gestartete Berliner Reisegruppe, hatte von unserer Notlandung erfahren und beschlossen, in Schönefeld auf uns zu warten.

Die letzte S-Bahn war längst weg, Taxis gab`s kaum, aber der Chef des Flughafenrestaurants machte eine Ausnahme und schenkte uns noch die Zeit für einen endgültigen Abschiedstrunk.

Unerwarteter Besuch

Auf dem Spielplan des Geraer Theaters behauptet sich, schon seit Monaten, eine Operette von Jacques Offenbach:
„*Madame Favart*".

Dieses Werk, von Fachkreisen nicht unbedingt als „Publikumsrenner" gewertet, sollte sich für mich als Glücksfall erweisen:

Eine optimale Besetzung, ein interessantes Bühnenbild, fantasievolle Kostüme, es stimmte alles!

Das Publikum goutierte den unterhaltsamen Theaterabend, die Kasse klingelte und der Verwaltungsdirektor strahlte.

Eines Tages saß ein Generalintendant in der Gästeloge – und wenig später fand ich im Briefkasten ein Vertragsangebot der „Städtischen Theater Karl-Marx-Stadt"!

Die Tage in Gera sind gezählt.
Zum Abschied bat mich der Kulturredakteur der „Thüringischen Landeszeitung" noch um die persönliche Meinung zum gegenwärtigen Stand der Operette.
Hier ein Auszug:

Quo vadis Madame Operette?
Madame, wie oft schon standen die Philister an deinem Grabe und haben dich totgesagt!
Von Millionen Menschen geliebt und verehrt, gilt`s du dennoch im Lande der Dichter und Denker als ungeratene Tochter der Oper, als notwendiges Übel.
Das Theater wird zum Museum wenn es nicht mit der Zeit geht.
Daher Madame, wird es höchste Eisenbahn, dass man dich gründlich entstaubt.
Deine banalen Geschichten müssen sich künftig um mehr Wahrhaftigkeit bemühen!
Befreie dich von Plattitüden und billigem Klamauk!
Verbinde dich mit Interpreten, die dich wirklich mögen!
Schare Sängerpersönlichkeiten um dich, die neben einer hervorragenden Stimme, um die Macht des gesprochenen Wortes wissen!
Die Floskel: „ ...für die Oper ist die Stimme zu klein, aber für die Operette genügt sie... ", sollte endlich der Vergangenheit angehören!
Dann Madame, wirst du den Augenblick erleben, wo gewisse Intendanten und Kritiker nicht mehr von dir als „Afterkunst" reden, sondern dir, die Achtung und Anerkennung entgegenbringen, die du aufgrund deiner Beliebtheit bei Millionen Menschen verdienst!
Was sagte doch einst der bedeutende Komponist Franz Lehar:
„Die Operette wird nie sterben, sterben werden nur diejenigen, die nichts mit ihr anzufangen wissen!"

Erwin Leister,
Spielleiter an den „Bühnen der Stadt Gera"

Madame Favart

Gasparone

DIE KEUSCHE SUSANNE

„Das Feuerwerk" - ganz großartig

Geraer Theaterbesucher kamen voll auf ihre Kosten – Gute Einzel- und Ensembleleistung

...Erwin L e i s t e r , dem wir schon so manchen Erfolg im Suchen nach einem zeitgemäßen, unschematischen und aufgelockerten Inszenierungsstil in der Operette verdanken, fand hier endlich ein dankbares Objekt, an dem sich seine vielfältigen Fähigkeiten beweisen und entfalten konnten.

„Volkswacht Gera"

Die neue Spielzeit rückt näher

Das Publikum will neue Gesichter sehen, neue Stimmen hören. Alljährlich gibt es daher ein großes Wandern unter den Künstlern. Verständlicher Weise geht die Hauptströmung – entgegen den Schwerkraftgesetzen – von „unten" nach „oben", lies: von kleineren Bühnen zu größeren.

Wer verläßt Gera!

Erwin Leister als Oberspielleiter der Operette, dem in Karl-Marx-Stadt ein eigenes Haus zur Verfügung steht; Wilm Noch ans Schauspielhaus Leipzig; Helmut Fiedler und C. W. Franke nach Halle; Lothar Förster ans Maxim-Gorki-Theater nach Berlin. Aus dem Schauspiel-Ensemble scheiden weiter aus: Ilse Stramboswki, Eva Töpfer, Margit Reinhard und Horst Besinger...

„Volkswacht Gera"

"FANPOST!"

...bei möchte ich Ihnen recht herzlich zur gelungenen Aufführung der musikalischen Komödie „Feuerwerk" gratulieren. Die Regie des ganzen Stückes war sehr gut, und ich war begeistert. Ich finde, daß im zweiten Akt das Ganze auf die Spitze getrieben wird, was sich natürlich sehr gut auswirkt. Ich möchte Ihnen nun zum Schluß noch einmal als Begründer des Stückes an den Bühnen der Stadt Gera zu dem riesigen Erfolg gratulieren.

Ursula Klinger

DER „SCHRUMPFGERMANE"

„Mach dich bitte darauf gefasst, in dieser Stadt bleibe ich keine Minute
länger als unbedingt nötig!"
„Wie bitte?"
„Sieh nur zu, dass du bald ein anderes Engagement kriegst!"
„Bist du übergeschnappt?"
„Heute Mittag, grade hatte ich die Geraer Möbelpacker verabschiedet,
spricht mich im Hausflur eine ältere Frau an":
„Sinn sie heite morgen hier eingezoch´n?"
„Ja, warum?"
„Ich wollde sie nur druff uffmergsam machen, sie sinn heite mit d`r
„großen Hausordnung" dran!"
„Nimm das doch nicht so ernst, „Frau Saubermann" gibt's überall."
„Und dann diese Stadt, die hat überhaupt kein Gesicht, kein Zentrum,
überall stehen noch die Mauerreste aus dem Krieg!"
„Aber…"
„Rede was du willst, in dieser Stadt werde ich nicht alt!"
Erfahrenen Eheleuten ist solch „liebevoller Plausch" nicht unbekannt.

Karl-Marx-Stadt bekommt einen neuen Generalintendanten!
Jung, dynamisch und mit einer „lupenreinen Kaderakte",
sein einziges Manko – die Körpergröße!
Mutter Natur hat ihn diesbezüglich etwas vernachlässigt.

„Internationaler Frauentag"
Die Tische, im großen Saal des „Chemnitzer Hofes", sind festlich
gedeckt.
Ein Schnattern und Getratsche, als hätten sich die Kolleginnen
Jahrzehnte nicht gesehen.
Vier junge Musikanten blicken aufmerksam zum Generalintendanten,
der soeben das Zeichen zum Anfang der „Frauentagsfeier" gibt.
„Mozart- Streichquartett Koechelverzeichnis 428 Es-Dur Menuetto"
Es wird still in weitem Rund, die Minen feierlich.

Man lauscht dem Klang der Geigen – doch insgeheim kreisen die Gedanken um die bevorstehenden Auszeichnungen und Prämien. Die Musiker bedanken sich artig für den Applaus, dann betritt Herr Generalintendant das Rednerpult.

Er preist in höchsten Tönen die Gleichberechtigung und vergisst in seiner Euphorie, dass „gleicher Lohn für gleiche Arbeit", an den Theatern utopisch ist.

Das einsetzende Gelächter missdeutet er als Beifall.

Neben dem Rednerpult hat der „BGL-Vorsitzende" Aufstellung genommen.

Er darf den Ausgezeichneten die obligaten roten Nelken überreichen, jeweils 5 Stück, mehr sind im Monat März, auch für die Partei, nicht aufzutreiben.

Das alljährliche Ritual bleibt unverändert:

Aufruf des Namens... Empfang des Ordens nebst Urkunde... Händeschütteln... kurzes „Bla-Bla"... verkrampftes Lächeln... Blumenstrauß... Händeschütteln... Applaus... zurück zum Platz.

Bissige Kommentare begleiten das Prozedere.

„Nu gugge ma an, „de Schmitten" is` schon wieder dran, die hat doch e Abbonemang!"

„Das gibt's doch nich`, de` Kammersängerin Mosbach kriecht och noch e´ Orden für ihr Gekrächze!"

„Doch, „der Busecken" gönn' ich's, die macht immer scheene Gostüme!"

„Also... eigentlich wär ich ja och e mal dran, aber meine Arbeit sieht ja keener!"

„Natürlich... die Sekretärin vom Alten, jedes Jahr ihre Prämie un` e Ferienplatz, die huppt doch mit`m Barteisekretär in die „Kiste" !"

Männer in Kittelschürzen sind jedes Jahr aufs Neue eine Augenweide! Jubel und Gekreische, wenn die männlichen Kollegen, unter den flotten Klängen des „Radetzky-Marsches", einmarschieren und anschließend, total überfordert, den „Muggefuck" und die Quarktörtchen verteilen müssen.

Danach ist die „Tingeltruppe" des Orchesters an der Reihe.

Um neue, zündende Melodien, ist es weiterhin schlecht bestellt, also bedienen sich die Sängerkollegen des bewährten Standardprogrammes:

„Freunde, das Leben ist lebenswert".

„Als Büblein klein an der Mutterbrust".
„Ja das Schreiben und das Lesen".
„Ach ich hab sie ja nur auf die Schulter geküsst"
Jetzt bin ich gefragt.
Frauen unter sich, sind wesentlich unverkrampfter und der „Tokayer"
oder „Silvaner" verfehlen ihre Wirkung nicht.
Jede meiner Pointen treffen ins Schwarze.
„…also meine Damen, da kommt ein Wanderer des Weges, nicht sehr
groß, eher etwas klein… so… so eine Art „Schrumpfgermane…"
Euphorisches Gelächter!
Der Blick des Generalintendanten durchbohrt mich!
Peinlich, peinlich!
Dabei hatte ich ihn wirklich nicht gemeint!
Fortan war unser „Dienstverhältnis" leicht getrübt…

PROST, ES GEHT BERGAUF

Eines Tages läutet das Telefon.
„Ja bitte, Leister."
„Hallo Erwin!
Ich weiß nicht, ob du dich noch an meine Stimme erinnerst?"
„Also ehrlich gesagt... nee!"
„Greiz..."
„Hmm... lang ist`s her, hilf mir!"
„M.E.!"
„Martin Eckermann?!"
„Er ist es!"
„Na, das is `ne Überraschung!
Von wo aus rufst du denn an?"
„Ich komme soeben aus deiner Inszenierung „Servus Peter".
Vielleicht kannst du noch vorbei kommen, „Chemnitzer Hof".
Ich bin garantiert bis Mitternacht munter."
„Mensch Martin, ich freue mich... bis nachher."
Martin Eckermann schaffte den Karrieresprung von Greiz,
„ohne Zwischenstation", nach Berlin zum „Deutschen Fernsehfunk".
Seine Inszenierungen, unter anderem der Dreiteiler „Wege übers Land"
mit M. Krug und U. Karruseit, wurden später einem breiten Publikum
bekannt.

Wir liegen uns in den Armen.
„Prost Alter, auf unser Wiedersehen!"
„Prost!"
„Also Erwin, ich will nicht lange drum herumreden, ich kenne deine
Arbeit aus Greiz und dann die schöne Vorstellung heute Abend... kurz,
ich brauche dich!"
„Mich? Wozu?"
„Hättest du Lust nach Berlin zu kommen?"
„Nach Berlin?
Was soll ich denn da?"
„Der „DFF" baut eine neue Sendereihe auf.
„Sozialistische Dramatik", die ich als Leiter übernehmen soll.

115

Da dachte ich unter anderem auch an dich.

Pause.

Weshalb sagst du denn nichts?"

„Berlin… Fernsehen… Mensch Martin, das kommt etwas plötzlich… das muss ich erst einmal verdauen…"

Martin winkt nach dem Kellner:

„Herr Ober, bitte bringen sie uns noch zwei Flaschen Krim-Sekt!"

„Es ist Feierabend, mein Herr!"

„Ich weiß, auch der Gast macht sich strafbar", womit er ihm dezent ein „Scheinchen" in die Tasche schiebt.

Der Kellner „überspielt" die Bestellung:

„Mal sehen, ob die Kollegin an der Bar noch was rausrückt."

„Ich bin überzeugt Herr Ober, dass sie ihnen diese Bitte nicht abschlagen wird!"

Wenig später kommt er zurück.

Martin klemmt die Flaschen unter den Arm, ich schnappe mir die Gläser und wir verlegen unsere Gesprächsrunde in den zweiten Stock, Zimmer Nr. 26.

Erst als die künstliche Beleuchtung allmählich überflüssig wird, erklären wir die „Sitzung" für beendet.

Der Heimweg entzieht sich meiner Erinnerung, doch bin ich irgendwann angekommen.

An der Wohnungspforte erfasst mich Panik, der Hausschlüssel ist weg! Ich läute Sturm!

Stille…

Drücke erneut… Schritte… die Gemahlin naht… öffnet… ihre Miene verrät nichts Gutes!

„Dass du dich nicht schämst!"

„Da... das tue ich ja."

„Darf ich vielleicht mal fragen, wo du dich um diese Zeit rumtreibst?"

„Da... das darfst du... ich… komme... aus Berlin!"

„Du bist ja stockbesoffen!"

„Gu... gu... gut beobachtet... ich su... suche mein Schlafgemach."

„Ich fasse es nicht!"

„Mu... musst du ja auch nicht.

Heia… ich komme… gu... gute Nacht du schnöde Welt…"

Es folgt eine längere „Sendepause"…

Irgendwann klopft es, ich schrecke auf!
„Deine Tochter verlangt nach dir, kommst du irgendwann mal hoch,
oder sollen wir allein zu Mittag essen?"
Um der bevorstehenden „Laudatio" zuvorzukommen, berichte ich voller
Stolz von unserem künftigen Umzug nach Berlin.
Jutta schweigt.
Sie hält mich noch für besoffen und glaubt mir keine Silbe...

Servus Peter

Zur Uraufführung eines musikalischen Lustspiels in Karl-Marx-Stadt

Zwar keine ungewöhnliche, aber doch eine schnurrige Sache ist das.
Man fährt von hier nach Karl-Marx-Stadt und bekommt dort eine Ge-
schichte aus Berlin erzählt. In einer Wohnung nicht weit vom Bahnhof
Friedrichstraße soll sie sich abgespielt haben. So berichten jedenfalls
die Text-Autoren des Lustspiels „Servus Peter" Alfred B e r g und Hans
H a r d t. Gerd N a t s c h i n s k i schrieb die Musik dazu.

Aus vollem Herzen lachten sie an
diesem Abend über die heillose Verwirrung, die viel Komisches enthält,
und über die lustigen Einfälle der
frischen, lebhaften Inszenierung (Erwin L e i s t e r).
Mit den Karl-Marx-Städtern
meinen auch wir: Glück auf für „Servus Peter". · I l s e S c h ü t t

"BZ am Abend - Berlin"

„Servus, Peter" erfolgreich uraufgeführt
Musikalisches Lustspiel von Berg/Hardt/Natschinski in Karl-Marx-Stadt

Treffpunkt der fünf
von Renate H e u s c h k e l vortrefflich
gekleideten Darsteller, die in Erwin
L e i s t e r, dem neuverpflichteten
ersten Spielleiter der Karl-Marx-Städter Operette, einen sehr geschickten,
einfallsreichen, von seiner Aufgabe
offensichtlich begeisterten und mitreißenden Regisseur gefunden hatten.
Alles läuft wie am Schnürchen, ist
voller Anmut und Natürlichkeit und —
sogar ohne offizielle Mithilfe eines
Choreographen — auch tänzerisch aufgelockert.

"Freie Presse - Karl-Marx-Stadt"

Dieses MUSIKALISCHE
LUSTSPIEL" eroberte
später viele Bühnen des In-
und Auslandes

117

Sie war doch noch zu retten

Finnisches Musical auf der Karl-Marx-Städter Operettenbühne

Erwin Leister hatte das Stück inszeniert, das schon vom Dialog her funkelnd vor Witz und sprühend vor Geist ist. Er nutzte alle Möglichkeiten, die drin waren, aus, und das Ensemble geht in überzeugender Spiellaune mit.

"Freie Presse - Karl-Marx-Stadt"

EVA, BIST DU NOCH ZU RETTEN?

MUSICAL VON ENSIO RISLAKKI
MUSIK VON JORMA PANULA

in einer Bühnenfassung der Städtischen Theater Karl-Marx-Stadt

Inszenierung: Erwin Leister / Musikalische Leitung: Fritz Oettel

LIEBER ERWIN LEISTER!
SAAMARI, WIE ALLES
WAR WUNDERBAR UND 100%.
UNSERE HERZLICHSTEN
DANK FÜR ALLES!

28.10.61

Autor und Komponist, die beiden finnischen Kollegen, waren während der „Verbeugungsarie", anlässlich der Premiere so „besoffen", dass es sogar die Zuschauer bemerkten!

SCHAUSPIELHAUS

Uraufführung

DER KNALL

Komödie von Jens Gerlach

Musik von Günter Hauk

Inszenierung: Erwin Leister – Bühnenbild: Herbert Löschner

Solang das ganze Volk sich nicht verschworen
und fegt sein Haus von diesem Unrat rein,
solang wird das Land, das uns geboren,
mit der Verachtung Fluch gezeichnet sein!

Weinert 1943

119

DIE FÜNFTE BESATZUNGSMACHT

Berlin, „Hauptstadt der Deutschen Demokratischen Republik",
das „Mekka" der Komödianten.
Wem es als Schauspieler gelingt, sich vom Stadttheater Plauen, Görlitz
oder Rudolstadt zu „verabschieden", um in der Metropole, mittels der
Medien, einem breiteren Publikum bekannt zu werden, hat es geschafft!
Unter dieser steten „Abwanderung" haben besonders die kleineren
Theater zu leiden.
In der sogenannten „Provinz" sucht man vor allem ältere Schauspieler
vergebens – ein Relikt des Krieges.

Als unser Möbelwagen mit dem Karl-Marx-Städter Kennzeichen in
Treptow, Herkomer Straße 4, unserer künftigen Bleibe vorfährt, hängen
die Rentner des gegenüberliegenden Altersheimes an den Fenstern und
registrieren akribisch jeden Stuhl, den die Möbelpacker in die erste Etage
schleppen.
„Lotte, kiek mal, de „Fünfte Besatzungsmacht", schon wieda welche aus
Sachsen!"

DFF – Berlin Adlershof.
Am Theater ist es Usus, dass ein Regisseur seine Aufgaben für die
kommende Spielzeit von der Theaterleitung mitgeteilt bekommt.
In „Adlershof" hingegen gelten andere Gesetze.
Hier herrscht die Parole, „am eigenen Sessel festkrallen und keinem
Neuling verraten, wie es geht."
Die Leitung der „Dramatischen Abteilung" übt sich in vornehmer
Zurückhaltung.
Martin Eckermanns „Sozialistische Dramatik" ist längst „gestorben".
Auf meine wiederholte Anfrage heißt es stets:
„Verehrter Kollege Leister, hier in Berlin müssen sie sich um ihre Stücke
selber kümmern!"
Was in Praxi bedeutet – ich soll bei Herrn Sakowski, Kohlhaase oder
anderen prominenten Autoren anklopfen:

„Guten Tag, ich bin ein „hochbegabter" Regisseur aus der Provinz!
Würden sie mir bitte ihr neues Fernsehspiel anvertrauen?
Ich verspreche ihnen, die Welt wird den Atem anhalten!
Sie werden es zeitlebens nicht bereuen!"
Die „alteingesessenen" Regiekollegen, unter ihnen einige ehemalige
Intendanten, praxiserfahren und „ausgebufft", haben den spärlichen
„Autorenmarkt" längst „abgegrast".
Man kennt die guten Leute und hat mit ihnen schon so manchen Becher
geleert, ein „fröhlicher Umtrunk" schweißt zusammen.
Dieses monatelange Nichtstun zehrt an den Nerven und erschüttert das
Selbstbewusstsein!

STAATLICHES RUNDFUNKKOMITEE

DEUTSCHER FERNSEHFUNK

BERLIN-ADLERSHOF – RUDOWER CHAUSSEE 116 – TELEFON 64 20 21

Sehr geehrter Herr L e i s t e r !

Wir bestätigen Ihnen hiermit die Unterhaltung vom
19.11.62 zwischen Ihnen und den Kollegen Grühl und
Jahnke. Bei dieser wurde festgelegt, daß Sie ab Spielzeit 1963/64 (ab 1.8.63) in unser festes Ensemble auf-
genommen werden. Wie abgesprochen beträgt Ihre monatliche Gage DM 1.440,--. Ihr Vertrag sieht vier Inszenierungen von Fernsehspielen vor.
Wir bitten dieses Schreiben als Vorvertrag anzusehen.

(Fehli...

Ltr. d. HA Dram. Kunst

„Kollege Leister", begrüßt mich, der für die Finanzen zuständige Verwaltungschef „sie beziehen jeden Monat von uns, ihre nicht unerhebliche Gage.

Glauben sie nicht, dass es langsam an der Zeit ist, mal etwas dafür zu tun?

Ich weiß, dass die Kontaktaufnahme mit irgendeinem Autoren nicht einfach ist, sehen sie sich doch mal in unserer Bücherei um!"

Total zerschmettert, beschämt, der Welt entrückt, mache ich mich umgehend auf den Weg zur Bücherei.

Die Bibliothekarin, schon etwas ältlich, mit Dutt und spitzem Mund, weist auf die Regale:

„Ich glaube kaum, dass sie hier noch etwas Brauchbares finden werden, ihre Kollegen haben die meisten Stücke bereits ausgiebig „durchforstet"."

Ich lasse mich nicht abwimmeln!

Nach stundenlangem Suchen, stoße ich auf eine Geschichte über den Dichter E.T.A. Hoffmann:

„Hoffmann hat nicht nur erzählt".

Der Stoff scheint machbar!

Alsbald ist eine brauchbare Besetzung gefunden.

Geprobt wird in einem stillgelegten Kino, in der Nähe der „Bornholmer Straße", unweit des „Antifaschistischen Schutzwalles".

Am Tag der „Abnahme", vor der Aufzeichnung, staunte der Autor nicht wenig, dass wir sein längst tot geglaubtes Werk, wieder zum Leben erweckt haben!

Und auch die „Hohe Leitung" war`s zufrieden.

STAATLICHES RUNDFUNKKOMITEE

DEUTSCHER FERNSEHFUNK

Besetzungsbüro

Berlin-Adlershof
Rudower Chaussee 116
Telefon: 642021. App.

16. 4. 64

341

Mitwirkungsvertrag

(nur für Dramat. Kunst)

Herr/Frau **Erwin Leister**

Orchester/Ensemble
(Namen u. Unterschriften der Mitglieder lt. Liste)

wohnhaft **Berlin-Treptow, Herkomer Str. 4**

Konto bei   Konto Nr.

verpflichtet sich zur Mitwirkung in der
Fernsehsendung / Filmaufnahme / öffentlichen Veranstaltung:

am: **23. 6. 64**   in: **Berlin**

Sendetitel: **"E.T.A. Hoffmann"**

als **Regisseur**   Rolle oder Partie

Besondere Vereinbarungen:

Von unserer Abteilung wurde Ihnen die Inszenierung des Fernsehspiels
"E.T.A. Hoffmann" Sendung: 23.6.64 / 20.oo Uhr mit einer Sendelänge
von ca. 95 Minuten übertragen.
Wir geben Ihnen Gelegenheit, die o. a. Sendezeit bis zum 5. 6. 64
zum Ausdrucken in der Rundfunkzeitung bei der Köll'n Luchterhand,
App. 309, zu korrigieren.
Im Interesse der Programmdisziplin bitten wir Sie, die angegebene
Zeit einzuhalten.
Von den Prinzipien der Besetzungspolitik des Deutschen Fernsehfunks

Mit der Unterschrift verpflichtet sich der Mitwirkende zur Einhaltung der mit ihm vereinbarten Proben und des
Sendetermins. Er darf über die bereits oben angegebenen Verpflichtungen hinaus ohne Zustimmung des Deutschen
Fernsehfunks keine weiteren Bindungen eingehen. Er erkennt die umseitig abgedruckten Richtlinien für freie Mit-
arbeit beim Deutschen Fernsehfunk als Bestandteil dieses Vertrages für sich als rechtsverbindlich an.

FERNSEHEN IST KEIN ZUCKERSCHLECKEN

In der Kantine des „DFF" sind sämtliche Regisseure der „Dramatischen
Abteilung" versammelt.
Alle warten voller Spannung auf die „Antrittsrede" ihres neuen
Abteilungsleiters.

Auf den Tischen diverse Alkoholika und manche Flasche ist schon reichlich dezimiert.

Der „Buschfunk" wusste zu vermelden, dass der künftige Chef Protegé eines einflussreichen Genossen sei, dem er einst im Krieg das Leben gerettet haben soll.

Plötzlich wird es mucksmäuschenstill!

Also unsympathisch wirkt der „Neue" nicht, der soeben forsch das Rednerpult betritt.

„Meine Herren, verährte Kollechen!

Aus dem Hintergrund eine Stimme:

„Auweia, schon wieder `n Sachse!"

„Ich darf sie zunächst recht herzlich begrüßen und wenn ich heude hier zum ersten Male..." er stockt... sieht auf sein Manuskript... eisiges Schweigen... lauernde Blicke... plötzlich beginnt er zu schwanken... wird kreidebleich... ein Kellner springt hinzu... geleitet ihn in den Nebenraum!

Allgemeine Sprachlosigkeit!

Ein Novum unter Regisseuren!

Ein Ur-Berliner Kollege schwingt sein Bierglas:

„Det wärs ja wohl wieda jewesen, wa! Prost!"

Übrigens ward` der „künftige" Abteilungsleiter nie wieder gesichtet, er hat die offensichtliche Ablehnung nicht verkraftet...

Fernsehalltag

Schauspieler „ticken" anders als Kabarettisten.

Während ein Schauspieler tiefgründig „in fremder Seele wühlt", wartet der Kabarettist beharrlich auf den Augenblick, wo er seine Pointen treffsicher ins Publikum schleudern darf.

Wir drehten das Fernsehspiel *„Tresorknacker"*, ein „Crimical", wie der Autor sein Werk betitelte.

Besetzt mit Schauspielern der „Volksbühne", einem Schlagersänger und einer jungen Kabarettistin.

Mit den Schauspielern gab es während der Proben keinerlei Probleme.

Ärger bereitete einzig die Kollegin vom Kabarett.

Es half kein diskutieren, sie bockte.

Manchmal war ich drauf und dran sie rauszuschmeißen.
Viele Jahre später - was ich mir in meinen kühnsten Träumen niemals
vorzustellen wagte - mausert sich eben diese Kollegin zu einer wahren
Volksschauspielerin – Helga Hahnemann!
Ihr Name wurde zum Symbol einer begehrten Trophäe –
„Die goldene Henne"!

Ruth Glöß   Helga Hahnemann

Tresorknacker

Crimical von Kurt Belicke
Dramaturg: Wolfgang Ebeling
Szenenbild: Manfred Glöckner
Inszenierung: Erwin Leister
Personen und ihre Darsteller:

Joachim Schlattermann	Peter Ertelt
Gisbert Pahl	Manfred Raasch
Adelheid Münz	Ruth Glöss
Ingrid Ramso	**Helga Hahnemann**
Bardame	Ingeborg Nass
Pianist	Fritz-Ernst Fechner
Kalauer	Erich Altrock
Kriminalpolizist	Gerhard Hänsel

...Manfred Raasch, Peter Ertelt,
Ruth Glöss, Helga Hahnemann, Ingeborg Nass tummelten sich keß und
munter unter Erwin Leisters flotter
Regie, unterstützt durch ulkig poin-
tierende Bildschnitte. So besaß dieses
Gebilde endlich mal mehr Hand und
Fuß als die langweilig gewordenen
üblichen Unterhaltungssendungen
ohne mindesten roten Faden. **S-R**

„BZ am Abend"

Einer der beteiligten Darsteller, der beliebte Schlagersänger Manfred
Raasch, ist Tage später auf der Autobahn im trunkenen Zustand tödlich
verunglückt.

Tapetenwechsel

Insgeheim zieht es mich immer wieder zur „Heiteren Muse" und als
eines Tages die „Unterhaltungsabteilung" bei mir anklopft, sagte ich der
„hehren Kunst" adè und wechselte in das Genre, wo ich mich besser
aufgehoben fühlte.

Leipzig Messehalle 17.
Wenn das alte Jahr langsam schlapp macht und das „Neue" unabwendbar
an die Pforte pocht, fühlt sich der Mensch bewogen, den Abschied
gebührend zu feiern.
Zunächst knallen die Korken, und später wenn die Zunge nur noch lallt,
knallen die Raketen.
Zugegeben, der Titel unserer diesjährigen Silvestersendung,
„Keine Angst – nur Probe!", zeugt von wenig Einfallsreichtum.
Wir boten an Künstlern alles auf, was in unseren Breiten Klang und
Namen hatte.
Unser Wunschkandidat, Willi Millowitsch, schied aus.
Seine Gagenforderungen überstiegen unseren spärlichen „Westfond".
„Für das Geld", meinte der Verwaltungschef, „importieren wir lieber
Bananen für unsere Kinder."
Wir engagierten Trude Herr, die „köllsche Ulknudel", und einen
hierzulande noch wenig bekannten Komiker aus dem Rheinland.
Produziert wurde die Sendung in Leipzig, Messehalle 17.
Das „Innenleben" dieser riesigen Halle war für den Bühnenbildner ein
wahres „El Dorado".
Hier konnte er seiner Fantasie mal so richtig freien Lauf lassen und das
nüchterne Umfeld, unter anderem, mit bunten Luftballons und
Girlanden, in die unterschiedlichsten Schauplätze verwandeln.
Einiges Kopfzerbrechen bereiteten uns die Statisten.
Ein „anständiger" Bürger ist am Silvesterabend besoffen!
Und diesen „Zustand" sollten Laien, an einem trüben Oktobertag,
morgens um 9.00 Uhr, ohne einen Tropfen Alkohol, nachvollziehen.
Zum Glück zeigte der Verwaltungschef Verständnis für unsere
„Notlage" und machte stolze 600 Mark für alkoholische Getränke locker.

Der aus dem Westen „importierte" Komiker gastierte zufällig in der „Femina-Bar", wo sich unser Senderedakteur überzeugen konnte, ob der Spaßmacher den Rahmen des „sozialistischen Humors" nicht sprengt.
Aufzeichnung 16.Oktober, 9.00 Uhr morgens!
Kamera ab!
Orchesterleiter Alfons Wonneberg, als uriger „Bajuware" verkleidet, hockt mit seiner Zither vor einem gemalten Waldprospekt und intoniert voller Hingabe das „Kleine Haus am Wald" von Herbert Roth.
Die Kulisse entschwebt – und in der „Roxy-Bar" „schafft sich" das Fernsehballett in einem „Twist", ein Modetanz, der bis vor kurzem noch als „westlich dekadent", verpönt war!
Das Silvestertreiben ist in vollem Gange!
Trude Herr, als Oma verkleidet, kommt auf einem riesengroßen Weinfass mit der Aufschrift "Adlershofer Spätlese" hereingeritten und legt los:
„Ich will keine Schokolade, ich will lieber einen Mann..."
Die Gäste toben!
Der „Westkomiker" ist mittlerweile so besoffen, dass er die Pointen verwechselt!
Hans-Joachim Preil, in der Rolle des „Regisseurs", brüllt:
„Alles auf zur Polonaise!"
Und die schon „reichlich alkoholisierte Schlange" schiebt sich durch sämtliche Bühnenbilder, „Da trink` mer noch a Flascherl Wein..."
Die Messehalle steht Kopf!
Ich hocke gespannt im „Ü-Wagen".
Plötzlich läutet das Telefon!
Das Gesicht des „Ü-Wagen-Chefs" verfinstert sich!
Ich ahne Schlimmes!
„Was is?"
„Die „Dezi-Strecke" (Übertragungsstrecke) ist gestört!"
„Ach du Scheiße!!"
„Det Bild kommt in Adlershof nur teilweise oder jar nich mehr an, et hilft nüscht Meesta, wir müssen de Sendung abbrechen!"

Ich eile frustriert in die Messehalle.
„Sendung stop! Kamera und Ton aus!"
Die Solisten und Kollegen der Technik reagieren gelassen,

sie sind derartige Pannen gewohnt, im Gegensatz zu den Statisten.

„Tja „Jugendfreunde", wir kommen nicht umhin, die gesamte Aufzeichnung zu wiederholen!"

„Sie... sie wollen uns wohl verarschen", mosert ein Komparse, dem der kostenlose Alkoholgenuss scheinbar mächtig in die Krone gestiegen ist.

„Sobald die „Dezi-Strecke" wieder frei ist, „feiern wir noch mal Silvester"!"

„Und wie lange kann das dauern?"

„Das steht in den Sternen!"

Währenddessen ist der Bühnenbildner längst im Gange seine arg lädierten Dekorationen wieder einigermaßen auf „Vordermann" zu bringen.

Nach etwa sechs Stunden ist die Aufzeichnung glücklich „im Kasten" und der Ü-Wagen-Chef drückt mir jovial die Hand:

„Na Meesta, Fernsehen ist keen „Zuckerschlecken", wa?"

Anlässlich der künstlerischen Auswertung, die allwöchentlich in Grünau, dem „Hauptquartier der Unterhaltungskunst" stattfindet, schwärmt Heinz Quermann:

„Endlich mal eine durchgehend inszenierte Geschichte!

Ich denke noch mit Grausen an das vorige Jahr, die Silvesterfeier im „Kulturhaus Bitterfeld".

Nach unserem Bühnenprogramm waren die Kohlekumpels so besoffen, dass die Kameraleute nicht mehr wussten, auf wen sie ihre „Kanonen" richten sollten.

Ich schlage die Silvestersendung für eine Sofortprämie vor."

Wenige Tage später durfte ich mir 1000 Mark abholen.

Doch der „Hammer" lässt nicht lange auf sich warten!

Verknöcherte Genossen aus der „Wandlitzer Enklave" hatten einen anderen Begriff von „Heiterkeit".

Bildschirm-Knallkorken-Versager

[...] Der Höhepunkt der Geschmacklosigkeit war wohl der — mit Verlaub ge- sagt — Schlager „Schleppt mich zum Traualtar". ("My Fair Lady"!)

Was haben sich die Gestalter der Sendung eigentlich gedacht mit so viel zeitlosem Quatsch? [...] Wo feierten sie? Oder, um bei dem Motto der Sendung zu bleiben, die ja eine Probe für die Silvestersendung 1966 sein sollte, wem sollte sie dann ge- zeigt werden? Für welches Land wurde sie probiert, für welche Men- schen?

Schön und gut, bei der Silvester- bowle soll keiner versuchen, Welt- politik machen zu wollen, aber un- politisch ist eben auch die heitere Muse nicht. Auch sie hat eine Heimat. Wenn das ihre Diener nicht wahr haben wollen oder wissentlich außer acht lassen, dürfen sie sich nicht wundern, wenn die Menschen, für die sie sich auf dem Bildschirm zu produzieren meinen, enttäuscht sind. Unser Leben ist nämlich nicht gemacht lustig, sondern wir sehen viel optimistischer auf das verflos- sene alte und viel hoffnungsfroher auf das neue Jahr. *G. Jüttner*

"Bauern-Echo" 5.1.1966

„ KEINE ANGST —
NUR PROBE „
Sylvester-Revue von
W. SCHLASE / E. LEISTER
Inszenierung:
Erwin LEISTER

Kritik nach dem „berüchtigten 11. Plenum der Partei"

AUSGRABUNGEN

Lustspiel, Komödie, Posse oder Schwank, es gibt nur wenige Autoren
die sich diesem heiteren Genre widmen.

Wer möchte schon in den seriösen Schriftstellerkreisen als wenig
geistvoll „angeprangert" werden!

Der deutschen Seele ist das Drama näher.

„Die Germanen waten halt` lieber im Moor, als auf einer bunten
Sommerwiese" und letztendlich bringt es mehr Ehre, Ansehen und
Honorar!

Was also bleibt den gebeutelten Fernsehredakteuren anderes übrig,
als in den „Schätzen der Vergangenheit zu wühlen".

Die meisten „Ausgrabungen" haben inzwischen „Patina" angesetzt und
sind einem heutigen Publikum kaum noch zuzumuten.

Doch auch das blindeste Huhn findet bisweilen ein „Körnchen".

Mein „Körnchen" hieß:

„Ein toller Einfall" von einem gewissen Herrn Laufs.

Da die Aufführung eines Lustspieles ohne Publikum wenig effektiv ist,
verlegten wir die Fernsehaufzeichnung an die Ostsee, nach Zinnowitz,
ins dortige „Kulturhaus".

Hier oben naht die Hauptsaison!

Die geschäftstüchtigen Küstenbewohner, abfällig auch „Fischköppe"
genannt, haben wie üblich, sämtlich verfügbaren Räume, das eigene
Schlafzimmer, die beiden Dachkammern, das Gartenhäuschen und den
umgebauten Hühnerstall, bereits an die sonnenhungrigen Binnenländler
vermietet.

Es ist nicht unüblich, dass der „gelernte DDR-Bürger" vor Weihnachten
die letzten „Piepen" zusammenkratzt, ein angemessenes Päckchen
schnürt, es gen Norden schickt, um sich mit dieser kleinen
Aufmerksamkeit für ein „Plätzchen an der Sonne" zu empfehlen.

Bei unserer Ankunft sind die Wellen der Ostsee noch merklich
unterkühlt, doch tut die Sonne der Seele wohl.

Zu unserem Leidwesen ist die Zeit zwischen den Kameraproben
begrenzt, daher erübrigt sich auch das Mieten eines Strandkorbes

und im Übrigen hat der Verleiher, Fischer Tietenböhl, die „Objekte der Begierde" bereits meistbietend vergeben.

Das Strandleben der „genormten DDR-Bürger" geht seinen gewohnten Gang:

"Babba, ich will `ne Burg!"

Vater gehorcht und schaufelt schweißgebadet, bis der „Kronsohn" endlich mit der Nörgelei aufhört.

Mutter ist geistig beschäftigt, sie lümmelt im Strandkorb und löst Kreuzworträtsel.

Im Nachbarkorb entreißt ein „Fotofanatiker" seiner Gattin den „Marlitt-Roman"!

Sie mosert:

„Wat is`n?"

"Los, bau dir mal off!"

"Wat denn schon wieda?

Mensch Paule, deine Fotografiererei interessiert doch keine Sau!"

„Quatsch nich`, Oma un` Opa freu`n sich imma üba de Bildar!"

„Knie dir mal hin... un lächeln!"

„Ick kann nich`, de Sonne blendet mir!"

„Scheiße, mit dir is aba och nüscht anzufang`n", womit er sich auf`s Badelaken schmeißt und schmollt!

Die Generalprobe ist ganz anständig gelaufen und nun haben wir Hunger.

Am Eingang des Kulturhausrestaurants prangt der übliche „Willkommensgruß":

„Bitte haben sie etwas Geduld, sie werden platziert!"

Ein muffliger Kellner geleitet uns in die hinterste Ecke des Lokals, wo wir, Ingeborg Krabbe, Eva-Maria Hagen, Walter Richter-Reineck, Rolf Herricht, Eckehard Friedrichson alias „Meister Nadelöhr" und meine Wenigkeit, „eingewiesen" werden.

Kameraproben sind anstrengend, nach dem Abendessen noch ein Gläschen zur Entspannung, dann geht es eine Treppe höher in die Zimmer.

Als erster verabschiedet sich Rolf Herricht:

„Lebet wohl Gemeinde, ich wandere in mein menschenleeres Bett, wo Morpheus bereits meiner harret!"

In diesem Moment kommt ein Kellner mit einem vollem Tablett „Doppelkorn" angehechtet:

„Also Herr Herricht, sie gönn` jetzt noch nich wegloofen!", womit er das Tablett absetzt.

„Hier `ne kleene Uffmerksamkeit von dem Herrn da drüben!"

Er deutet zum übernächsten Tisch, wo uns der edle Spender bereits freundlich zuprostet.

Um ihn nicht zu beleidigen, prosten wir taktvoll zurück - und wenig später ist unser Tisch dicht umlagert!

Überraschte Urlauber, mit Bierdeckel, Servietten und Speisekarten bewaffnet, bitten höflich um Autogramme.

Den uns, weiterhin freundlich zugedachten „Dankesrunden", müssen wir leider entsagen, denn morgen steht uns ein „heißer Kampftag" bevor.

Tagesanbruch.

Ich stehe vorm Waschbecken seife mich gerade ab, da pocht ein „Wildgewordener" an meine Zimmertür:

„Sinn sie vielleicht der verantwortliche Kolleje vom Farnsehen?"

Dem Dialekt nach ein Ostpreuße.

„Warum?"

„Komm`se mal mit runter in de Bar un sehn`se sich de Bescherung an! Uff`n neuen Spannteppich lauter Löcher einjebrannt! Überall Zigarettenkippen und halbvolle Gläser und morjen is Saisoneröffnung!

Wan das dar Chef erfährt jiebts `n riesen Arjer!"

Der Verursacher ist alsbald gefunden!

„Ecke" – alias „Meister Nadelöhr"!

Gestern nach dem Abendessen, hat ihn sein Bedürfnis nach „frischer Luft", noch in die Bar von Zinnowitz geführt.

Da aber auch dort die werktätigen Kellner ins Bett wollten, hat er kurzerhand die Barmusiker und einige Gäste mit den nötigen „geistigen Getränken" bevorratet und zur „Besichtigung" der renovierten „Kulturhausbar" eingeladen.

Um der Anklage, der „Vernichtung von Volkseigentum",
zuvorzukommen, erklärt sich „Ecke" umgehend zu einer Entschuldigung
beim Kulturhausleiter bereit!
Noch leicht alkoholumnebelt, stürzt er zum Schreibtisch, wirft sich auf
die Knie, blickt devot zu Boden und legt los:
„ Bitte sagen sie nichts! Dafür gibt es keine Entschuldigung!
Mea culpa! Mea culpa! Mea maxima culpa!"
"Wie bitte?"
"Ich schäme mich!"
„Um Gottes Willen stehen sie doch auf!"
„Schuld ist einzig der Alkohol, sie müssen wissen, ich bin Diabetiker!"
„Stehen sie doch bitte auf!"
„Ecke" lässt sich nicht beirren.
„Selbstverständlich werde ich für den Schaden aufkommen!
Mir bleibt nur eines" - er steht auf und blickt dem geschockten
Kulturhausleiter zerknirscht in die Augen – „mich tausendmal bei ihnen
zu entschuldigen!"
Der Kulturhauschef stutzt!
„Sagen sie... sind sie nicht der „Meister Nadelöhr?"
„Ich kann es nicht leugnen, schäme mich und werde alles umgehend
begleichen!"
„Ach, was... das... das mit dem Spannteppich werden wir schon
irgendwie hinkriegen!"
Er blickt „Ecke" ungläubig an:
„Meister Nadelöhr!!! ...Schnippel... die Schnappel... die Scher`!!
Ich habe zwei Jungs... wenn die hören, dass ich persönlich mit „Meister
Nadelöhr" gesprochen habe!!
Wir verpassen keine Sendung, wo sie mitspielen!"
„Ecke" nickt: „...schön..."
„Hätten sie vielleicht ein Autogramm für die Beiden?"
„Ecke" hat immer ein Foto parat!
„Wie heißen sie denn ihre beiden Jungs?"
„Heinz-Günter und Udo."
„Für Heinz-Günter und Udo vom „Meister Nadelöhr"... bitte!"
„Vielen Dank!"
„Ecke" hat eine Idee...

„Morgen früh vor meiner Heimreise, werde ich, als kleine Wiedergutmachung, dem hiesigen Kindergarten noch einen Besuch abstatten."
Der Kulturhausleiter strahlt:
„…unser „Meister Nadelöhr"… das… das… das glaubt mir kein Mensch!!"

Die Fernsehaufzeichnung.
Es ist kurz vor 19.00 Uhr.
Im ausverkauften Kulturhaussaal herrscht ausgelassene Ferienstimmung.
Überall braungebrannte, erwartungsvolle Gesichter.
In der ersten Reihe Genosse Kulturhausleiter, Frau Gemahlin, Heinz-Günter und Udo.
Aus dem Lautsprecher erklingen Gassenhauer der Zwanziger Jahre:
„Max du hast das Schieben raus"
„Oh, du lieber Augustin alles ist hin"
„Wer hat denn den Käse zum Bahnhof gerollt" usw.
Punkt 19.00 Uhr.
Die Kameramänner besetzen ihre Positionen.
Leicht nervös trete ich vor den Vorhang, wünsche einen vergnüglichen Theaterabend, verbunden mit der Bitte, das alberne Winken in die Kamera möglichst zu unterlassen.
Das Saallicht erlischt.
Als erster betritt Rolf Herricht die Bühne.
Szenenapplaus!
Dann Ingeborg Krabbe.
Applaus! Erste Lacher.
Bei „Meister Nadelöhr" beginnen die Kinder zu trampeln!
Die Geschichte kommt in Fahrt und die Kollegen laufen allmählich zu Höchstform auf!
Lautes Gelächter, Schenkelklopfen und immer wieder Szenenapplaus!
Ich verfolge das Geschehen vorm Monitor im Ü-Wagen, überglücklich!
Nach etwa 20 Minuten klingelt das Telefon!
„Lieber Gott… bitte jetzt nicht!!"
Der Ü-Wagen-Chef lächelt.
„Sie ahnen's wohl schon, wa?"
„Gestört?"

„Seit fünf Minuten kommt in Adlershof keen Bild mehr an!"
„Ich hänge mich auf!!!"
„Aba nich doch Chef, det Leben jeht weita, vielleicht hört die Scheiße
mit den technischen Unterbrechungen eines Tages mal uff!
Jeh`n se` raus un` sagen`se dem Publikum n`paar freundliche Worte,
wir spielen n`bissken Musike ein un` wart`n bis sich Adlershof meldet."
Also trete ich den „Gang nach Canossa" an, betrete die Bühne und
verkünde die „Freudenbotschaft".
Die Zuschauer sind geschockt und die Kollegen bedient!
Aus dem Lautsprecher erklingt – Ironie des Augenblickes:
„Oh, du lieber Augustin alles ist hin!...".
Nach etwa einer Stunde beginnt das Stück noch einmal von vorn.
Die Stimmung im Saal ist gedämpft, denn die Fortsetzung der Handlung
erweckt wenig Interesse.
Einige Urlauber sind, infolge der ganztätigen Sonnenbestrahlung, sanft
entschlummert und viele Eltern haben den Saal mit ihrem müden,
quengelnden Nachwuchs längst verlassen.
Auf der Bühne ringen die Kollegen verbissen um jeden Lacher, zumal
die bereits bekannten Pointen nur noch ins Leere laufen.
Wie heißt es doch so schön:
„Ein schlechter Komödiant, der nicht eine Stunde „Schimpf und
Schand" über sich ergehen lassen kann"!
Zur Ehrenrettung des Fernsehens sei gesagt, dass die
Übertragungsstörungen nicht die Regel waren!

Rolf Herricht   **Mathilde Danegger**   **Herbert Köfer**

20.00 Drei leichte Fälle

Lustspiel von Brocke und Bannermann
Fernsehbearbeitung: Wolfgang Stemmler
Dramaturgie: Goetz Jaeger
Szenenbild: Werner Neumann
Regie: Erwin Leister

Personen und ihre Darsteller:

Marie Müller .... Eva-Maria Hagen
Hubert Müller, ihr Mann .... Rolf Herricht
Kai Norton .... Herbert Köfer
Nannie .... Mathilde Danegger
Victor .... Thomas Weisgerber
Jaroslav .... Robert Hanke

**Übertragung einer öffentlichen Aufführung
aus dem Theater Luckenwalde**

„EHRE SEI GOTT IN DER HÖH´"

Als „Zugereister aus der Provinz", bedarf es einer gewissen Zeit, bis man sich an die laxe Ausdrucksweise der „Berliner Ureinwohner" gewöhnt hat.
Juttas Gastfreundschaft ist es zu danken, dass unser zwar bescheidenes, aber geräumiges Domizil, in Freundes- und Kollegenkreisen bald unter dem Namen „Cafe Leister" firmierte.
Und da in der „Sendezentrale Adlershof" die beengten Räumlichkeiten der Verwaltung vorbehalten waren, sahen sich die Regisseure gezwungen ihre „Dienstzimmer" in die eigenen vier Wände zu verlegen, was zur Folge hatte, dass viele mehr oder weniger bekannte Kollegen bei uns ein und aus gingen.
Zu den Besuchern gehörten unter anderem Eva-Maria Hagen mit Tochter Nina, damals sechs Jahre alt.
Während wir vorm Bildschirm die gemeinsamen Sendungen kritisch unter die Lupe nahmen oder über die „Konkurrenz" lästerten, hockte die kleine Nina auf dem Teppich, nölte und langweilte sich.
Wer hätte seinerzeit geahnt, dass dieses unschuldige Wesen eines Tages die brave Menschheit, als hochbegabtes „Multitalent", beglücken würde!
Zum näheren Bekanntenkreis zählte auch Ninas geschiedener Vater, Oliver Hagen.
Erfolgreicher Autor des Filmes „Karbid und Sauerampfer", mit dem großartigen Erwin Geschoneck in der Hauptrolle.
Die Regie der angedachten Fortsetzung dieses Filmes, unter dem Titel „Gesundheit Genossen", hatte er mir angeboten.
Leider fand die „Kulturabteilung des ZK" das Exposé gar nicht komisch und es landete, wie so viele interessante Vorhaben, in der „Schublade".
Einige ehemalige Studienkollegen meines Freundes Hans Becker waren ebenfalls in Berlin gelandet und ließen sich im „Cafe Leister" gern mal nieder.
Alle hatten den Krieg unversehrt hinter sich gebracht.
Sie waren die erste Generation, die kostenlos studieren durfte und überzeugt, dass die Zukunft „Sozialismus" heißt!

Was allerdings nicht besagt, dass man den politischen Alltag kritiklos hinnahm.

Unsere Diskussionen füllten oft halbe Nächte!

Erst wenn es langsam tagte, wieder mal alles „durchgekaut" und der Verstand längst auf der „Reservebank" gelandet war, erhob Freund Hans sein Glas und nach der „obligaten Eloge" auf die Jenaer Studentenzeit:

„Ja in Jene lebt sich's bene…"

folgte das „Finale"!

(nach der Melodie: *"Brüder zur Sonne, zur Freiheit")*

„Einst war`n wir Kommunisten –
dann in der NSDAP –
heut sind wir SEDisten –
Ehre sei Gott in der Höh`!"

Einmal, eines Morgens, klingelt und klopft es energisch an der Wohnungstür.

Jutta öffnet und vor uns steht der ABV! (Abschnittsbevollmächtigter der Volkspolizei).

Die Genossen erblassen!

„Machen`se entweder de` Fenster zu oder halten`se det Lied „piano", denn kann ick mir det Einschreiten erspar`n, Morjen!"

Nach diesem „Freundschaftsbesuch der Staatsmacht" war die Stimmung im Arsch...

NUR ÜBER MEINE LEICHE

„Nun geh doch endlich mal ans Telefon, das klingelt sich doch dämlich!"
„Ich lese die Zeitung. Weshalb gehst du denn nicht?
„Weil ich für dich koche!"
Ich suche den Griff zum Hörer und eine sanfte Frauenstimme flötet:
„Generalintendanz Leipzig!
Professor Kaiser lässt anfragen, ob es ihnen möglich wäre, bei uns die
Operette „In Frisco ist der Teufel los" zu inszenieren?
„Ach du lieber Gott, ausgerechnet „Frisco!"
Die Uraufführung am „Metropol-Theater" ging doch völlig in die Hosen!
Also ehrlich gesagt mir wäre eine Operette von Strauss oder Offenbach
lieber."
„Das ist leider nicht möglich, die Verlage verlangen West-Tantiemen
und unser Kontingent ist erschöpft."
„Na gut, dann schicken sie mir mal das Buch zu."
Drei Tage später lag das Material auf meinem Tisch.
Naja...vielleicht lässt sich was draus machen.
Ich erhalte „Arbeitsurlaub" von meinem „Brötchengeber" in Adlershof
und mache mich auf den Weg nach Leipzig.

Die „Musikalische Komödie", allgemein „MuKo" genannt, findet man
im Stadtteil Lindenau.
Es bedarf schon eines bestimmten Spürsinnes diesen „Prachtbau"
ausfindig zu machen.
Abgelegen, in einer engen Straße, durch die sich auch noch die Leipziger
„Bimmel" quälen muss, liegt der „Musische Brückenkopf Lindenau",
eines jener Häuser, welches dem „Leipziger Theaterkombinat"
untersteht.
Der oberste Chef, K. Kayser, thront im Opernhaus.
Als Mitglied des „Zentralkomitees der SED" und der „Volkskammer"
der DDR, hat er bereits sämtliche Orden und Ehrenzeichen eingeheimst
und eines Tages hat man ihm sogar den Titel eines Professors verliehen.
Er leitet sein „Kombinat" wie ein Monarch.
Seine Devise – „Verbreite Angst, es macht das Regieren leichter!"

Die huldvolle Freundlichkeit, die er mir entgegenbringt, ist erstaunlich.
Beinah väterlich geht er auf jede Vertragsbedingung ein.
Woher sollte ich auch ahnen, welche erbitterte „Grabenkämpfe" im
Vorfeld dieser Produktion getobt hatten.
Der Chefdramaturg der Oper hatte sogar lautstark verkündet:
„Dieses Stück nur über meine Leiche – und im Übrigen wird sich dafür
nie ein Regisseur finden!"
Doch der „Regent" hatte ihn gefunden!

Die Operette „In Frisco ist der Teufel los" spielt im Seemannsmilieu.
Handlungsträger ist das Ballett.
Um die dünnblütige Geschichte etwas „aufzumotzen" schlägt mir der
Ballettmeister unter anderem vor, im zweiten Akt eine „Striptease-
Nummer" einzubauen.
Striptease in der DDR, ein „kühnes Unterfangen"!
Nach der Generalprobe zitiert mich Herr Generalintendant ins Foyer.
Ich ahne nichts Gutes.
„Kollege Leister, glauben sie im Ernst, dass dieser „Hausfrauen-Strip"
auch nur einen Mann vom Hocker reisst?", wobei er ein schelmisches
Grinsen kaum verbergen kann.
Kein schlechtes Zeichen!
Die erotische „Hausfraueneinlage" wurde nicht gestrichen!

Nach der Premiere, ein Schlussapplaus der nicht enden will!
Fünfmal haben wir das „schwungvoll aufgemotzte" Finale wiederholen
müssen!
Wie sagte doch der Chefdramaturg:
„Dieses Stück – nur über meine Leiche!"
Errare humanum est.
Theater ist zuweilen unberechenbar.
Es folgt eine feucht-fröhliche Premierenfeier.
Zu später Stunde stürzt der „Leichenbeschwörer" auf mich zu, umarmt
mich und erklärt mir, wie froh er sei, dieses erfolgreiche Stück nach
Leipzig geholt zu haben.
Diese verblüffende „Wandlungsfähigkeit" ist nicht nur Komödianten zu
eigen...

„In Frisco ist der Teufel los"

Solotänzerin Monika Geppert

Mit großem Hallo begrüßt

Den Erfolg von Wolfgang Weit mit Natschinskis „Mein Freund Bunbury" übertraf Erwin Leister nun fast noch mit Masanetz' „In Frisco ist der Teufel los". Die mitreißende Schlußszene mußte bei der Premiere fünfmal (!) wiederholt werden,

"Leipziger Volkszeitung"

Christel Guck

Wenn nach einer rauschenden Premierenfeier, morgens um 9.00 Uhr, das Telefon klingelt, hält sich die Freude verständlicherweise in Grenzen:

„Was`n los??"

„Spreche ich mit Herrn Leister?"

„Richtig geraten… und mit wem spreche ich?"

„Hier ist das „Ministerium für Kultur".

„Ha, ha und hier ist der Kaiser von China!"

Ich lege auf.

Es klingelt erneut.

„Diese dämlichen Kollegenscherze!"

Ich hebe wütend ab!

„Hier ist das „Ministerium für Kultur."

„Ihr findet euch wohl irrsinnig originell, wa?"

„Wir möchten wissen, ob sie bereit wären in Kairo zu arbeiten."

„Natürlich… die Pyramiden abtragen… es wäre mein Lebenstraum!"

„Wir suchen einen Regisseur."

„Na, dann sucht mal schön, verarschen kann ich mich selber!"

Der Anrufer hatte entweder unendlichen Humor oder er war sich der Utopie einer solchen „Anfrage" bewusst.
Wie auch immer – sechs Wochen später saß ich im Flugzeug nach Kairo!

„NASSER - ULBRICH!"

In Ägypten regierte einst ein König, namens Faruk, der die Annehmlichkeiten dieser Welt in vollen Zügen genoss, während seine Untertanen in bitterster Armut „dahindümpelten".
Eines Tages war das Maß voll und eine verwegene Schar, seiner ihm untergebenen Offiziere, jagten ihn zum Teufel!
Den verwaisten Thron bestieg nun ein gewisser Gamal Abdel Nasser und das Land am Nil nannte sich fortan „Vereinigte Arabische Republik".

Die Ägypter, insbesondere die einfachen Leute, verehrten ihren neuen Präsidenten.
Sie nannten ihn stolz: „Rais Gibier" (Großer Führer).
Und weil es dem Land an allem mangelte, wollte es der clevere Präsident weder mit dem reichen Amerika, noch der „ruhmreichen Sowjetunion" verderben, also schloss er sich, wie Josip Broz Tito in Jugoslawien, den sogenannten „Blockfreien Staaten" an.
In der DDR bemühte man sich indessen eifrig um die weitere „Internationale Anerkennung".
Und irgendwann schafften es die rührigen Genossen des Außenministeriums, dass Präsident Gamal Abdel Nasser den Staatsratsvorsitzenden Walter Ulbricht nebst Gattin Lotte, zu einem Freundschaftsbesuch nach Kairo einlud.
Wenn Potentaten auf Reisen gehen ist es üblich, dass Presse, Rundfunk und Fernsehen von diesem bedeutenden Ereignis gebührend Notiz nehmen.
Mein Freund Hans Becker, der seit Monaten das „Nachrichtenbüro der DDR" in Kairo leitet, darf stolz nach Berlin faxen:
„Herzlicher Empfang Walter Ulbrichts und seiner Regierungsdelegation durch die Bevölkerung der „Vereinigten Arabischen Republik"!

Nach dem offiziellen Rummel tafen sich die akkreditierten Presseleute in der Bar des Hotels „Nile Hilton".
Alkohol lockert bekanntlich die Zunge und nach einigen Gläschen Whisky plauderten die ägyptischen Kollegen freimütig über die sogenannten „Berufsjubler".
Es standen viele Arbeitslose am Straßenrand Spalier, die für ein paar Piaster, fähnchenschwingend, enthusiastisch:
„Nasser - Ulbrich", „Nasser - Ulbrich"... skandierten.

Und Walter Ulbricht, unser regierender „Mundartspezialist", war von der spontanen Begeisterung offensichtlich so gerührt, dass er sich zu gewagten Versprechungen hinreißen ließ.
Und somit begann in Kairo der Einzug der „DDR-Spezialisten".
Es kamen Fachleute aller Professionen - nur das Kulturministerium war in Schwulitäten!

Kairo wurde 1000 Jahre alt.
Aufgrund der Kriegssituation mit Israel sollte die „Jubelfeier im Saale"
stattfinden.
Präsident Nasser wünschte die Geschichte Kairos in Form eines
„Musicals", ergo suchte man nach einem Regisseur mit folgenden
Voraussetzungen:
Strammer Genosse!
Saubere Kaderakte!
Erfolgreich in der „Heiteren Muse"!
Perfekte Englisch-Kenntnisse!
Und von „Milkes Sicherheitsnadeln" abgesegnet!
Außer Englisch und „Erfolg" hatte ich kaum etwas davon zu bieten.
Aber in der Not frisst sogar der sozialistische Teufel Fliegen!
Und so klingelte eines Tages in Leipzig das Telefon.
„Schuld" an diesem „mysteriösen" Anruf, war Freund Hans Becker, der
mich einem Mitarbeiter des „Ministeriums für Kultur" empfohlen hatte.

„ALEMANIA, ALEMANIA"

Das Flugzeug nach Kairo, eine russische „IL-18" der „Interflug",
ist nur wenig ausgelastet und zum Glück ist meine einstige Flugangst
Vergangenheit.
Die Maschine hebt ab.
Das Panorama der Felder, Wälder, Seen und Städte entschwindet mehr
und mehr, bald hat der Pilot die vorgegebene Flughöhe erreicht,
noch eine dunkle Regenwolke, dann sind wir im „Himmel"!
„Über den Wolken muss die Freiheit wohl grenzenlos sein..."
Ein grandioser Einfall des Barden Reinhard Mey.
Faszierend dieses strahlende Blau, die Unendlichkeits des Firmaments...
Das monotone Gebrumme der Motoren lässt Zeit und Raum unmerklich
entschwinden und irgendwann spüre ich, unterhalb der Gürtellinie ein
kräftiges „Rumoren".
Das Frühstückei und das Marmeladebrötchen „drängeln nach oben" und
suchen sich einen „Weg in`s Freie"!

‚Lieber Himmel, wenn das jetzt losgeht!'

„Stewardess... hallo Stewardess... bitte eine Hustentüte!"

Sie hört nicht, der Motorenlärm übertönt meinen verzweifelten Hilferuf!

Ein lautstarker Schnarcher meines Nachbarn signalisiert die Rettung!

In letzter Sekunde entreiße ich ihm die Zeitung, falte die Seiten zitternd zu einer Tüte und während die meisten Mitflieger neugierig an den Bordfenstern hängen, die Hafenstadt Alexandria und das imposante „Nildelta" bewundern, hocke ich, der Welt entrückt, auf meinem Sitz – und kotze wie ein Reiher!

Zu meinem Glück präsentiert sich das „Neue Deutschland" von der angenehmen Seite – es trotzte der „geballten Ladung"!

„International Airport Cairo"

Der Magen leer, die Knie weich, wanke ich als letzter Fluggast die Gangway hinunter.

Die heiße Tropenluft verschlägt mir fast den Atem!

Unterhalb der Gangway erwartet mich ein auffallend gut gekleideter Herr, mittleren Alters:

„Please excuse me, are you...",

er sieht auf seinen Zettel,

„...Mista Laista?"

„Yes, indeed thats me!"

"Alhamdolilah!!"

Er schickt einen Dankesgruß 'gen Himmel und reicht mir freundlich die Hand.

„Welcome in Egypt!"

Dann geleitet er mich in den "VIP-Raum" und bittet um meine Papiere.

„Please be seated, I`ll be back in a minute!"

Es vergeht eine halbe Stunde, dann taucht er endlich wieder auf und reicht mir freudestrahlend Pass und Papiere zurück.

Vor dem Flughafengebäude wartet bereits das Taxi, ein „Oldtimer".

Die arg ramponierte Polsterung riecht muffig und die angestaute Hitze im Wagen ist unerträglich!

Zunächst herrscht beiderseits ein taktvolles Schweigen.

Augenblicklich bewegen wir uns möglicherweise auf der „Paradestrecke", wo einst die Bevölkerung unserem „Spitzbart" aus Leipzig ihre „verordnete Referenz" bekundete.

Irgendwann fühlt sich mein Begleiter bemüßigt unser gegenseitiges Schweigen zu beenden:

„You had a good flight?"

Da ihn das „unflätige" Verhalten meines Magens kaum interessieren dürfte, greife ich zu einer Notlüge:

„Oh yes! Very good!"

Damit war das Eis gebrochen.

Er stellt sich als Mitarbeiter der „Staatlichen Theaterorganisation" vor, dem die Ehre zuteil ist, den Gast aus Germany im „Ballontheater" abzuliefern.

Je mehr wir uns dem Stadtzentrum nähern desto dichter wird der Verkehr.

Eine schier endlose Autolawine quält sich schrittweise vorwärts, viele Taxis, oft zerbeult, ohne Seitenscheiben oder mit total abgefahrenen Reifen.

Eingekeilt zwischen den Autos, verängstigte Kamele oder Eselskarren deren Kutscher unaufhörlich auf die armen Kreaturen eindreschen.

Zeitungsverkäufer, Halbwüchsige, zumeist noch Kinder, springen waghalsig zwischen den Autos hin und her, preisen grölend ihre Gazetten an, während genervte Taxifahrer das Chaos noch mit einem Hupkonzert krönen.

„Verkehrspolizeioberwachtmeister Müller aus Potsdam" hätte sich, angesichts dieses Verkehrschaos, höchstwahrscheinlich auf der Stelle „erschossen".

Der Taxifahrer stoppt.

Wir halten vor einem repräsentablen Zelt, dem „Mas`r El Balloon". (Ballontheater)

Mein Puls ist kaum zu bremsen!

Auf der Bühne ist das gesamte Ensemble, Sänger, Schauspieler und Tänzer versammelt, um den Experten aus „Alemania" Willkommen zu heißen.

Saad Ardasch, Chef und Regisseur der Truppe umarmt mich wie einen alten Bekannten und bald bin ich umringt von Rundfunk, Fernsehen und Presseleuten, die mich mit Fragen bombardieren.

„Wie gefällt Ihnen Kairo?"

(Dabei war ich soeben erst gelandet.)

„Sind Sie verheiratet?"
„Aus welcher Stadt kommen Sie?"
„Wie gedenken Sie das Spektakel „Kairo in 1000 Jahren" auf der Bühne umzusetzen?"
„Gibt es schon irgendwelche Besetzungspläne?"
Ich komme ins Schwitzen, zumal mein Englisch, infolge der jahrelangen Abstinenz, etwas „holprig" klingt.

Am nächsten Tag Treffen mit dem Autor.
Vorm Eingang des Hotels „Continental", meinem Quartier, fährt ein dunkler Mercedes vor.
Am Steuer eine aparte Blondine und auf dem Beifahrersitz ein Herr mittleren Alters, der ausschaut wie ein kleiner „Buddha" – Salah Shahin!
Salah Shahin – Textautor der ägyptischen Nationalhymne, Lyriker, Übersetzer der Werke Bertold Brechts und Freund des ägyptischen Präsidenten.

Der großartige Poet Salah Shahin (rechts mit dem Glas), von den Ägyptern geliebt und verehrt.

147

Wir verstehen uns auf Anhieb und die kommende Zusammenarbeit mit diesem großartigen Künstler und Menschen ist ein einmaliges Geschenk!
Was wusste ich schon Konkretes über die Mamelucken, Fatimiden, Sultan Saladin, den Kalifen Mohamed, über das ayubische Zeitalter, das osmanische Reich, die Kreuzzüge, die französisch-englische Besatzungszeit, die Eröffnung des Suezkanales oder die Revolution von 1952.
Diese wechselvolle Geschichte auf der Bühne umzusetzen, reduziert auf wenige Stunden – ist wahrlich kein Spaziergang!

Hier in Kairo, dieser völlig anderen Welt, ticken die Uhren anders.
Eine Möglichkeit Land und Leute, ihre Sitten und Gebräuche kennenzulernen, bietet unter anderem das Fernsehen.
Am Ufer des Nils, weithin sichtbar, erhebt sich ein imposantes Gebäude, das Fernsehzentrum, die Silhouette der modernen Metropole Kairo.
Von hier strahlen täglich neun Sender ihre Programme aus.
Wobei einzig das dritte Programm einem gewissen kulturellen Anspruch gerecht wird.
Da hocke ich nun wissbegierig vor der Mattscheibe – und verstehe kein Wort!
Der gutturale Klang dieser Sprache erinnert irgendwie an eine „Halskrankheit".

Einer englischen Fernsehzeitung entnehme ich, dass es in Kairo 120 Filmgesellschaften gibt, die jährlich 80 Filme produzieren!
Und dieses in einem „Entwicklungsland"!
Die Fernsehstationen, größtenteils in privater Hand, senden pausenlos Reklame und Programme, die der ägyptischen Kultur abträglich sind.
Rührselige, verlogene, realitätsferne Schnulzen und einfältige „Lustspielklamotten".
Momentan herrscht in Kairo der Ausnahmezustand – Ramadan.
Allah hat seinen „Schäfchen" empfohlen, während des ganzen Tages auf alle Annehmlichkeiten irdischen Daseins zu verzichten.
Es gilt dem Essen, Trinken, Rauchen und sogar den ehelichen Pflichten zu entsagen und dieses bei über 40 Grad im Schatten.
Eine verdammt harte Prüfung!

Das Taxifahren sollte man ab Mittag tunlichst meiden, die Lenker reagieren fahrig und gereizt.

Erst gegen Abend, zum „Iftar", wenn von der Zitadelle des „Mukattam", der höchsten Erhebung Kairos, der Kanonenschuss abgefeuert wird, sind die Stunden der Enthaltsamkeit beendet.

Wer es sich leisten kann, den erwartet eine opulent gedeckte Tafel, im gepflegten Garten, unter Palmen, wo eine beflissene Dienerschaft bemüht ist, die Herrschaften ausgiebig zu verwöhnen.

Nach den lukullischen Genüssen amüsiert man sich in der Oper oder in einem der vielen Theater, Kabaretts oder „Night Clubs".

Der wenig begüterte „Ali" hingegen hockt, wie die meisten seiner Landsleute, in einer ärmlichen Behausung, im tristen Schein einer Glühbirne und freut sich im Kreise seiner Großfamilie auf das mühsam zusammengesparte oder vielleicht von einem wohlhabenden Nachbarn spendierte Hammelfleisch.

Überall auf Kairos Plätzen sind bunte Zelte aufgeschlagen, wo sich während des Ramadan-Festes Folkloregruppen, Musiker, Sänger und Bauchtänzerinnen präsentieren.

Auf Einladung meines künftigen Direktors Said Abu Bakr, steht heute Abend der Besuch eines ebensolchen Zeltes auf dem Programm.

Weshalb die „Staatliche Theaterorganisation" diesen bekannten Filmkomiker zum Direktor unseres künftigen Ensembles ernannt hat, ist ausschließlich seiner Popularität geschuldet.

Said Abu Bakr ist nicht nur in Ägypten, sondern auch in vielen anderen arabischen Ländern ein Begriff!

Seinetwegen strömen die Zuschauer ins Kino, um für Augenblicke ihren bescheidenen Alltag zu vergessen.

Allerdings ist er, wie sich später herausstellen sollte, für den künftigen Direktorposten total ungeeignet.

Bei unserer Ankunft ist das Bühnenprogramm bereits in vollem Gange.

Wir warten hinter den Kulissen, bis eine verschwitze Bauchtänzerin ihren Applaus eingeheimst hat, dann fasst mich der Publikumsliebling bei der Hand und wir stürmen auf die Bühne!

Stille... Verwirrung... ungläubiges Staunen... das ist doch...

Said Abu Bakr!!"

Die Zuschauer springen von ihren Bänken auf, applaudieren, jubeln und schlagen, nach ägyptischem Brauch, beide Hände rhythmisch über dem Kopf zusammen.
Said Abu Bakr ist stolz, dass ich die Sympathiebekundung seines Publikums miterleben darf.
Als er in seinen Dankesworten das Wort „Alemania" erwähnt, braust noch einmal heller Jubel auf und die Zuschauer skandieren: „Alemania"! „Alemania"!
Ein bewegender Augenblick!
Ich erfahre, dass die meisten Ägypter mit den zwei deutschen Staaten wenig anzufangen wissen.
Mit „Alemania" verbinden sie „ein reiches Land, tolle Autos, Feldmarschall Rommel und den Boxchampion Miltenberger".
Den weiteren Verlauf des Abends hätte ich mir gern erspart.
Es produzierten sich pausenlos wohlbeleibte Bauchtänzerinnen, die um jedes „Scheinchen" buhlen, das ihnen ein „lüsterner Bock" hinter den schweißgetränkten Büstenhalter klemmt oder schmachtende Schnulzensänger, die sich an ihrer eigenen Stimme berauschen und nicht von der Bühne weichen.
Gegen drei Uhr in der Nacht, nach dem Genuss von einigen Flaschen Cola, ist die „Marathon-Show" endlich zu Ende und ich sinke todmüde ins Bett.

Said Abu Bak´r (mitte), mein künftiger Direktor, genießt die Euphorie seines Publikums...

DAS OPFERLAMM

Während eines probenfreien Tages bekomme ich einen Anruf von Said Abu Bakr, ob ich denn nicht Lust verspüre, ihn bei den Dreharbeiten seines neuen Filmes zu besuchen.
Mister Becker, mein Freund, sei ebenfalls willkommen.
Wir sagten zu.
Drehort ist ein Palmenhain bei Gizeh, in unmittelbarer Nähe des Landsitzes vom „Omde".
Nein, arm ist er nicht, der Bürgermeister von Gizeh, der hierzulande „Omde" heißt und unweit der Pyramiden eine repräsentable Traumvilla bewohnt.
Ein Ort, der mir bis heute in unangenehmer Erinnerung geblieben ist!

Die Sonne läuft auf Hochtouren.
Wir hocken, bei über 40 Grad, im Schatten unter einer alten Zeltplane und erleben wie der Regisseur, ein eitler Selbstdarsteller mit Glatze und Goldkettchen, herumbrüllt.
„Kamera stopp!"
Mal ist es ein störrisches Kamel, das anscheinend die Schnauze voll hat und den Kameramann laufend bespuckt.
Dann verliert der Liebhaber, in einer wilden Rauferei, sein Toupet, der Diva hüpft der Busen aus dem Korsett usw.
Immer wieder heißt es:
„Kamera stopp!"
Dabei vergeht die Zeit und wir schwitzen wie die Schweine.
„Was meinst Du Hans, hau`n wir ab?"
„Unmöglich!"
„Das merkt doch niemand, wenn wir jetzt heimlich verduften!"
„Das geht nicht, der Omde hat uns zu Ehren einen Hammel schlachten lassen!"
„Was Hammel? Ess` ich nicht! Allein schon der Geruch!
Woher weißt du denn das?"
„Vom Kameramann. Wir können uns jetzt nicht abseilen, der Omde wäre tief beleidigt."
„Aber man kann uns doch nicht zwingen!"

„Das nicht, aber es ist unhöflich und missachtet ihre Gastfreundschaft."
„Na gut, wenn Du meinst, dann bleiben wir halt..."
Der „Omde", optisch nicht unsympathisch, aber irgendwie ein
„Schlitzohr", schüttelt Hans, mir und den Filmleuten, jovial die Hand
und geleitet uns stolz in die prunkvolle, wohltemperierte Empfangshalle.
Auf einer weiß gedeckten Tafel liegt, in voller Größe aufgebahrt und
umrankt von frischen Bananenblättern, der geschmorte Hammel.
Nach einem freundlichen Willkommensgruß des „Omde", geht es
umgehend zur Sache!
Das eben noch, so vornehm tuende Filmvölkchen, stürzt sich, wie ein
Rudel hungriger Wölfe, auf das „Opfertier"!
Ich bin fassungslos, doch gleichzeitig froh, dass meine Zurückhaltung in
diesem „Kampfgetümmel" niemandem auffällt.
Doch plötzlich erhebt sich der „Omde", bahnt sich eine Gasse, baut sich
vor mir auf, schlägt mit seiner Pranke in die fetttriefende Fleischmasse
und klatscht mir die „Beute" auf den Teller!
Darauf wischt er sich die Fettfinger seelenruhig an seiner „Galabija",
dem landestypischen Gewand, ab, reicht mir die Hand und wünscht mir
einen guten Appetit.
Und bevor ich mich zu einer Danksagung aufraffe, wird er von der
Filmdiva abgelenkt.
Freund Hans nimmt mir feixend den Teller aus der Hand und entsorgt
den „fetttriefenden Fleischbatzen" in einem nahestehenden
Blumenkübel.

Said Abu Bak´r stellt
mich dem „Omde" vor.

152

Said Abu Bakr mit
Kollegen, während
einer Drehpause.

EXKLAVE

Mein vierwöchiger Studienaufenthalt ist beendet.
„LIMEX", eine Organisation, die für das Wohlergehen „exportierter
Experten" verantwortlich ist, bietet mir kurz vor der Heimreise eine
Wohnung an.
Neubau, Erstbezug.
Welch ein Glücksfall!
Ich habe sogar die Wahl und entscheide mich für die 6.Etage, direkt
unterm Dach, mit einem herrlichen Blick über die Stadt.

Auf dem Heimflug, unten die tiefblaue Adria, erfasst mich plötzlich
Panik!
Mensch Leister, worauf hast du dich da eingelassen!
„Eintausend Jahre Kairo", quasi die Geschichte der arabischen Welt, in
ein paar Stunden!
Ist das denn überhaupt möglich?
Komme ich mit dieser Mentalität klar?
Preußische Disziplin und Pünktlichkeit kann ich wohl kaum erwarten.
Hör auf nachzudenken!

Der Vertrag mit der „Staatlich-ägyptischen Theaterorganisation" ist unterschrieben, es gibt kein zurück!

Nach kaum erklärbarer Anordnung unserer Staatsführung, werden „DDR-Experten" nur mit Familie in die „Fremde" geschickt.
Die „Ausreiseformulare" haben uns fast in den Wahnsinn getrieben!
Letztendlich waren wir so gestresst, dass meine, stets auf ihre Schönheit bedachte „Angetraute", erst im Flugzeuge bemerkte, dass sie ihre, mit zwei Ersatzzähnen bestückte Prothese, vergessen hatte.
Somit geriet ihr Lächeln künftig in eine gewisse Schieflage.

Nach unserer Landung in Kairo werden wir vom Fahrer der Botschaft freundlich empfangen und ins neue Heim geleitet.
Unser künftiges Domizil hatte sich inzwischen mit „Experten" aller Berufsgruppen gefüllt.
Wir waren sozusagen in einer „DDR-Exklave" gelandet.
Als der „Bouhab", so heißt hier ein Hausmeister, sich unserer Koffer bemächtigt und die Marmortreppen erklimmt, stutzt Jutta!
„Weshalb geht denn der zu Fuß?"
„Wie soll er denn sonst hinaufkommen?"
„Na mit dem Fahrstuhl."
„Fahrstuhl? Fahrstuhl gibt's hier nicht."
„Wie bitte? Du mietest eine Wohnung in der 6.Etage ohne Fahrstuhl?"
„Ja, aber dafür haben wir eine wunderbare Aussicht!"
„Ich fasse es nicht, wer soll denn bei dieser idiotischen Hitze die Einkaufstaschen 6 Etagen hoch schleppen!"
„Beruhige dich!"
„Ich beruhige mich nicht!"
„Ich hab doch gedacht..."
„Gedacht, gedacht! Spar dir deine Worte!"
„Guck dir doch dir alles erst einmal an, du wirst begeistert sein!"
Wir ächzen die sechs Stockwerke hinauf, ich öffne die Tür unserer künftigen Bleibe und nun verschlägt es auch mir die Sprache!

Hohe, weißgetünchte, kahle Wände, davor ein paar vereinzelte Möbelstücke aus der Massenproduktion des „VEB Zeulenroda", die ein kümmerliches Dasein fristen.
Zu allem Unglück ist das Mobiliar, während der Reise von Rostock nach Alexandria, auch noch arg ramponiert.
Jutta ringt um Fassung und ich versuche sie zu trösten.
„Sieh mal, dieses Quartier ist doch nicht für die Ewigkeit bestimmt!"
Und während sie, völlig verzweifelt mit den Tränen kämpft, jubelt die Tochter lauthals vom Balkon:
„Guck mal Mami, lauter Kamele und ein Esel!"

Probenbeginn

Von unserer neuen Bleibe bis zu meiner künftigen Arbeitsstelle, dem „Ballontheater", ist es nur ein Katzensprung.
Heute um 19.00 Uhr soll ich dem Ensemble offiziell vorgestellt werden.
Ehrlich gesagt, mir geht ein bisschen die „Muffe"!
Das Theater scheint verwaist.
18.50 Uhr, kein Mensch weit und breit.
19.10 Uhr, ich komme ins Grübeln, habe ich mich etwa im Datum geirrt?
19.30 Uhr, ich trete den Heimweg an.
Am Pförtnerhaus läuft mir Mohammed, mein künftiger Assistent, in die Arme.
„Hallo Herr Leister, sie sind schon da?"
„Schon ist gut. Das Treffen war für 19.00 Uhr angesagt."
„Sie werden es erleben, die Verkehrsverhältnisse in dieser Stadt sind ein riesiges Problem."
„Aha, also sind die Verabredungszeiten hierzulande nur ein mögliches Angebot."
Er lächelt verlegen und nach einer weiteren halben Stunde darf ich endlich auch dem letzten meiner künftigen Mitarbeiter die Hand schütteln.
Plötzlich brandet Beifall auf!
Salah Shahin, der von allen verehrte Dichter, ist da und überreicht mir ein bereits ausgefertiges Exemplar des „Spektakels" –
„Cairo in 1000 Years"

Wer die Millionenstadt Kairo – von der niemand die genaue
Einwohnerzahl kennt – erstmalig erlebt, dem fällt überall die
unbeschreibliche Armut ins Auge.
Selbst Bürger des sogenannten Mittelstandes sind, um einigermaßen über
die Runden zu kommen, gezwungen zwei Berufe auszuüben.
Infolgedessen begegnet man in unserem Chor Lehrern, Ärzten,
Ingenieuren, Journalisten, Beamten, Taxifahrern und sogar Piloten der
ägyptischen Luftwaffe.
Zum Einen, sind sie alle mächtig stolz an diesem historischen Spektakel
mitwirken zu dürfen, und zum Anderen ist die Aufbesserung ihres
schmalen Budgets, offenkundig auch nicht zu verachten.

To meet Mr. Erwin Leister, Director

The Vice-Consul (Culture)
of the Consulate General
of the German Democratic Republic
in the United Arab Republic
and Mrs. Horst Winter
request the pleasure of the company

of Mr. Leister und Gattin

at a Buffet-Dinner

on Tuesday, January 14, 69 *at* 8.30 p.m.
at the Cultural Centre of the G.D.R.
5, Sh. Wisa Wasif - Giza

Tel. 844233

Einladung des „Generalkonsulats der DDR" zu meinem Arbeitsantritt

Die Inszenierungsvorbereitungen laufen zügig.

Man hat das bereits bestehende Ensemble mächtig aufgestockt.

Der „Intendant des Nationaltheaters" schickt uns einige seiner profiliertesten Schauspieler und die Musik ist bei den fünf bekanntesten Komponisten des Landes in besten Händen.

Erstaunlich, mit welcher Begeisterung sich das gesamte Ensemble dieser ungewöhnlichen Herausforderung stellt!

Einzig der Ballettmeister bereitet mir Sorge!

Der junge Choreograf aus Palästina ist mit seiner Aufgabe sichtlich überfordert.

Es genügt eben nicht, wenn Bauchtänzerinnen stereotyp die Hüften kreisen lassen und lasziv mit dem Popo wackeln.

Der Zuschauer soll erkennen, was ein Tänzer mit seinem Körper und der Seele ausdrücken möchte.

Bei der Suche nach einem kompetenteren Choreografen konnte mir nur unser Kulturministerium helfen.

Die Zeit drängt und 14 Tage später haut mir jemand freundlich von hinten auf die Schulter.

Dietmar Seiffert von der „Staatsoper Berlin".

Solotänzer, Choreograf und späterer Professor an der Schauspielschule „Ernst Busch" Berlin.

Der ehemalige „Palucca-Schüler" stürzt sich postwendend in die Arbeit, paukt nebenbei fleißig englisch und mit unendlicher Geduld und der nötigen Sturheit, kann er das Ballettensemble von unserem szenischen Vorhaben überzeugen.

Seine fantasievollen Choreografien treffen stets das wesentliche der jeweiligen geschichtlichen Epoche.

Es erfordert schon Menge Fantasie diese, uns so fremdartige Kultur, dem Kairoer Publikum erlebbar zu machen.

Wir stoßen immer wieder an Grenzen.

Probieren, verwerfen, bis die optimale Lösung gefunden ist – um Tage später alles erneut in Frage zu stellen!

Mit Geduld überzeugen

Die Verständigungs-
sprache ist Englisch

159

Die heutige Probe beginnt mit einem Krach.

Eine Tänzerin weigert sich die vorgegebene Choreografie auszuführen.

Auf meine Anfrage, weshalb sie sich als einzige Kollegin der Forderung des Ballettmeisters widersetzt, stammelt sie hochrot im Gesicht, dass ihre Religion es verbiete, sich auf die Schulter eines fremden Mannes heben zu lassen.

Dabei war die geforderte „Attitude" weder obszön oder sonst irgendwie anstößig.

Wir brechen die Probe ab und bitten unseren Direktor umgehend um Klärung der Situation.

Im Hinblick auf eventuelle Nachahmerinnen wird die Tänzerin aus dieser Produktion herausgenommen und – auf unseren ausdrücklichen Wunsch – nicht entlassen!

Im Nachhinein stellte sich heraus, dass der Bruder dieser Tänzerin, sich heimlich in den Zuschauerraum geschlichen, sie beobachtet und zu dieser Verweigerungshaltung gezwungen hat!

Einem Solotänzer, der unsere Entscheidung besonders lautstark goutierte, hat man nachts aufgelauert, er wurde brutal zusammengeschlagen.

Vier Wochen nach dieser unschönen Episode bittet uns der Direktor in sein Büro – wo vier Polizisten auf uns warten!

Am Koppel ihrer schwarzen Uniform baumeln provokativ Handschellen.

Die renitente Balletteuse hatte uns bei der Polizei beschuldigt, ihre Existenz zerstört zu haben, weil sie sich weigerte auf der Bühne „unsittliche Berührungen" zuzulassen.

Erst nach Intervention der Botschaft und unendlichen Diskussionen wurde die unliebsame Angelegenheit beigelegt.

Jutta treibt es heute Morgen etwas früher aus den Federn.

Zahnarztbesuch.

Verständlich, dass sich ihre Begeisterung in Grenzen hält.

Und während der Zahnarzt im Augenblick vielleicht den Bohrer ansetzt, leide ich im verwaisten Ehebett „Höllenqualen"!

Noch im Halbschlaf bemerke ich, wie die Lampe über meinem Bett zu schaukeln beginnt… der Stuhl neben dem Bett verrutscht… das Bett vibriert und – urplötzlich ist der Spuk wieder vorüber!

Leister, jetzt hat's dich erwischt!!

Der tägliche Stress, der Zeitdruck, diese Affenhitze, vielleicht sollte ich doch mal einen Arzt konsultieren!
In meinem Selbstzweifel schleppe ich mich zur Probe.
Überall herrscht helle Aufregung!
Alle palavern durcheinander und ich verstehe, wie immer wenn die Kollegen unter sich sind, nicht ein Wort.
Said Abu Bakr kommt mir aufgeregt entgegen:
„Earthquake! Earthquake!"
„Earthquake...?"
Plötzlich schalten meine grauen Zellen wieder normal – ich habe ein Erdbeben erlebt!

Trautes Heim

Inzwischen ist es der lieben Gattin gelungen, dank des preisgünstigen Basars, in unserer spärlich möblierten Heimstatt, eine beinahe gemütliche Atmosphäre zu zaubern.
Wenn die Sonne am Ende eines heißen Tages abtaucht, ist es in Kario schlagartig dunkel.
Die „ägyptische Finsternis" ist kein Gerücht.
Tochter Patricia liegt bereits in den Federn, Vater hockt am Tisch und „quält" sich eine pappige Weißbrotschnitte runter, Mutter thront auf ihrem Lieblingsplatz, nahe der offenen Balkontür und hält ihre obligate Zeitungsschau.
Welch` ein „Segen", dass wir auch hier in der „Fremde" über das Leben daheim bestens informiert sind.
Wir erfahren von den grandiosen Wettbewerbserfolgen der Brigaden des „VEB NARVA BERLIN" und studieren die mitreißende Ansprache unseres Staatsratsvorsitzenden Walter Ulbricht, anlässlich des Jahrestages der „GROSSEN OKTOBERREVOLUTION", die stets mit der unverbrüchlichen Treue zu unserem sozialistischen Brudervolk, der siegreichen Sowjetunion, endet.
Seine Thesen verleihen den DDR-Bürgern immer wieder neuen Schwung.
Plötzlich schreit Jutta laut auf!
Unter ihrem Stuhl, genau zwischen ihren Füßen, kauert eine fette Ratte!

Sie rührt sich nicht von der Stelle.

Ich flüchte in die Küche!

Seit ich einst als Soldat in der Normandie, nachts in einem Schafstall, im Halbschlaf, einen kalten Rattenschwanz in meinem halb geöffneten Mund verspürte, werde ich dieses Ekelgefühl nie mehr los!

Jutta kennt die Geschichte.

„Du kannst kommen, sie ist weg."

„Wohin?"

„Du wirst es nicht glauben, die Außenwand hinauf, aufs Dach!"

Was ich mir in meinen finstersten Träumen kaum vorzustellen wagte, über uns, auf dem Flachdach dieses Hauses, ist ein Wasserreservoire installiert, wo sich die Ratten allnächtlich ein Stelldichein geben.

Und wenn sie der Hunger überkommt, auf jeder Etage der Außentreppe stehen die Mülleimer der „DDR-Experten" mit einem reichlichen „Speisenangebot".

Ägyptische Ratten sind wenig wählerisch.

Sie fressen alles.

Die Proben verlaufen weiterhin gut.

Der häusliche Frieden dagegen weniger, weil ich immer unregelmäßiger zum Essen erscheine.

Aus unerklärbarem Grund fängt mich Jutta heute bereits vor der Haustür ab.

„Schön, dass du dich auch mal wieder sehen lässt!"

„Mein Gott, die Probe hat etwas länger gedauert."

„Zieh doch gleich in dein Theater!"

„Beruhige dich und überhaupt… was soll denn der Empfang hier unten vor der Haustür?"

„Ich will sofort nach Hause!"

„Aha! Und was ist dieses Mal der Grund?"

„Wir haben eine Ratte im Küchenschrank!"

Sie hat alles aufgefressen, was wir noch von zu Hause mitgebracht haben, Knäckebrot, Haferflocken und den Rest hat sie vollgeschissen!"

„Und die Ratte? Sitzt sie noch im Schrank?"

„Weiß ich nicht."

Mahmut, unser Hausmeister, der diese „Katastrophe" mitgehört hat, kann sich ein leises Grinsen nicht verkneifen.

Er nimmt unseren Wohnungsschlüssel in Empfang, entschwindet in die 6.Etage und nach einer halben Stunde ist die „Tragödie" bereinigt.

Pati als „stolzer Pionier" mit dem Sohn des Hausmeisters, seine Mutter ist Nubierin

Zur heutigen Probe hat sich hoher Besuch angesagt.
Doktor Sarwat Okasha, der Kulturminister der „Vereinigten Arabischen Republik".
Ein honorabler älterer Herr, dem der Ruf eines „Schöngeistes" vorauseilt.
Einem Ondit zufolge, soll er sich, wenn ihn die dienstlichen Obliegenheiten „überfordern", in seine „Residenz" zurückziehen, den Bademantel anlegen und ausgestreckt auf der Couch, seinem Lieblingskomponisten Richard Wagner lauschen.
Das „Musical-Genre" ist ihm absolut fremd, was er auch offen eingesteht.
Und doch scheint er am Ende unserer heutigen Probe außerordentlich beeindruckt, was nicht nur den beiden „Experten aus Alemania", sondern auch dem Ensemble gut tut!
Mit Sicherheit wird er es dem Präsidenten Nasser berichten

163

v.l. „Experte" Leister, Minister Okascha, Saad Ardasch, Regisseur des
Nationaltheaters, Direktor Said Abu Bakr

Herr Minister „sucht" nach den passenden Worten…

Das Ensemble lauscht gespannt der Eloge…

In dieser Klimazone gebietet es die Höflichkeit, einem Gast möglichst schon während des Händeschüttelns, nach seinem Getränkewunsch zu befragen.

Auf meinem Schreibtisch ist ein Klingelknopf installiert, nach dessen Bedienung sich Ali, mein persönlicher „Bouhab", mit stets der gleichen Frage meldet:

„Cola or Tschai (Tee)?"

Ali hockt tagsüber auf einem Schemel vor meinem Büro.

Wenn die Sonne langsam schlapp macht, verlässt Ali seinen angestammten Platz, um seiner eigentlichen Profession nachzugehen – Ali ist Totengräber!

Ich bin überzeugt, sollte eines Tages, nach meiner Abreise, das Büro verwaist bleiben – Ali hält die Stellung!

Wer im Lande Nassers einmal einen Posten inne hat, macht sich unentbehrlich und behält ihn bis zum Lebensende.

Die ägyptische Bürokratie treibt ungeahnte Blüten!

Als Nichteinheimischer ist man diesem „Beamtendschungel" nicht gewachsen.

So ist es mir beispielsweise nicht möglich, meine Gage persönlich abzuholen und mein Assistent benötigt jedes Mal einen halben Tag, bis er alle notwendigen Unterschriften beisammen hat.

165

Wer diesen aufgeblasenen Beamtenapparat jemals erleben durfte, wird jedem deutschen Bürokraten dankbar „die Hände küssen".

Mit Salah Shahin und Kollegen im „Night-Club"

Freizeit

Karneval in der „DDR-Exklave"

Der Büttenredner im Schlafanzug

ka Becker

Hans Becker   Dietmar Seiffert   Jutta

167

ENDSPURT

Bekanntlich wird vielen Künstlern, gleich welcher Colouer, ein „überbordendes Ego" nachgesagt. Es ist schon ein tolles Gefühl, wenn man einige Wochen vor der Premiere mit der Familie durch die Metropole schlendert und am „Tahir-Platz" und anderen wichtigen Punkten der Stadt, auf großflächigen Tafeln seinen Namen buchstabieren darf.

Plakate, die in Arabisch und Englisch unsere bevorstehende Premiere ankündigen.

In 14 Tagen schlägt die „Stunde der Bewährung" – Premiere!

Beleuchtungsprobe.
Ich sitze seit etwa einer halben Stunde, mutterseelenallein, im abgedunkelten Zuschauerraum und warte auf den Bühnenbildner.
Ringsum Totenstille…
Unser Bühnenbildner, Abdel Salah El Kerim, zählt zu den bekanntesten ägyptischen Malern der Gegenwart.

Unsere Zusammenarbeit ist äußerst produktiv und das Studium in Paris hat ihn sogar Pünktlichkeit gelehrt.

Langsam werde ich unsicher.

Habe ich mich möglicherweise in der Zeit geirrt?

Da taucht Achmed auf, der Bühnenbildassistent.

„Hallo Achmed, wo bleibt denn dein Chef?"

Achmed schweigt.

„Was ist denn los, ist er verunglückt, verhaftet, ist der Krieg wieder ausgebrochen?"

„Nein… der Verteidigungsminister hat alles Holz beschlagnahmt!

„Na und?"

„Ohne Holz können wir keine Kulissen bauen!"

Keine Kulissen?

In 14 Tagen ist Premiere!!

Es gibt Momente, da haut es einem die Beine weg!

Mich packt eine ungeheure Wut, ich will nach Hause!

Am nächsten Morgen, zu einer Zeit, wo Salah Shain unser Autor, normalerweise noch der Nachtruhe pflegt, erscheint er außer sich vor Wut in meinem Büro, greift zum Telefonhörer und bittet umgehend den Präsidenten Nasser zu sprechen!

Noch am gleichen Nachmittag erhält er eine Audienz beim „Rais Gibir" – und bereits am nächsten Morgen ist ein Heer von Arbeitern dabei, die Kulissen fertigzustellen.

Und bis zur Premiere, sozusagen auf den „letzten Drücker", ist auch das 25.Bild eingeleuchtet!

Doch Allah lässt unser Glück nicht in den Himmel wachsen!

Ein Großteil der Kostüme des letzten Bildes ist noch nicht fertig!

Ein Fiasko! Eine Blamage! Ein Drama!

Nach der Generalprobe schleichen Dietmar Seiffert und ich, wie zwei geprügelte Hunde, nach Hause.

Wir überlegen, ob wir nicht gleich in den Nil springen oder uns gemeinsam einen Strick nehmen sollen.

Die Stunden bis zur Premiere sind die Hölle!

Und die Uhr tickt unerbittlich!

Auf zum Gang nach Canossa!
Ich schlucke, entgegen meiner Gewohnheit, einen doppelten Whisky und dann wandern wir beide los, gesenkten Hauptes.
Unweit der „Stätte unserer Schande" stößt mich Dietmar unsanft in die Rippen:
„Nun sieh dir das an!"
Ich traue meinen Augen nicht!!
Rings um das „Ballontheater" ist eine Flut von Scheinwerfern installiert, deren Strahlen sich über der Zeltkuppel zu einem imaginären „Lichterdom" bündeln.
Die Uferstraße schmücken bunte Lichterketten, die sich magisch in den Fluten des Nils wiederspiegeln!
Und überall Fahnen, Flaggen vieler Nationen!
Ein roter Teppich vorm Eingang des Theaters, flankiert von schmucken Reitern auf weißen Araber-Pferden vervollständigen das Märchen aus „1000 und einer Nacht"!
Im Zuschauerzelt haben indessen „Kairos Hautevolee" und Gäste aus aller Welt Platz genommen.
Botschafter aus den USA, der Sowjetunion, Afrika, China, Indien und viele andere.
Hinter der Bühne herrscht immer noch „Ausnahmezustand!"
Sekunden vor Beginn der Vorstellung kommt Muhamed, mein Assistent, angehechtet.
„Den Tänzern fehlen fürs letzte Bild die weißen Turnschuhe!"
Man mag es glauben oder nicht – Said Abu Bakr zückt sein Portemonnaie, der Assistent rast von Garderobe zu Garderobe, lässt sich die fehlenden Schuhgrößen zurufen, jagt mit dem Taxi ins nächste Schuhgeschäft, deren es in Kairo unzählige gibt – und kommt wenig später mit der vergessenen Schuhbekleidung zurück, während hinterm Zelt, auf uralten „Singer-Nähmaschinen", noch die letzten Kostüme zusammengefummelt werden.
Nach etwa einer Stunde Verspätung, was im Zuschauerraum niemanden tangiert, nimmt die Show endlich ihren Lauf!
Die illustren Gäste verfolgen das Geschehen mit gespannter Aufmerksamkeit.
Immer wieder werden die verschiedenen Szenen von begeistertem Beifall unterbrochen.

Als kurz vor dem Finale der Mond über Kairos Kulisse sichtbar wird, zu sprechen anhebt und den Menschen auf Erden lautstark die Leviten liest, bricht heller Jubel aus!
Das gesamte Ensemble, allen voran der Autor Salah Shain und die Komponisten, werden enthusiastisch gefeiert.
Uns, die beiden „Experten aus East Germany", trägt man auf Schultern und mein Adrenalinspiegel fährt Achterbahn...

Szenenausschnitte

Sultan Saladin zu Pferde

172

Kaiser Napoleon

Ägypten unter englischer Besatzung

Die DDR-Fahne „spendierte" der neu ernannte Botschafter Martin Bierbach

Schlussapplaus

Glückliche Darsteller

Ein glanzvoller Premierenabend, der allen Beteiligten lange in Erinnerung
bleiben wird, ist Geschichte

In Erwartung weiterer exklusiver Gäste, hat man eigens ein VIP-Zelt errichtet. Das erlesene Inventar besteht aus fünf imitierten Rokokosesseln und einem goldbemalten Teetisch.

Über allem prangt, in voller Lebensgröße, das Portrait des Staatslenkers Gamal Abdel Nasser.

Direktor Said Abu Bakr und mir ward die hohe Ehre zuteil, die „Very Important Persons" in Empfang zu nehmen und sie über das Anliegen unseres Spektakels zu informieren.

Im dunklen Anzug, mit Schlips und Kragen, bei über 40 Grad im aufgeheizten Zelt, ein besonderes Vergnügen!

Die Gästeliste ist lang.

Präsident Nasser mit Familie.

König Hussein von Jordanien.

„Revolutionär Numeri", der kürzlich im Sudan die Macht an sich gerissen hat.

Verschiedene Scheichs aus den Emiraten, deren Namen ich mir beim besten Willen nicht gemerkt habe und der Kulturminister der „DDR", Dr. Klaus Gysi, Vater von Gregor Gysi, dem bekannten Politiker.

Kulturminister Gysi bedankt sich

Ungewöhnliche Besucher

Heute am Freitag, dem „Sonntag" der Muslime, geht es im Zuschauerraum besonders turbulent zu.
Fellachen aus dem Nil-Delta, die anscheinend erstmalig einen „Musentempel" besuchen.
Es herrscht eine Stimmung wie auf dem Basar.
Sie lümmeln auf ihren Sitzen, essen, trinken, rauchen, feilschen und palavern, bis im Zuschauerraum die Lichter langsam erlöschen.
Die Gespräche verstummen... und es wird mucksmäuschenstill!
Die Gäste vom Nil, größtenteils Analphabeten, folgen dem Bühnengeschehen schweigend, mit gespannter Aufmerksamkeit – bis zum 7.Bild, der „Hochzeitsnacht des Sultans"!
Während die Braut sich ängstlich unter der Bettdecke verkriecht, der Sultan lüstern hinterm Vorhang lauert und überlegt, wie er die „Pforte seiner Lust" am geschicktesten erobern könnte, bricht im Zuschauerraum lauter Jubel aus!
Die Fellachen johlen und ermuntern den „geilen Potentaten", wobei sie sich eines Wortschatzes bedienen, der in keinem ägyptischen Wörterbuch zu finden ist.
Und dann geschieht etwas Unglaubliches!!
Der, offensichtlich in seiner Eitelkeit gekränkte, „Sultan" tritt vor an die Rampe, brüllt die Zuschauer unflätig an, verlässt die Bühne und lässt seine Kollegin auf offener Szene stehen!!
Allgemeine Verwirrung!
Der Vorhang fällt!
Auf der Hinterbühne versuchen einige Kollegen den tobenden, wild um sich schlagenden „Sultan", zu beruhigen.
Geschockt und fassungslos begebe ich mich in mein Büro!
Nach etwa zwanzig Minuten tönt der Lautsprecher:
„Bitte alles auf die Plätze! Die Vorstellung geht weiter!"
Ich warte bis zum Schlussbeifall, bin gerade im Begriff zu gehen – da steht plötzlich der „Sultan" in der Tür!
Er stürzt auf mich zu, fällt auf die Knie, ergreift meine Hand, stammelt eine Entschuldigung und beginnt hemmungslos zu weinen...
Drogen – Entzugserscheinungen – Traurige Realität...

ABSCHIED

Nach einem 4-wöchigen Gastspiel in Alexandria läuft mein Vertrag aus und es heißt Abschied nehmen.
Noch nie habe ich an einer Inszenierung so lange und hart gearbeitet!

Lebt wohl Kollegen des „Ballontheaters", die ihr die beiden „Experten aus Alemanya" oft verflucht, doch letztendlich stolz wart, auf unseren gemeinsamen Erfolg.
Lebe wohl Said Abu Bakr.
Vielleicht war der Direktorposten eine Nummer zu groß für dich, doch dein Humor hat Vieles wieder wett gemacht.
Lebe wohl Muhamed.
Mein umsichtiger Assistent, in Mannheim geboren, ohne dich würde ich noch heute auf meine Gage warten!
Lebe wohl, Mahmud.
Du wunderbarer „Napoleon", ich weiß wie glücklich du über dieses Engagement als freischaffender Schauspieler bist.
Ich weiß auch, dass du unter der Krankheit Tuberkulose leidest und dir keinen Arzt leisten kannst, weil du der einzige Ernährer der Familie bist.
Lebe wohl Salah Shain, du großartiger Mensch, begnadeter Dichter und Freund, von dem ich so vieles lernen durfte.
Lebe wohl Kairo!
Du quirlige Stadt, wo wenige Menschen ihr Leben in höchstem Luxus genießen dürfen – während so viele zu einem unendlich armen Dasein verdammt sind…
„*Masalama Cahira!*"

Kinderfest,
im Hintergrund
die Pyramiden

Wäscherinnen

179

DIE MULDE

Beruflich wäre eigentlich alles „Paletti", doch im trauten Heim herrscht Ehekrieg!

Über fünf Ecken hatte mein holdes Weib erfahren, dass die Möglichkeit besteht, mit einem Frachtschiff der DDR nach Hause zu gondeln.

Eine Schiffsreise – Juttas großer Traum.

Mir hingegen graute es.

Ich wurde einst als Kriegsgefangener, auf der Überfahrt von England nach Kanada, so seekrank, dass ich „sterben" wollte!

Sie setzte mir die Pistole auf die Brust:

„Also gut, dann nimmst du das Flugzeug und ich gehe mit Pati aufs Schiff!"

Und was macht ein liebender Ehemann – er beugt sich der Erpressung!

Seit einer Stunde irren wir durch das Hafengewirr von Alexandria und suchen ein Schiff, das uns nach Hause befördern soll – die „Mulde"!
Überall Kräne, Frachter, Dampfer und Seeleute aus aller Herren Länder.
Unser Hauptgepäck müsste bereits an Bord sein.
Die Mittagsglut, die Sucherei, total verschwitzt, da kommt Freude auf.
„Kai 5!"
Pati jubelt, sie hat unseren Kahn entdeckt!
Da liegt sie, die „Mulde", ein respektabler 10.000-Tonnen-Frachter.
„Na, Kollege Leister, nun sieh dir dieses „Ungetüm" an, bis der „Pott" zu schaukeln beginnt, das dauert."
„Warts nur ab!"
Und wir warteten!
Seit nunmehr zwanzig Minuten stehen wir brav unten an der Gangway und kein Mensch lässt sich blicken!
Das Schiff scheint verwaist.
Die Tochter mosert: "Ich habe Durst."
„Hallo!!"
Die Stimme kommt vom Oberdeck:
„Sin` sie Familie Leister?"
„Ja!"
„Momang, ich komme!"
Die Tochter strahlt.
„Papi geht's jetzt aufs Schiff?"
Ein junger Mann, im Shirt und weißer Hose, hangelt eilig die Gangway hinunter.
„Guten Tag. Ich bin der Smutje un` soll sie im Auftrag des Kapitäns in Empfang nehmen.
Sach`en se`, warn se` mal in Greiz?"
„Wie bitte?"
„Dorte am Theater?"
„Ja, warum?"
„Dann kenn´ ich sie!"
„Ich habe nämlich seinerzeit in d`r „Kammgarnspinnerei" als Kraftfahrer gearbeitet, da warn` mer mit unserer Brigade oft im Theater.
Sie sin` Schauspieler, gelle?
Ihr Gepäck is` nämlich schon da un` da hab ich ihren Namen gelesen.
Komm` se, passen` se aber uff, die Gangway wackelt eh` bisschen."

Es gibt Augenblicke im Leben, wo man denkt, man hat sie nicht alle!
Ein „Theaterbesucher aus Greiz im Vogtland" empfängt uns in Ägypten auf einem Schiff!

„Willkommen an Bord, ich bin Kapitän Petersen.
Ein Wunder, dass sie uns in diesem Hafengetümmel gefunden haben.
Unser Frachter ist zwar kein Luxusdampfer, aber ich hoffe, sie werden sich trotzdem wohlfühlen auf unserer „Mulde"!"
Wir schütteln uns freundlich die Hände und dann zeigt uns der erste Offizier die künftige Schlafstatt, eine Kabine, die normalerweise dem ersten „Technischen Offizier" vorbehalten ist.
Die Tochter stürmt voran:
„Mami guck mal, ein richtiges Bullauge und Kojen!
Ich schlafe aber oben!"
Die Mami ist überglücklich und ich versuche männliche Fassung zu bewahren, Schiffe sind mir unheimlich.

Es klopft.
Unser Smutje aus Greiz bittet zu Tisch.
In seinem weißen Habit und der schmucken Kochmütze sieht er „bedeutend" aus.
Er weiß um seine Relevanz – denn stimmt das Essen, stimmt auch die Gemütslage an Bord.
Die liebevoll gedeckte Tafel verschlägt uns fast die Sprache!
Alles, was die Kombüse an heimatlichen Köstlichkeiten zu bieten hat, ist aufgetischt.
Nach den ägyptischen Fladen und pappigem Weißbrot, endlich wieder die vertraute Kost und als Krönung, „Rostocker Hafenbräu", das mir nur als „Bückware" in Erinnerung ist.
Der Smutje strahlt und der Käpt'n greift zum Glas:
„Ein Prosit auf unsere Gäste!"
Wir sind gerührt über die freundliche Aufnahme und während wir fleißig dem edlen Gerstensaft zusprechen, erzählt der Käpt'n, nicht ohne Stolz, dass seine „Mulde" zur DDR Handelsflotte gehört und ausschließlich im Mittelmeerraum eingesetzt ist – und jetzt halte ich kurz mit dem Schlucken inne!!

Laut höherer Order dürfen wir das Schiff während der gesamten Reise nicht verlassen!!
Es sei denn, wir versprechen ihm, dem Käpt`n, dass wir die westdeutschen Botschaften und die, anderer kapitalistischer Staaten, meiden.
Wir versprechen es!
Im Übrigen hätten wir das „illegale Verlassen der Deutschen Demokratischen Republik" von Kairo aus wesentlich bequemer haben können.

Der erste Landgang

Die Matrosen sind allesamt sogenannte „Auslandskader".
Von „Mielkes Sicherheitsnadeln" akribisch durchleuchtet und ohne „Westverwandtschaft an der Backe".
Sie freuen sich über unsere Anwesenheit und das hat einen ganz plausiblen Grund.

Bieten wir doch eine gewisse Abwechslung.

Hier lebt man auf engstem Raum, sieht wochenlang die gleichen Gesichter und kennt die „Familiensaga" jedes einzelnen Kollegen beinahe auswendig.

Das erfordert schon eine außergewöhnliche „seelische Hornhaut".

Die DDR-Handelsflotte gleicht einem „maritimen Taxiunternehmen".

„Schiffsagenturen" der Anrainerstaaten fordern die einzelnen Frachtschiffe an, welche dann emsig für`s devisenarme Ländle „Westpiepen" oder Dollars einfahren.

Der jeweilige Einsatz geschieht auf Abruf, sodass ein Kapitän vorher nie weiß, wann und wohin die nächste Reise geht.

Für uns ein reizvolles Glückspiel und nur möglich, weil ich momentan nirgendwo vertraglich gebunden bin.

Die Aufenthaltsdauer in den Häfen hängt vom Volumen der Ladung ab.

Weitläufige Exkursionen bleiben uns, infolge der spärlichen Devisenlage, verwehrt und das Erkunden der näheren Umgebung per pedes, bei diesen bisweilen tropischen Temperaturen, gereicht nicht immer zum reinen Vergnügen.

Nur einmal, auf der Insel Zypern, erbot sich ein Makler, uns das antike „Salamis" mit seinen Ausgrabungen zu zeigen.

Jutta, die „verkappte Archäologin", ist begeistert von den Schätzen der Antike und fragt die Tochter nebenbei:

„Na, Pati, ist das nicht schön hier?

Sie mal was die Menschen früher schon Großartiges gebaut haben, ist das nicht toll?"

„Immer nur diese blöden Steine, ich will ´n Eis!

Die „Eintrittskarte" für Zypern

184

Die Ruinen von Salamis

„Freude schöner Götterfunken…"
Ein Kinderchor im antiken Amphietheater

Jeden Tag erleben wir so viel Neues, andere Menschen, ein völlig anderes Leben.

Manchmal frage ich mich:

‚Mensch Leister – weshalb gerade du?'

Weil es die politische Großwetterlage angeblich erfordert, bleiben den Menschen daheim diese Eindrücke vorenthalten.

Paule Hufnagel, mein ehemaliger Kumpel aus Gefangenschaft, hätte mir wahrscheinlich geantwortet:

"Keen Mensch kann sich sein Schicksal aussuchen, det passiert ebend, wa..."

Im Nachhinein bin ich Jutta dankbar, dass sie den Seeweg gewählt hat. Das Mittelmeer macht kaum „Sperenzchen", meine pathologische Angst vorm Kotzen ist verflogen und jetzt, wo es `gen Heimat geht, fängt die Seefahrt an mir beinahe Spaß zu machen.

Selbst die Biskaya, von den Seeleuten, ob ihrer stürmischen Turbulenzen gefürchtet, zeigt sich heute von ihrer „Schokoladenseite".

Wir nähern uns dem Ärmelkanal.

Böse Erinnerungen werden wach!

Southampton – ein Name, der mir zeitlebens unvergessen bleibt und mir noch heute die Zornesröte ins Gesicht treibt!

1946.

Wir kommen aus Kanada, 3000 deutsche Kriegsgefangene.

Nach jahrelanger Trennung geht es endlich nach Hause!

Unsere Freude ist unbeschreiblich – und dann geschieht das Unfassbare!!

In der Nacht steuert unser Schiff den Hafen von Southampton an, wo uns ein „Captain of the Army" lapidar mitteilt, dass unsere Gefangenschaft um ein weiteres Jahr verlängert wird!

Seine Worte sind mir bis heute unvergessen:

„Deutsche Kriegsgefangene!

Wenn sie sich in dem Glauben wiegen sollten, dass es nach Hause geht, so ist dies ein Irrtum!

Sie haben den Krieg verloren und werden ein Teil dessen, was sie Großbritannien und dem Rest der Welt angetan haben, abarbeiten!"

Im Nachhinein hatte er Recht, aber unsere Jugend ging um ein weiteres Jahr dahin...

Von Steuerbord grüßt die Küste der Normandie.
Ich denke an „Bartfleur", einen kleinen französischer Badeort, wo wir
1942, als blutjunge Fallschirmjägerrekruten, im festen Glauben an
„Führer, Volk und Vaterland", die britische Invasionsarmee aufhalten
sollten.
Wie sich herausstellte, war es eine fatale Fehleinschätzung der „Oberen
deutschen Heeresleitung", denn die Alliierten hatten ihren „Besuch" auf
zwei Jahre später verschoben!

Momentan herrscht bei Familie Leister große Aufregung!
Unsere „West-Oma" ist am Apparat.
Morgen legen wir in Esbjerg, Dänemark an.
Pati jubelt:
„Oma kommt!"
Westschokolade und Kaugummi!
Die Stunden schleichen.
Endlich heißt es „Land in Sicht!"
Die „Mulde" legt an, unten am Kai hupt ein schwarzer „Mercedes".
Oma ist da!

„Herr Popig"   Pati   Oma   Jutta

Wenig später Umarmung, Freudentränen.
Jutta`s Stiefvater, „Herr Popig", hält sich zurück, „Seelenkäse" ist nicht sein Ding.
„Herrn Popigs" Emotionen gelten allenfalls dem „Plus und Minus seiner Bilanzen".
Er mosert:
„Lasst uns erst einmal was essen, ich habe nämlich Hunger!"
Also ab ins gebuchte Hotel.
Alles äußerst vornehm, vor allem die Preise.
Zur Begrüßung gibt's Champagner.
Omi strahlt:
„Prosit auf unser Wiedersehen!"
Pati stößt mit Cola an, dann verlässt sie die festlich gedeckte Tafel und nimmt das elegante Interieur in Augenschein.
Herr Popig schaut auf seine Uhr:
„Morgen früh, Punkt 8 Uhr ist Abfahrt!
Passt denn Euer Gepäck eigentlich in unser Auto?"
Schweigen.

Oma überglücklich:

„Das ich das noch erleben darf, ihr könnt erst mal bei uns im Haus wohnen, bis alles geklärt ist und...".

„Mutter das geht nicht!"

„Wieso geht das nicht?"

„Wir gehen ab September nach Leipzig und im Übrigen haben wir dem Käpt`n unser Ehrenwort gegeben."

„Was denn für `n Ehrenwort?

Hör mal, hier im Westen steht Euch die Welt offen!"

„Mutter, Erwin ist glücklich und erfolgreich in seinem Beruf und ich weiß nicht, ob er den Mut aufbringt noch mal von vorn anzufangen, die Konkurrenz ist hart bei euch."

„Was heißt denn das, irgendwas wird sich schon finden!"

Herr Popig schweigt.

Oma enttäuscht:

„Schwiegersohn, nu` sag doch auch mal was!"

„Jutta hat doch alles gesagt, wir haben es uns lange überlegt und... so jung bin ich nicht mehr."

Langes Schweigen...

„Ihr kommt also nicht mit?"

Jutta schüttelt den Kopf.

Oma sucht nach ihrem Taschentuch und Jutta kämpft mit den Tränen.

Da ist sie wieder, diese verdammte Mauer, reißt Familien auseinander und bringt nur Leid und Verzweiflung über die Menschen!

Als die „Mulde" im Schein der untergehenden Sonne die Anker lichtet, stehen wir drei auf dem Oberdeck, winken... und sind unendlich traurig.

IM OSTEN NICHTS „NEUES"

Wenn gestandene Matrosen, nach wochenlanger Enthaltsamkeit, dem „Augenblick der Entspannung" entgegenfiebern, „brennt die Luft"! Während wir drei „Heimkehrer" seit einer vollen Stunde im Hafen von Wismar auf ein Taxi warten, sind die Seeleute längst unterwegs zu ihren Frauen oder Freundinnen.

Am Tor der gegenüberliegenden Lagerhalle prangt, weithin sichtbar,
der Willkommensgruß:
‚Von der Sowjetunion lernen, heißt siegen lernen!'
Endlich, ein Taxi hält!
Der Fahrer steigt aus, wirft einen mürrischen Blick auf unser
umfangreiches Gepäck:
„Soll das etwa alles mit?"
Ich wage ein mutiges „Ja".
„Nee, das kann ich meinem „Wartburg" nicht mehr zumuten, ich schicke
Ihnen einen Kollegen."
Damit knallt er die Wagentür zu, rauscht grußlos von dannen und
es dauert eine weitere Stunde, bis Taxi Nr. 2 auftaucht und uns zum
Bahnhof befördert.
Der letzte Zug ist weg und nächtliche Wartehallen sind wenig
menschenfreundlich.
Hungrig und durstig suchen wir uns, in der düsteren, zugigen
Bahnhofshalle, ein geschütztes Plätzchen.

Am nächsten Mittag, nach zweijähriger Abstinenz, hat uns die Heimat
wieder!
Der Taxifahrer stoppt, Jutta zahlt.
Die Tochter und ich steigen als Erste aus.
Welch` Wunder!
Die Fassade unseres Hauses hat nichts von ihrem „DDR Charme"
eingebüßt, dreckig, grau und überall bröckelt der Putz.
An der Wohnungstür beginnt die übliche Sucherei nach dem Schlüssel.
Es folgen die obligaten, gegenseitigen Schuldzuweisungen.
Letztendlich ist Vater, wie immer, der „Sündenbock".
Jutta schließt auf, Pati muss eilig aufs Klo – und dann die
Überraschung!!
Über uns wohnt Professor B.
Seine Gattin, ein ausgemachtes „Sensibelchen", seelenverwandt mit den
großen Geistern Goethe, Rilke, Lenau und Hölderlin, hat wieder einmal
vergessen, den Wasserhahn abzudrehen!
Unsere Küche steht unter Wasser und von der Decke tropft es, ohne
Unterlass!
Ich stürme nach oben, in den zweiten Stock.

Die Wohnung ist verwaist.

Wochenende!

Professor`s sind, wie üblich, auf ihrer „Datsche" in Königswusterhausen und das schöne Wetter schließt eine baldige Rückkehr aus.

Währenddessen sind Mutter und Tochter eifrig bemüht die „Tropfsteinhöhle" trocken zu legen.

Um die „Dauerberieselung" zu bremsen, haben sie sämtliche Eimer, Schüsseln und Töpfe in der Küche verteilt und zweckentfremdet in Stellung gebracht.

Jette und Klaus, unsere langjährigen Freunde aus der 3. Etage, lassen uns das „getrübte Willkommen" bald vergessen.

Alles, was der „sozialistische Handel" momentan an außergewöhnlichen „Schmeckerchen" zu bieten hat, haben sie uns aufgetischt.

Die Wiedersehensfreude ist beidseitig und es gibt viel zu erzählen.

Als es tagt und ein vorwitziger Sonnenstrahl neugierig durch die Gardine lugt, sinken wir todmüde in die „Heia".

Gegen Mittag reißt uns ein Dauerklingelton aus dem Tiefschlaf.

In der Tür steht die „Freundin Goethes" aus der oberen Etage, überreicht Jutta ein Sträußchen Feldblumen, sie freut sich, dass wir wieder da sind, bittet uns tausendmal um Entschuldigung und gelobt den Wasserhahn in der Küche künftig zuzudrehen!

„Die Botschaft hör`n wir wohl – allein uns fehlt der Glaube", denn unser liebenswertes „Rautendelein" aus der oberen Etage, ist eine mehrfache „Wiederholungstäterin"!

Nun „genießen" wir wieder das Leben in seinem „sozialistischen Gang".

Die Berliner meckern wie eh und je.

Das DDR-eigene Codewort „Bückware", hat während unserer Abwesenheit an Bedeutung zugenommen.

Alles, was gut und teuer ist, geht in den Export.

Apfelsinen, Aal, Bananen, Zement oder ähnliche Begehrlichkeiten bleiben, nach wie vor, dem Handwerksmeister, Kfz-Schlosser und Kellner vorbehalten.

Der Rest der Bevölkerung nimmt, was es gerade gibt.

Hoffnungsvolle Minen in der „sozialistischen Warteschlange".
Zufällig vorbeikommende Passanten reihen sich einfach ein, ohne zu
wissen, was gerade zu haben ist.
In vielen Betrieben ist die 120-prozentige Planübererfüllung zur
Gewohnheit geworden.
Alle wissen um den „Beschiss" und machen fleißig mit.
Kritik ist unerwünscht, sie bringt nur Ärger und die „Jahresendprämie"
ist im Eimer.
Die Repräsentanten der Arbeiterklasse verschanzen sich weiterhin in
Wandlitz.
Inzwischen frönen sie, der einstmals verteufelten, „feudalistischen
Jagdleidenschaft".

Auch die „Raffkes" und „Dauerglotzer" scheinen unsterblich!
(Zwei „Werke" aus Juttas „spitzer Feder"):

„FAMILIE RAFFKE"

Als sie die Neubauwohnung hatten,
erklärt Frau Lehmann ihrem Gatten:
„Mei` lieber Karl, mit dem „Trabanten"
blamiert mer` sich vor den Bekannten!
Wir klotzen noch e` bisschen ran
und schaffen uns ´nen „Wartburg" an!"

Kaum steht der Wagen vor der Tür,
da meint Frau Lehmann:
„Gloobe mir, das Leben is` nich` lebenswert,
wenn uns kein „Bungalof" gehört!
E` Kind, das schaffen mer` später an,
erst kommt e` mal enne` „Datsche" dran!"

Kurzum, man strich die Ferienfahrt,
am Essen wurde auch gespart.
Lud` nie mehr Freunde zu `ner Feier,
„das", meint Frau Lehmann, „kommt zu teuer!"
Herr Lehmann muss auf`s Bier verzichten,
er „pfuscht" in Feierabendschichten.

Kaum steht das Häuschen schmuck` im Grünen,
verdüstern sich Frau Lehmanns Mienen.
Und ihrer Brust entringt sich`s hohl:
„Uns fehlt ja noch der „Schwimmingpohl" !"

Drei Wochen Urlaub und sechs „Kasse",
dann is` er fertig und auch Klasse!
Dann ackerten und rafften sie, für einen neuen „Shiguli".
„Jetzt noch e` Konto uff der Bank,
dann ha`m wer alles! Gott sei Dank!!"

Nur sitzen Lehmanns ganz allein
im „Stil-Sofa, mit Dackelbein".
In goldenen Lettern hängt ihr Wahlspruch drüber:
„Wir ha`m mehr geschafft, als Schulzens` gegenüber!"

DIE „DAUERGLOTZER"

Ehepaar Korge sitzt bei „Vino",
tagaus, tagein vorm „Latschenkino".
Stiert stumm auf des Ballettes Damen
und knabbert Keks bei Liebesdramen.
Dann will sie Krimi – er will Sport!
Er siegt – und wieder fällt kein Wort.
Um zehn fallen ihr die Augen zu.
Wortlos geht sie allein zur Ruh`,
da er noch auf`s Ergebnis wartet,
wer in die „Oberliga" startet!

Sie haben längst ihr Eheleben
total ans Fernsehen abgegeben.
Ob Sommer, Winter, 1. Mai,
sie sind per Bildschirm nur dabei.
Die Freunde bleiben alle aus.
Sie finden Korges „Fernsehhaus"
und permanentes Glotzen,
seit langem schon zum „Kotzen".

Sonnabend war`s, beim „Bunten Kessel" –
starb Korge sanft im Fernsehsessel.
Frau Korge, müde vom Geflimmer,
legt sich allein ins Bett, wie immer.
Am Sonntag sitzt, wie üblich stumm,
der Ehemann vorm Bildschirm `rum.
Und deshalb macht sich auch Frau Korge,
beim Anblick „Männes", keine Sorge.

Zum Mittag gibt es grüne Klösse,
dazu singt eine Schlagergröße.
Beim Nachtisch, es gab Obstsalat –
machts`s plötzlich „Knack" im Apparat!
Rauchwölkchen zischen aus dem Kabel!
Frau Korge verschluckt vor Schreck die Gabel!
Sie röchelt noch: „Lauf, Egon lauf! –
dann gibt auch sie die Seele auf…

Nun ruhen Beide, stumm, in ihrer letzten Bleibe –
zwei arme Opfer ihrer „matten Scheibe".

Die Witze des Senders „Jerewan" machten weiterhin die Runde:

Anfrage an den Sender „Jerewan":
„Können Männer Kinder kriegen?"
Antwort:
„Im Prinzip nein.
Aber gehen Sie mal in die DDR,
für Westgeld machen die alles!"

AUF ZU NEUEN UFERN

Das positive Presseecho des „Kairoer Spektakels" hat sich in den
Fachkreisen bereits herumgesprochen.
Nach wenigen Tagen meldet sich der Intendant des „Metropol-Theaters"
Berlin, ob ich kurzfristig die Regie der „Lustigen Witwe" übernehmen
könne?
Doch nicht genug des Dusels und der Freude!
Minuten später erreicht mich ein Telegramm aus Warschau.
Professor Fischer, Chefregisseur der „Deutschen Staatsoper Berlin",
habe mich für die Gastinszenierung der „Fledermaus" an der
„Staatsoperette Warschau" empfohlen.
„Fledermaus" – die Königin der Operetten!

Mein Vertrag am „Theater Leipzig" beginnt erst im Herbst.
So sind beide Inszenierungen zeitlich machbar.
Die Fernseharbeit ist abgehakt, meine Liebe gehört dem Theater.
Also Leister, auf zu neuen Ufern!

Metropol-Theater

Die Kollegen sind mir seit Jahren vertraut.
Eine Probe, an diesem beliebten Hause, bleibt mir unvergessen.
Rudi Schiemann, vom Berliner Publikum verehrt und geliebt, zählt zu
einer Gattung Komödianten, die fast ausgestorben ist.
Er macht nicht auf „komisch" – er ist es!
Rudi is ä eschter Dresdner, zudem ist er äußerst eitel und nur dem
eigenen Geschlecht zugetan.
Was allgemein weniger bekannt ist – Komiker privat, sind oft völlig
humorverlassen und äußerst eigenwillig.
Den Regisseur betrachten sie als Störfaktor, sie allein wissen, wo die
Pointe am besten platziert ist.
Während der heutigen Probe gebärdet sich Kollege Schiemann
ausgesprochen „albern", Insider sprechen von „Tuntenlaune".

Auf meine Frage, weshalb er die Partnerbeziehung verweigere und fortwährend in den Zuschauerraum starre, antwortet er „gespreizt": „Also Chef... ich will ihnen e` mal was sachen... wenn ich in die beklobbten Gesichter der Kollechen gugge... ich gloobe, da is` mei sanfder Blick beim Publikum besser uffgehoben."

Rolf Herrichts Komik ist von anderem „Kaliber".
Er gibt stets den „Deppen", den „Spätzünder", den „Nichtversteher", der alles durcheinander bringt, um seine Pointen treffsicher „abzufeuern".
Und weil das Publikum nach Heiterkeit dürstet und komische Begabungen rar gesät sind, ist Rolf Herricht im Theater, Fernsehen, bei Betriebs- und Frauentagsveranstaltungen ein begehrter Gast.
So „tingelt" er fleißig mit seinem ständigen Partner Hans-Joachim Preil durch die Lande.
An manchen Wochenenden absolviert er drei Auftritte –
bis irgendwann „die Pumpe Alarm schlägt"!
Seit geraumer Zeit brilliert er als „Njegus" in der „Lustigen Witwe".
Eines Tages erreicht mich ein Anruf aus dem „Künstlerischen Betriebsbüro" des „Metropol-Theaters", ob ich, als verantwortlicher Regisseur, heute Abend notfalls die Rolle des „Njegus" übernehmen könne, da es dem Kollegen Herricht nicht besonders gut gehe und er die Vorstellung möglicherweise nicht bis zum Ende durchstehe.
Selbstverständlich hielt ich mich bereit, denn eine alte Theaterregel besagt:
„Was immer auch geschieht – der „Lappen" geht hoch!"
Also marschiere ich zwei Stunden vor der Vorstellung zum Kostümfundus, stelle mir, mit Hilfe des Gewandmeisters, ein Kostüm zusammen, der Maskenbildner schmiert mir „Spaßmacherfarbe" ins Gesicht, dann setze ich mich in die Beleuchterloge und warte, ob der Kollege Herricht die Vorstellung „durchsteht".
Die Aktion steht unter Geheimhaltung!
Gottlob, er hat tapfer durchgehalten!
Und als der Schlussvorhang fällt, ahnt er nichts vom Regisseur auf der „Reservebank", der erleichtert den Musentempel verlässt.

In einem späteren Gespräch schiebt er die überstrapazierte Gesundheit seinem „Tingelbruder" Preil in die Schuhe, der angeblich den verlockenden Gagenangeboten schwerlich widerstehen konnte. „Pecunia non olet!"
Jahre später, während einer Vorstellung des Musicals "Kiss me Kate" von Coole Porter, singt er mit einem Kollegen vor dem Hauptvorhang das bekannte Couplet "Schlag nach bei Shakespeare" - und anschließend bricht er hinter dem Vorhang zusammen – tot.

METROPOL-THEATER · INTENDANT HANS PITRA

Himmel, so ein Theater

Eine kunterbunte Utopie
von Jutta Eberhardt, Burkart Hernmarck und Fritz Oettel
Inszenierung: Erwin Leister a. G.

Musikalische Leitung: Richard Sinzinger

Die drei Reisenden vor dem Start in den „Operetten-Himmel"

Himmlische Revue im Metropol

Im Jahre 1980 begeben sich ein Operettenlibrettist, eine Operettenkritikerin und ein Besucher vom Berliner Metropoltheater aus stracks und raketengetrieben in den Operettenhimmel. Es stellt sich heraus, daß die Operette auch fürderhin ein Sorgenkind sein wird; denn die drei Interplanetarreisenden von übermorgen haben nichts mehr und nichts weniger vor, als einige verflossene Meister der Operette nach ihrem Erfolgsrezept zu fragen.

So zu sehen jetzt im Metropoltheater unter dem Titel „Himmel, so ein Theater". Von Jutta Eberhardt, Burkart Hernmarck und Fritz Oettel stammt diese „kunterbunte Utopie", die, Prospekte nicht und nicht Maschinen schonend, in effektvollen Bühnenbildern von Wilfried Werz, in aufs Attraktive zielender Regie Erwin Leister und von Richard Sinzinger musikalisch gesteuert, am ersten Festspieltage startete...

Hansjürgen S c h ä f e r
„Berliner Zeitung"

Unser gemeinsames Debut am „Metropol-Theater".
Jutta noch unter ihrem Mädchennamen „Eberhardt"

Herrn Regisseur ERWIN L E I S T E R , Berlin,
anläßlich der Premiere
    "HIMMEL, SOLCH EIN THEATER"
am 29. September 1963 im Metropol-Theater.
≠≠≠

Ein Regisseur hat es nicht leicht
bis er - was er geplant - erreicht!
Routine braucht er, Überblick,
auch menschlich sein mit viel Geschick!
Und wenn er gut durchdacht dann schafft,
aus innerm Trieb und eigner Kraft,
wird auch sein Werk ein Ganzes sein
bei vieler Müh' tagaus , tagein!

Mit ERWIN LEISTER war's ganz groß!
Er hat als Regisseur was los!
Mit Charme hat er uns hingekriegt
und manchen Widerstand besiegt!
(Der Widerstand lag nicht beim Chor,
doch kommt es leider manchmal vor,
daß schon geprobtes fallen muß
und sowas bringt dann auch Verdruß....
Man trau're nicht um diesen Strich:
"Fassen Sie sich!!!! Fassen Sie sich!!!!")

Wir lernten, was "Attacka" heißt
und "volle Pulle"! - was beweist,
wie wir in dieser Probenzeit
stets willig waren und bereit!
Und dank auch diesem guten Willen
brauchte er nie mit uns zu brüllen!
Kein Wunder, wenn man sich versteht,
daß alles wie am Schnürchen geht!

Wir danken hier - bescheiden zwar -
und, weil's ne schöne Zeit doch war,
so hoffen wir, der ganze Chor,
es komme recht bald wieder vor,
daß Sie auf unsrer Bühne stehn!

        drum: auf ein frohes Wiedersehn!!

Meine Regiekollegen werden es bestätigen –
solch` eine kollektive „Eloge" hat Seltenheitswert!

199

METROPOL
JOURNAL 2/72

Danilo heiratet 20 Millionen

...Hauptverdienst dieser szenisch (Erwin Leister) und musikalisch (Hans-Werner Nicolovius) effektreichen Inszenierung: dramaturgisch-textliche Neuerungen...

„Neues Deutschland"

Hanna Glawari, die „lustige Witwe"
und der Herrenchor

Das ganze Ensemble tanzt

...Überhaupt ist der eigentliche Gewinn des Abends, daß Leister es verstand, alles auf der Bühne kräftig in Bewegung zu bringen. Das ganze Ensemble tanzt...

...Wohl wissend um die Gefahren des Werkes, inszenierte Erwin Leister die bekannte Operette straff und tempogeladen. Die Betonung liegt auf den witzigen Pointen in den Dialogen mit ihren — freilich schwachen — Ansätzen zur Gesellschaftskritik und in einem Schwelgen in der prickelnden Atmosphäre der galanten Liebesabenteuer unter den Müßiggängern der pontevedrinischen Gesandtschaft. Alle Register der Unterhaltungskunst werden gezogen.

Die volle Bühne atmet Lebensfreude und Sinnenlust...

Was hat man nicht alles aus der „Lustigen Witwe" gemacht! Ihr Komponist hat ihre betörenden Walzer, das unwiderstehlich „romantische" Vilja-Lied, den Weibermarsch, bei dem amüsierfreudige Spießer an der Rampe hopsen, und den zündenden Can-gedonnert. Béjart hat sie vor einiger Zeit als antikapitalistische Spitze inszeniert und choreographiert; und überhaupt blieb nichts unversucht, die „Lustige Witwe" nach allen Regeln der Kunst umzufunktionieren. Mit solchen Versuchen am untauglichen Objekt sind die Bemühungen des Metropol-Gastregisseurs Erwin Leister gewiß nicht zu verwechseln. Er hält sich an die vorgezeichnete kapriziös-beduselte Atmosphäre zwischen Balkan und Paris, Grisettengetrippel und Frack-Eleganz.

Nur zwei „Eingriffe" ins Altgewohnte, sieht man von den wohlplazierten neuen Dialog-Nuancen ab, sind zu konstatieren: der so ganz und gar lehárisch gefühlvolle Walzer „Lippen schweigen" darf, um's nicht gar zu schummerig werden zu lassen, nur aus dem Grammophon erklingen, und das Lied vom dummen, kleinen Reitersmann wird zur kräftig ausgespielten, allerdings vom Publikum nicht ganz goutierten Grotesknummer.

Sonst war's, wie gesagt, die „Lustige Witwe", wie sie leibt und lebt. Und Leister hat sich an szenischem Arrangement, wirkungsvoller Optik und Cancan-Turbulenz allerlei einfallen lassen. Dem Show-Bedürfnis wird überhaupt weitgehend entsprochen.

„Berliner Zeitung"

201

METROPOL-THEATER · INTENDANT PETER CZERNY

Abends bei Kollos

Ein Stelldichein immergrüner Melodien

von

Walter und Willi Kollo

Musikalische Leitung:	GMD Günter Joseck
Programmgestaltung unter Mitarbeit von Willi Kollo:	Karl-Heinz Siebert
Inszenierung:	Erwin Leister
Bühnengestaltung:	Manfred Bitterlich
Kostüme:	Anneliese Felz
Choreographie:	Winfried Schneider

Rene Kollo (rechts), der internationale Startenor, hat das Gastspiel an der „Metropolitan Opera New York", zu Ehren seines Vaters unterbrochen.

202

![Willi Kollo wird gefeiert]

Willi Kollo, der Komponist, wird von den Berlinern und dem Ensemble
stürmisch gefeiert

Paul Arenkens und Damen des Balettes

20.00 Abends bei Kollos

Ein Stelldichein
immergrüner Melodien
von Walter und Willi Kollo
Mit Solisten, dem Chor,
dem Ballett, dem Orchester
des Metropol-Theaters Berlin
und René Kollo (BRD) als Gast
Dirigent: Günter Joseck
Moderation: Doris Abeßer und
Klaus-Peter Pleßow
Bühnengestaltung:
Manfred Bitterlich
Kostüme: Anneliese Felz
Dramaturgie: K.-H. Siebert
Text: Jutta Eberhardt
Inszenierung: Erwin Leister
Fernsehgestaltung: Hermann
Grübler, Georg Brückner, Gert
Kudelka, Hans-Jörg Hauptmann
Aus dem Metropol-Theater Berlin

Pausengespräch

Und wie haben Sie sich als Premieren-Ehrengast im Milieu „Abends bei Kollos" gefühlt?

Pudelwohl. Und ich war ganz gerührt. Besser läßt sich so ein Programm wirklich nicht umsetzen. Das knüpft würdig an das Niveau der Haller-Revuen an. Erwin Leister und den Ausstattern sei Dank für dieses Tempo, diese Farben gesagt.

Interview mit dem Komponisten
„Berliner Zeitung"

So stell' ich mir die Liebe vor

Evergreens rund um die Liebe
von Friedrich Schröder

präsentiert von
Kammersänger Fritz Hille

Inszenierung:	Erwin Leister
Musikalische Leitung:	Hans-Werner Nicolovius
Programmredaktion:	Karl-Heinz Siebert
Texte:	Dieter Lietz
Bühnenbild:	Rainer Busch
Kostüme:	Anneliese Felz
Choreographie:	Lothar Hanff
	Winfried Schneider

Neues Deutschland / 15./16. Juli 1989

Musikalischer Cocktail reizender Evergreens wurde erfrischend serviert

Premiere mit Schröder-Melodien im Metropol-Theater

Von Thomas F e i s t

...Grund genug für Regisseur Erwin Leister, eine Zusammenstellung populärer Melodien Schröders so recht unterhaltsam in einer Gegenstand und Thema des jeweiligen Titels trefflich angepaßten Kulisse (Bühnenbild Rainer Busch, Kostüme Anneliese Felz) zu präsentieren...

Meine letzte Inszenierung an diesem repräsentativen Hause. Monate später hat man das "Metropol-Theater" "abgewickelt". Die Kollegen erfuhren ihre "Kündigung" aus der Presse.

205

WANDA POLANSKA

Nein, leichten Herzens trete ich die Reise nach Polen nicht an!
Was weiß ich schon von den Menschen jenseits der Oder-Neiße-Grenze.
In meiner Jugend, zu Zeiten des aus Österreich importierten
Psychopathen Hitler, sprach man nur von den „Untermenschen", den
„faulen, dreckigen Polacken".
Nun werde ich in wenigen Stunden diesen Menschen begegnen.
Ich, der Deutsche, in dessen Namen ihr Land so unendlich viel Leid
erfahren musste.

Berlin Ostbahnhof

Ich hocke mutterseelenallein im Schlafwagenabteil des Nachtzuges nach
Warschau.
Es stinkt nach verbrauchtem Zigarettenqualm und Knoblauch.
An Schlaf ist kaum zu denken.
Was werden die polnischen Kollegen wohl von mir erwarten?
Proben verlaufen niemals konfliktlos.
Und dann die polnische Sprache.
Sie klingt so fremd in meinen Ohren.
Hoffentlich gibt es einen Dolmetscher und möglichst einen,
der den Theaterbetrieb kennt.
Der nächste Tag.
Meine Befürchtung ist umsonst.
Theaterleute verstehen sich überall meist auf Anhieb.
Man freut sich über mein Kommen.

Das Inszenierungsteam

Die Intendantin ist zugleich Ballettmeisterin dieses, in Warschau
beliebten, renommierten, heiteren Musiktheaters.
Sie ist allem Neuen aufgeschlossen.

Auch sie möchte die viel geschmähte Operette vom „Schmuddel-Image"
befreien und sie zu einer geachteten Kunstform entwickeln.
In einem ersten Konzeptionsgespräch kommen wir überein,
das Ballett nicht nur als schmückendes Beiwerk zu betrachten, sondern
es möglichst sinnvoll in die Handlung zu integrieren.

Apropos Ballett – ein Knochenjob!
Die Kollegen leisten körperliche Schwerstarbeit, schwitzen täglich wie
die Schweine und beziehen die niedrigste Gage.
Und wenn sich ihre Jugend langsam verabschiedet oder die Physis
streikt, sind sie gezwungen, sich nach einer neuen Tätigkeit umzusehen!
Eine Berufung – und nur etwas, für „total Besessene"!

Der musikalische Chef

Während der Kriegsjahre haben sie ihn, den Judenjungen,
in einem Keller, nahe der Warschauer Altstadt, monatelang vor der
deutschen Besatzung versteckt gehalten.
Heute ist er ein angesehener Dirigent und die Warschauer
Orchestermusiker haben zu ihrem Chef erkoren – Zdzistaw Gorzynski.
Die clevere Intendantin hat ihn sich für die Produktion der „Fledermaus"
gewünscht.
Und er hat freudig zugesagt.

Die Ausstattungschefin

Morgen Vormittag, erste Begegnung mit der Bühnenbildnerin.
Sie ist Jüdin und 1939, vor Hitlers Überfall, aus Polen geflohen, nach
Amerika ausgewandert und vor kurzem in ihre Heimatstadt Warszawa
zurückgekehrt.
Wir treffen uns im Foyer des Theaters.
Ich gestehe offen – ganz wohl ist mir nicht vor dieser Konfrontation!
Wie wird sie auf den Deutschen reagieren?
Sie naht!

Eine schon etwas ältere Dame, nicht sehr groß und auffallend elegant gekleidet.

Mein Puls ist kaum zu bremsen!

Ich gehe auf sie zu, reiche ihr freundlich die Hand – sie ignoriert es – begrüßt Marek, den Dolmetscher und lässt mich unbeachtet stehen.

Marek leicht verdattert, sucht die Lage zu entschärfen und bittet uns Platz zu nehmen.

Wir folgen seiner Bitte.

Sekundenlanges Schweigen.

Die künftige Bühnenbildnerin würdigt mich keines Blickes!

Um die Verkrampfung zu beenden, versichere ich ihr, dass mich das Schicksal erstmalig Richtung Osten lenkt und ich zum ersten Mal in meinem Leben polnischen Boden betreten habe!

Sie sieht mich lange an, sehr lange.

Ich spüre wie sich ihre Miene zusehends erhellt… sie lächelt… ergreift meine Hand… und ein Tränchen kullert über ihre Wange.

Die folgenden Besprechungen verlaufen keineswegs vergnüglich.

Sie verteidigt das „amerikanische Show-Business", während mich das realistische Musiktheater des Reformers Walter Felsenstein geprägt hat und es bedarf harter Diskussionen, bis wir uns letztendlich zu einer optimalen Bühnenbild-Lösung zusammenraufen.

Die Kollegen

Die Partitur der „Fledermaus" ist musikalisch außerordentlich anspruchsvoll und dieses renommierte Theater kann es sich leisten, alle wesentlichen Partien dreifach zu besetzen.

„Künstlerisches Aushängeschild" des Hauses ist ein Sängerpaar, das augenblicklich auf Gastspielreise in Amerika weilt und heute zurück erwartet wird.

Beide, wunderbare Kollegen, ohne irgendwelche „Starallüren".

Schon während der Anfangsproben mit diesen Publikumslieblingen ist abzusehen, Wanda Polanska wird eine erkorene „Adele" und J. Witrag ein ebenbürtiger „Eisenstein".

Eine Episode bleibt mir unvergessen.

J. Witrag, mit dem ich mich auch deutsch verständigen kann, wirkt auf einer Probe außergewöhnlich unkonzentriert, beinahe erschöpft.
Auf meine Frage nach der Ursache, erklärt er mir, mit seinem entwaffnenden Charme:
„Pan Leister, habe ich neue Fraindin, komme nach Hause, liegt sie in Negligé auf Teppich vor Kamin. Ich muss ran… sie verstäh`n… das macht miede… Entschuldigung."

Mit J. Witrag während einer Probe.

Von Wanda Polanska ist mir eine andere Episode in Erinnerung.
Als ich ihr während einer Probe erzähle, dass mir die polnischen Volkslieder, die ich von unserer Berliner Freundin Elzbieta kenne, und die mir so gut gefallen, lädt sie mich stante pede zu sich ein.
Wanda ist augenblicklich „unbemannt" und bewohnt in der „Marszalkowska", der Hauptstraße Warschaus, eine Dreizimmerwohnung.
Nach der Besichtigung des Wohnzimmers führt sie mich, voller Stolz, in ihr Schlafgemach.
Die Wände sind mit rosa Tüll verhangen, ein Mitbringsel ihrer jüngsten Amerika-Tournee.
Zur „Einstimmung" gibt es eisgekühlten Wodka.
Nach dem dritten Glas trinken wir Brüderschaft.

209

Die Stimmung steigt!
Warte nur Leister, bald bist du „fällig"!

Es klingelt!
In der Tür stehen drei Herren, Chorsänger der „Warschauer Staatsoper".
Und schon wenig später lümmeln wir allesamt auf dem Teppich und ich
lausche, während fleißig die Flasche kreist, dem unerschöpflichen
polnischen Volksliederrepertoire.
Erst gegen Morgen, als die Müllmänner laut und wenig rücksichtsvoll
die Tonnen leeren, zeigt die „wodkageschwängerte Runde" ein leichtes
Konzentrationsdefizit und wir beschließen einmütig, die „Folklorenacht"
zu beenden.

Die „Fledermaus"-Premiere ist ein beachtlicher Erfolg und die Kritiker
gehen sehr wohlwollend um, mit dem Gastregisseur aus der „Niemiecka
Republika Demokratyczna".

„Sztandar Mlodyc" schreibt:
‚...*die Wiener Operette lebt wieder!*
Dazu tragen die ausgezeichneten Arrangements von E. Leister bei... '
„Polityka" nennt die Regie ‚*äußerst geschickt, ohne jede Trivialität...*'
„Glos Procy" bescheinigt den Szenen ‚*Charakteristik und Stilgefühl...*'
‚*Im Übrigen inszeniert der, aus der DDR eingeladene Regisseur, die*
„*Fledermaus" sehr humor- und kulturvoll...* '
Wer freut sich nicht über ein positives Echo seiner Arbeit?
Doch sehe ich inzwischen derartige Beurteilungen etwas nüchterner.
Theater heißt Augenblick!
Heute „Hosianna" und morgen „Kreuzigt ihn!"
Noch eine weitere Erkenntnis habe ich im Verlaufe meines
Theaterlebens erfahren müssen:
„Ist die Premiere ein Erfolg – gebührt die Ehre dem Ensemble!"
„Geht sie in die Hose" – ist es einzig die Schuld des Regisseurs!
Oder klassisch ausgedrückt:
„Erfolg hat viele Väter, der Misserfolg nur einen."

Abschied

„Der Polin Reiz bleibt unerreicht!"
Diese Eloge stammt aus dem Jahre 1882, von einem gewissen Richard
Genè, dem Textdichter der Operette „Der Bettelstudent".
Was ist es, was der Polin Reiz ausmacht?
Es ist ihr Charme und Chic, das gewisse „Etwas", was sie auszeichnet,
insbesondere die Warschauerinnen.
Wenn Paris „modisch hustet" – trägt man es in Warschau bereits!
Vielleicht sind die Klamotten nicht so kostspielig und pompös, doch ist
man immer „up to date".
Das männliche Pendant hingegen, wirkt weniger auffällig.
Der „Gemahl" hält sich dezent im Hintergrund.
Schließlich ist Gattin Agnieszka sein „Aushängeschild", quasi seine
„Visitenkarte".
Fremde Damen begrüßt er gelegentlich mit einem Handkuss.
Eine schöner Brauch und durchaus nachahmenswert.

Bei meiner Verabschiedung lässt es sich Marek, mein Dolmetscher, mit dem ich mich inzwischen etwas angefreundet hatte, nicht nehmen mich bis zum Flugplatz zu begleiten.

„Na, Pan Leister wie hat es Ihnen in Warszawa gefallen?"

Noch bevor ich antworten kann, fährt er fort:

„Wissen Sie, der Pole ist sehr eigenwillig, mag den östlichen Nachbarn nicht, ist frankophil und unregierbar.

Do widzenia und einen scheenen Flug!"

NACKTE TATSACHEN

Unser Umzug nach Leipzig steht bevor.

Entgegen Juttas Einstellung, verlasse ich diese Stadt mit einer gewissen Wehmut.

Das Tempo, die typische „Berliner große Schnauze", der „Alex", der Fernsehturm, Treptow, die „Weiße Flotte", die „Schönhauser", der Müggelsee, das „Metropol-Theater" – dieses alles, außer der „Scheiß-Mauer", werde ich vermissen!

Zurück bleibt die Erinnerung an das „Cafe Leister", in der Herkomerstraße 4.

Hier haben wir uns die Nächte um die Ohren geschlagen, fleißig gebechert, gelästert, gestritten und debattiert über Gott und die Welt.

Bisweilen flogen die Fetzen!

Anlässlich unseres Scheidens, werde ich einen Freund aus unserer Runde nie vergessen – Professor Dr. Dr. H.E.!

„Zwei Seelen wohnten ach in seiner Brust!"

Im Dienst, unter anderem als ein Mitglied des „Forschungsbeirates der DDR", äußerst akkurat – und privat ein „treuer Freund" des edlen Gerstensaftes.

Nach einem gewissen Quantum, war es alsbald vorbei mit seiner Contenance!

Karneval im „Haus Berolina".

Der Laden ist proppenvoll.

Zum Tanz spielt „Alfons Wonneberg und sein Orchester", bekannte Kollegen aus früherer Fernsehzeit.

Unsere Kostümierung ist wenig aufwändig.

Ein beklopptes Papierhütchen und eine dekorativ um den Hals drapierte Luftschlange.

Professor Dr. Dr. H.E., ansonsten die Pünktlichkeit in Person, erscheint mit zweistündiger Verspätung.

Er kommt geradewegs aus Paris von einer Tagung der UNESCO.

Während unserer Begrüßung steckt er mir wortlos ein verbotenes Heftchen mit frivolen Nackedeis aus Paris ins Jackett und verschwindet an die Bar.

Jutta mosert:

„Lass das Heft bloß stecken, sonst ist unser Tisch bald dicht umlagert!"

„Das Ding stört mich!"

„Dann erfreue doch einstweilen die Musikanten!"

Ich zwänge mich also durch das Tanzgewühl und schiebe dem Orchesterchef das Heftchen dezent zwischen die Notenblätter.

Inzwischen ist Mitternacht vorbei und unser Freund Prof. Dr. Dr. H.E. meldet sich zurück.

Seine glasigen Augen verraten – der „Eichstrich" ist erreicht!

Er setzt sich auf seinen, bisher verwaisten Stuhl, zieht schweigend beide Schuhe aus, schnappt sich eine Gabel vom Tisch und „puhlt" fleißig Löcher in seine Socken.

Urplötzlich springt er auf, reisst sich die Krawatte ab und deutet auf seinen nackten Zeh:

„Kennt ihr so... so... solche Art Verkleidung?"

Wir verneinen es.

„Ich... bin... ein... Clo... Clochard... soeben aus Paris importiert"!

Darauf schnappt er sich mein halbvolles Bierglas und entschwindet erneut im Gedränge.

Die Musikanten melden sich zurück und weil sie die obligate, gewerkschaftliche Pause um zwanzig Minuten überzogen haben, werden sie von den Gästen mit lauten Pfiffen empfangen.

Das illegal importierte Heftchen mit den enthüllten Damen blieb indes verschollen.

Wenn meine Gattin zum Finale bläst, ist endgültig Feierabend!
Ein Veto erübrigt sich!
Wir hängen mit den „Resten der Berliner karnevalistischen Avantgarde",
todmüde und besoffen, in den Sesseln des Hotelfoyers und warten auf
ein Taxi.
Draußen ist es schon hell.
Ein Blick durch die große Frontscheibe verrät, es hat tüchtig geschneit.
Plötzlich stößt mich Jutta unsanft in die Rippen, weckt mich aus meinem
Halbschlaf und deutet auf ein großes Fenster, das bis zum Boden reicht:
„ Nun sieh Dir das an!"
Nein, es ist keine Fata Morgana!
Professor Dr. Dr. H.E.!
Mit der einen Hand stützt er sich an der Fensterscheibe ab, mit der
anderen fummelt er umständlich seinen „Zippedeus" aus der Hose und
lässt dem menschlichen Bedürfnis freien Lauf!
Es dauert…
Eine schon etwas reifere Dame glaubt wahrscheinlich zu träumen,
sie zückt eilig ihre Brille und nähert sich der ungewöhnlichen
„Scheibenberieselung".
Doch Herrn Professor Dr. Dr. H.E. stört es nicht!
Er lächelt sie an, packt sichtlich erleichtert seinen „Freudenspender"
wieder ein, kapert sich umgehend das nächste Taxi und rauscht von
dannen…

UNBELIEBT

Die Sprache ist das vordringlichste Ausdrucksmittel eines Schauspielers,
selbstredend im Einklang, mit einem möglichst dialektfreien
Hochdeutsch.
Doch lässt sich der, seit frühester Kindheit eingetrichterte Dialekt, nicht
so leicht „verdrängen".
Um ihn loszuwerden braucht es eine gehörige Portion Fleiß, Willen,
Disziplin und Ausdauer.
Die meisten Leute mögen ihren Dialekt.
Er bedeutet ihnen Heimat.

Doch gibt es eine Gegend in Deutschland, deren Sprache man „das Wohlwollen" entzogen hat.
Dabei galt sie hier einst als die „deutsche Hochsprache"!
Bis ins ausgehende 18.Jahrhundert empfand man sie als besonders fein und vornehm.
Große Geister haben sie einst gesprochen:
Gerhard Hauptmann, Carl-Maria von Weber, Richard Wagner, Erich Kästner u.v.a.
Doch heute tönt es überall:
„Sächsisch ist der unbeliebteste aller deutschen Dialekte!"
„Sächsisch klingt mitunter penetrant!"
„Diesen Dialekt kann man nicht ernst nehmen!"
„Sächsisch – nein danke!"
Lene Voigt, die bekannte Mundartdichterin, formuliert es sanfter:
„Es gibt nichts Ulkigeres als einen Sachsen, der sich geniert einer zu sein."

Die Sachsen sind ein eigenwilliges Völkchen!
Ihnen zu Ehren, habe ich eine „Ode" „verbrochen":

SAXONIA

„Es gibt ein Land auf dieser Welt –
und das heißt Sachsen.
Hier klingt die Sprache wie Musik.
Wo „hübsche Mädchen immer auf den Bäumen wachsen",
wenn du´s nicht kennst, komm doch mal mit.

Vom „Arzgebirg`" bis in de` „Oberrlausitz"
„haust" dieser eigenwillige Stamm.
Und weil die oft belächelt wer`n,
d`rum halten se` zusamm`.

D`r Sachse is` `ne Frohnatur,
weltoffen und gemietlich.
Un` wenn du den nich` ärgern tus`t,
da guckt der och ganz friedlich.
Un` wenn och mancher lästern dut,
weil der uns gar nich` kennt,
des Sachsens größte Stärke ist und bleibt -
sei` Tembrament!

Schier tausend Jahre ist sie alt,
die „Messe-Metropole".
D´rum „Vivat hoch" un` „Dreimal Prost",
den Leipz`gern zum Wohle.
Des Krieges Narben schwinden bald
und es kehrt Stück um Stück,
in diese stolze Bürgerstadt,
die alte Pracht zurück!

In Dresden, das weiß jedes Kind,
regierte einst e` Könich.
Der eine liebte schöne Frauen,
`s waren ihrer gar nich` wenich.
Der and`re hat e` Satz geprägt,
der wurde weltbekannt:
„Macht eur`n Dreck alleene!!" –
das zeugt doch von Verstand!

Der Sachse und die „Reiselust",
das ist e` gutes Pärchen.
Denn was der selber nich` „beschnarcht",
das hält `r doch für`n Märchen.
Und wenn du mal `ne Reise planst
und sei es bis zum Mond –
verlass` dich druff,
daß lange schon, e` Sachse oben thront!

Als die Natur verrückt gespielt
am schönen Elbestrand,
haben sie „gerackert",
Tag und Nacht, oft mit der bloßen Hand!

Der Sachse, der is` „fichelant",
den kanns` de` nich` besiegen,
den kanns` de` „unterditschen" tun,
doch niemals „unterkriegen"!

Oh Sachsenland, einmalig Land,
hier wo es mir gefällt.
Oh Sachsenland, mein Heimatland –
der schönste Platz der Welt!

Jutta ist Sächsin!
Wenn sie in Fahrt ist, bedient sie sich dieser „charmanten Mundart".
Sie ist stolz auf ihre Heimatstadt Leipzig, wo sie einst in der
„Lortzingstraße", ihre Jugend verbracht hat.
Hier erlebte sie als Kind die schlimme „Reichskristallnacht".
Sie musste mit ansehen, wie fanatisierte SA-Männer die Möbel ihrer
besten Freundin, gegenüber ihrer Wohnung, aus dem Fenster warfen.
Sie weinte, als Esther mit ihren Eltern und anderen Juden der
„Lortzingstraße", zusammengetrieben wurden.
Wie eine Viehherde im „Pleißegraben", gegenüber dem Zooeingang,
hockten und auf ihren Abtransport ins KZ warteten.
Jutta war ein schüchternes Kind.
Wenn eine Lehrerin sie nach dem Namen ihres Vaters fragte, schämte sie
sich.
Sie kannte ihn nicht, denn sie war ein unerwünschtes Baby.
Wegen ihrer rötlichen Haare wurde sie von ihren Mitschülern oft
gehänselt:
„Rote Haare, Sommersprossen, sind des Teufels Volksgenossen!"
Sie hockte lieber im stillen Kämmerlein und schmökerte, statt die
„Jungmädchen-Nachmittage" der Hitlerjugend zu besuchen.

Während des Krieges verbrachte sie manche Nacht mit Mutti und Oma im Luftschutzbunker, lauschte voller Angst, wie die alliierten Bomberformationen den nahegelegenen Hauptbahnhof und die umliegenden Häuser in Schutt und Asche legten.

Nach solch` einem Angriff rannte sie oft mit Mutti und Oma durch die brennende „Paffendorfer Straße", vorbei an verkohlten Leichen und hilflos umherirrenden Nachbarn.

Der Unterricht fiel in diesen Tagen häufig aus und immer wieder musste sie die Schule wechseln.

Trotz alledem hat sie ihren Traumberuf verwirklicht und wurde Tänzerin!

Und weil des Schicksals Wege unberechenbar sind, tauchte sie eines Tages in Nordhausen auf, wo Amor umgehend seinen Pfeil aus dem Köcher angelte und zwei Volltreffer landete!

Alles weitere ist dem geneigten Leser bereits bekannt.

Anno 1959, „heimliche Hochzeit" in Graal-Müritz

Greizer Kollegen als Trauzeugen

DAS THEATERKOMBINAT

Die Messestadt Leipzig kann es sich leisten 5 Theater zu unterhalten.
„Oper", „Schauspielhaus", „Kammerspiel", „Musikalische Komödie"
und „Theater der jungen Welt".
Über allen 5 „Musentempeln" thront Generalintendant K.K.
Als „Mitglied des Zentralkomitees der SED", der „Volkskammer" und
als Präsident des „Internationalen Theaterinstitutes der DDR" gibt es
kaum eine Kulturinstitution der DDR, wo K.K. nicht ein entscheidendes
Wörtchen mitzureden hat.
Der stramme Parteisoldat weiß diese enorme Machtfülle geschickt zu
nutzen.
Der Umgang mit ihm ist äußerst anstrengend.
Manche mögen ihn und wer ihn nicht mag, grüßt seinen
„Brötchengeber", üblicherweise, besonders freundlich.
Momentan liegt er mit dem Operndirektor im Clinch.

Seit Wochen herrscht zwischen den beiden absolute „Funkstille"!
Wenn sie einander auf der Treppe des Opernhauses begegnen,
und dieses beinahe täglich, geschieht es grußlos.
Man verkehrt nur noch schriftlich miteinander.

Die Leipziger Oper genießt auch außerhalb des Landes ein beachtliches
Ansehen.
Wenn das Ensemble nach Westdeutschland, Spanien, Italien oder Kuba
auf Reisen geht und man sich wegen der spärlichen Devisenlage aufs
äußerste beschränken muss, nimmt Herr Generalintendant sich das
Privileg, bisweilen seine Frau Gemahlin mitzunehmen – deklariert als
„Garderobiere".
Eines kann man ihm jedoch nicht absprechen –
seine Theaterbesessenheit!
Künstlerische Qualität genießt stets oberste Priorität!
Auch scheut er sich nicht, politische Fehleinschätzungen zu kritisieren.
Von einer Sitzung aus Berlin zurückgekehrt, tobte er im Kreise der
Vorstände:
„Kollegen, das ist das „Ende des Theaters"!
Harry Tisch, der Vorsitzende des FDGB, hat stolz verkündet,
dass künftig auch die Theaterschaffenden, wie alle anderen Werktätigen
der DDR, unter das „Kündigungsschutzgesetz" fallen.
Dieses ist zwar eine ehrenwerte menschliche Geste, doch ein Theater
ohne Fluktuation wird auf Dauer zum Museum!
Die Kollegen sind praktisch unkündbar.
Sie bleiben und versperren damit dem künstlerischen Nachwuchs den
Weg!"
Er sollte Recht behalten!
Die Überalterung, mit all ihren Konsequenzen, nahm ihren Anfang und
das Publikum musste über viele Jahre die gleichen Gesichter auf der
Bühne „ertragen".
Auch die folgende Entscheidung trug die Handschrift von K.K.:
Kollege H.P., einst in Gera zu 2 Jahren „Berufsverbot" verurteilt, weil er
gegen die berüchtigte „Ochsenkopf-Antennen-Kampagne" der SED
gestimmt hat, bemühte sich an verschiedene Theatern vergeblich um ein
neues Engagement.

K.K. fragte nicht nach seiner Vergangenheit.
Er engagierte den begabten Kollegen umgehend.

Mein künstlerisches Zuhause ist fortan die „Musikalische Komödie".
Ein traditionsreiches Haus, wo 1945, nach Jahren des sinnlosen
Mordens, zeitweilig die Oper residierte und erstmals wieder die
unsterblichen Melodien „Verdis", „Mozarts", „Offenbachs" uva.
erklangen.
Die Leipziger lieben „ihre MuKo".
In diesem, heute vorrangig heiteren Musiktheater, kann man mal
abschalten vom täglichen Einerlei, Ärger und Sorgen vergessen.
Nach der Vorstellung, auf der Heimfahrt, in der überfüllten „Bimmel",
wird das Erlebte umgehend „ausgewertet":
„Na Muddi... was meinst'n du... wie hat`s `n dir gefallen?"
„S´war wieder mal e` schöner Abend, de Musik, de Sänger, de Gostüme
und vor allem das Ballett, also einmalig!"
Die Kollegen der „MuKo", allesamt ausgebildete Opernsänger, sind
nicht nur im Notenlesen geübt, sondern wissen auch mit dem
gesprochenen Wort umzugehen.
Sie tanzen die „Rumba", den „Csárdás" oder den „Walzer", ohne dass es
peinlich wirkt.

Neuland

Mit Beginn der kommenden Spielzeit wollen wir uns, neben der
Operette, auch dem, hierzulande noch weitgehend unbekannten,
„Musical" widmen.
Diese Form des heiteren Musiktheaters, in Amerika beheimatet, lässt
sich kaum mit unserem traditionsreichen Schauspiel, Oper oder
Tanztheater vergleichen.
Was versteht man unter einem Musical?
Die vielleicht treffendste Beschreibung formulierte ein Theaterkritiker
so:
„Das Musical ist weder Schauspiel noch Musiktheater aber in der
Gleichgewichtigkeit beides."

Das neue Genre verlangt den „Allround-Darsteller", den perfekten Schauspieler, Sänger und Tänzer.
Eine nahezu utopische Herausforderung!

Die „Musical-Aufführungs-Rechte" liegen ausschließlich bei den „West-Verlagen", deren Tantiemenforderungen immens hoch sind und uns wertvolle „Westpiepen" kosten – also müssen unsere heimischen Autoren und Komponisten ran!
Es bedeutet absolutes Neuland!
Zwischen der Komposition eines lapidaren Tagesschlagers oder eines abendfüllenden Musicals, mit hinreißenden Ballett- und Chorszenen, liegen „Welten"!
Rezepte gibt es nicht!
„Ein Text von Goethe und die Musik eines Gershwin – Das wärs!"
Unsere ersten Bemühungen scheiterten kläglich!
Ich erinnere mich an einen Versuch im „Metropol-Theater" Berlin.
Das „Opus" nannte sich „Wenn einer nicht bei Stimme ist", mit Rolf Herricht in der Hauptrolle.
Was haben wir uns schwer getan mit dieser Neuschöpfung!
Zur Hauptprobe lud Intendant Pitra einige Vertreter des Kulturministeriums ein, um ihnen den gegenwärtigen Stand des „DDR-Musicals" zu demonstrieren.
Nach dem Schlussvorhang herrschte betretenes Schweigen – und der „Herr ohne Stimme" durfte selbige weiterhin schonen, denn das „grandiose" Werk hat das Licht der Welt niemals erblickt!

Vor den Erfolg haben die Götter bekanntlich den Schweiß gesetzt.
Künftig stehen die Solisten der „MuKo" des öfteren im Ballettsaal und erfahren, unter strenger Anleitung der Meisterin, dass man dem Körper, bei kontinuierlichem Training, wesentlich mehr abverlangen kann.
Bei den Kollegen der Oper allerdings, die man uns großzügigerweise zu bestimmten Aufgaben „ausleiht", hält sich die Begeisterung diesbezüglich in Grenzen.
Während einer Probe des Musicals „Bretter die die Welt bedeuten" von G. Kneifel, bat mich ein Sänger der Oper flehentlich:

Dieter Scholz

„Also Herr Leister ich mache ihnen alles, aber lassen sie mich bloß nicht mit dem Ballett ‚rumhuppen'!"
(Dieter Scholz, später Kammersänger und Mitglied der „Komischen Oper Berlin")
Unser Bemühen um das neue „Musical-Genre", ist mit der Aufführungspraxis in Amerika kaum vergleichbar und der Weg zu den späteren Erfolgen, wie „Mein Freund Bunburry" von G. Natschinski, „Bretter die die Welt bedeuten" von G. Kneifel, „In Frisco ist der Teufel los" von G. Masanetz und einigen anderen, ist langwierig und mit Steinen gepflastert.

Das Göttergeschenk

Die Kollegen nennen ihn Eddi.
Eddi ist ein „Kumpeltyp".
Aufgewachsen, in der vom Krieg arg gebeutelten Elbmetropole Dresden, erlernt er hier zunächst das Handwerk eines Kunstschlossers, dessen

Ausübung allerdings nur kurze Zeit währt, da Eddi über etwas verfügt, das nur wenigen Erdenbürgern zuteil wird.
Ein „Göttergeschenk", weder käuflich zu erwerben noch erlernbar – ihm gehorcht eine schöne, einmalige, unverwechselbare Gesangstimme!
Eddi weiß dieses kostbare Gut zu nutzen, belegt an der Dresdener Musikhochschule „Karl-Maria-von Weber" das Studienfach „Gesang" und nach einem verheißungsvollen Abschlussexamen wird die „Oper Leipzig" auf diese „Ausnahmestimme" aufmerksam.
Alsbald zählt er, in diesem gestandenen Sängerensemble, zu den Protagonisten und er bekommt alles zu singen, was in seinem Fach „gut und teuer" ist.
Man hört den strahlenden Tenor unter anderem auch im Rundfunk, Fernsehen und auf Schallplatte.

Das Leipziger Opernensemble gastiert mit der Oper „Xerxes" von G.F. Händel, in vielen Ländern, diesseits und jenseits des „Eisernen Vorhangs", unter anderem in Paris, Warschau, Genua, Brüssel, Kiew, Sofia und Birmingham.
Überall wird die „Leipziger Oper", mit Eddi in der Titelpartie, stürmisch gefeiert.

Neben dem Opernhaus sind die Kollegen vertraglich auch der „Musikalischen Komödie" verpflichtet.
Den gelegentlichen Abstecher an die „MuKo" betrachten, selbst die gestandenen Kammersänger, als künstlerische Bereicherung.
Hier sind neben dem Gesang auch das gesprochene Wort und die vielfältigen tänzerischen Ausdrucksformen gefragt.
Ihr Mitwirken, zumeist in Werken der klassischen Operette, garantierte den Vorstellungen ein beachtliches sängerisches Niveau.
Möglicherweise mochten nicht alle Opernkollegen von der „Delegierung zur MuKo" begeistert gewesen sein, denn die Dunkelziffer derer, die sich in die „Niederungen der Afterkunst" verbannt fühlten, bleibt ein Geheimnis.

Eine Premierengeht in die Annalen ein!
Die Operette „Eine Nacht in Venedig" von Johann Strauß.
Eddi, dem „der liebe Gott in den Hals geschissen hat", wie es „liebwerte

Kollegen" profan formulierten, dessen Timbre „ganze Völkerschaften" in Verzückung versetzen konnte, gab den „Caramello", eine Paraderolle. Das Bühnenbild sugerierte den berühmten Markusplatz der Lagunenstadt Venedig.

Eddi, umringt von den Damen des Ballettes, hockt frohgelaunt auf den Stufen der „Rialto-Brücke" und preist voller Inbrunst die „Vorzüge der holden Weiblichkeit":

„Ach wie so herrlich zu schauen sind all die reizenden Frauen..."

Als der letzte Ton seiner „Goldkehle" entsprungen, bricht ein Jubelsturm los!

„Da Capo"-Rufe werden laut!

Um den Handlungsverlauf nicht zu unterbrechen, unternahmen wir erstmalig den Versuch, auf die üblichen Wiederholungen zu verzichten.

Die Zuschauer indessen, zeigten keinerlei Verständnis für unsere vermeintliche „Neuerung", sie fordern nachdrücklich eine Wiederholung der Arie.

Doch das Orchester hüllt sich, wie abgesprochen, in absolutes Schweigen...

Im Zuschauerraum beginnt es zu brodeln!

Der Kapellmeister „taucht ab" und blättert geschäftig in seiner Partitur.

Die Stimmung eskaliert und bald erklingt es „fortissimo" im Chor:

„Da Capo – Da Capo – Da Capo!!"

Eddi genießt die frenetische Bekundung.

Plötzlich, auf dem Höhepunkt der Ovation, erhebt er beschwörend die Hand – und im Zuschauerraum wird es mucksmäuschenstill!

Nach einer dezenten Verbeugung schreitet er stolz die „Rialtobrücke" hinunter, marschiert vor an die Rampe und ruft dem Kapellmeister, in unverfälschtem „Gewandhaus-Sächsisch", zu:

„Nu Meester hau`n se` rein! Das Ganze noch `amal von vorne!"

Dann kniet er nieder, wirft den Damen alberne „Kußhändchen" zu und beginnt die Arie von Neuem – „pianissimo"!

„Ach wie so herrlich zu schauen, sind all` die reizenden Frauen... "

Die Zuschauer erheben sich von den Plätzen und der Jubel will kein Ende nehmen...

Kammersänger Edgar Wählte („Eddie") in einer Chorszene

Nach Monaten treffe ich Eddi beim Einkauf im „Konsum" wieder.
Blass und abgemagert, hängt er nur noch in seinem Anzug.
Das einst fröhliche Lachen, seine jugendliche Unbekümmertheit,
sind verflogen.
Resultat einer heimtückischen Krankheit.
Ich spürte wie er leidet.
Seine Partien in der Oper sind längst anderweitig besetzt, denn
anspruchsvolle Aufgaben steht er physisch nicht mehr durch.
Endgültig vorbei auch die lukrativen „Tingeleien", wo er schon früh
morgens um 8 Uhr, anlässlich einer „Frauentags-Feier", uneingesungen,
die „gefürchtete" Arie des „Postilions von Lonjemeau" schmettern
konnte.
In der kommenden Spielzeit hat man ihn an die „Musikalische Komödie"
„abgeschoben".
Fortan muss er sich mit kleinen Aufgaben begnügen.
Seine einstige „Traumstimme" hat längst ihren Glanz verloren.
Um die Vorstellungen „durchzustehen", greift er zur Flasche.
Bald vergisst er seinen Text und „verpatzt" die musikalischen Einsätze.
Kollegen, die den zunehmenden Verfall hautnah miterleben, bemitleiden
oder belächeln ihn.

Eines Tages holt ihn die teuflische Krankheit wieder ein und wir haben ihn auf Leipzigs traditionsreichem Südfriedhof zu Grabe getragen. Eddi aus Dresden, einst vom Publikum verehrt und enthusiastisch gefeiert – heute längst vergessen…
„Dem Mimen flicht die Nachwelt keine Kränze"
Diese Erfahrung ist alt, schon Friedrich von Schiller wusste darum.

Hoher optischer Schauwert und turbulente Aktionen

Paul Burkhards „Feuerwerk" in neuer Inszenierung in der Musikalischen Komödie

„Feuerwerk" erwies sich als Dauerbrenner

Erwin Leister inszenierte Paul Burkhards „abendfüllendes Chanson" erfolgreich in der Musikalischen Komödie

Die Leistung des Regisseurs Erwin Leister lag diesmal vor allem in einer pointierten Dialogregie.

Wollte die Begeisterung des Publikums schon an diesem ersten Premierenabend schließlich, nach anfänglich noch abwartend-reservierter Zurückhaltung, kaum Grenzen finden, war das Haus am Abend darauf mit Jubel vollends gefüllt.

Viel Szenenapplaus und großer Beifall eines sich glänzend unterhaltenden Publikums am Schluß!

„Leipziger Volkszeitung"

227

Musical *Sweet Charity*

Coleman
Simon

Musikalische Leitung: Seiffarth
Inszenierung: Leister

Probenfoto mit Christel Guck

In der Titelrolle Maja Riemer,
als Gast der „Staatsoperette Dresden"

...zu erleben ist eine an Einfällen reiche Inszenierung, die sich weder gefällig gibt noch allzu tiefgründelnd daherkommt. Der Verzicht auf Buntheit wie sie mitunter gerade bei einem Musical gern ausgelebt wird, erweist sich als angenehm.

„Union"

...letzte Woche kam das Musical an der Musikalischen Komödie heraus: Die Inszenierung (Erwin Leister) gehört zu den schönsten Produktionen der letzten Jahre...

„Leipziger Volkszeitung"

228

Ballettszene

BRETTER, DIE DIE WELT BEDEUTEN

Buch von Helmut Bez und Jürgen Degenhardt
nach dem Bühnenschwank » Der Raub der Sabinerinnen «
von Franz und Paul von Schönthan
Gesangstexte von Jürgen Degenhardt
Musik von Gerhard Kneifel

Gerhard Kneifel

Geboren 1927 Trebbin. Studium am Sternschen Konservatorium in Berlin. Musiker in verschiedenen Orchestern, dann Arrangeur und Dirigent. Chef-Arrangeur des Berliner Friedrichstadt-Palastes. Er komponierte Operetten, Revuen und Musicals.

BRETTER, DIE DIE WELT BEDEUTEN

In Rolf Döges parodistisch stilisiertem Bühnenbild und in Christa Hahns farbenfreudigen Kostümen sang, tanzte und spielte das dank der einfühlsamen Regie (Erwin Leister) auf seine Qualitäten wieder einmal deutlich aufmerksam machende Ensemble unserem Publikum zum Spaß...

Union, 19./20. 12. 70

Lieber Gerhard, langjähriger Freund!
Dass du einst, so manches Glas des edlen Gerstensaftes zu viel genossen hast, sei dir verziehen – Du bleibst für immer ein Vollblutmusikant, Melodienfinder und ein begnadeter Arrangeur!

MUSICAL-URAUFFÜHRUNG
in Leipzigs Musikalischer Komödie

Aphrodite und der sexische Krieg

Buch: Jutta Eberhardt-Leister
Liedertexte: Wolfgang Tilgner
Musik: Gerhard Kneifel

Musikalische Leitung: Roland Seiffarth

Choreographie: Monika Geppert

Bühnenbild: Bernd Leistner

Inszenierung: Erwin Leister
Klaus Winter

Anne-Kathrin Fischer, Maja Riemer, Angela Mehling

Im Spiel um die Potenzen
viel künstlerische Potenz gezeigt
Minutenlanger stürmischer Beifall nach
häufigem Szenenapplaus, Bravorufe und
Trampeln ...
Das Publikum sah seinen Hunger nach
pfiffigen, populären und attraktiven Stof-
fen, die heutigem Auge und Ohr schmei-
cheln, ohne den Geist verkümmern zu lassen, endlich wieder einmal gestillt ...
Gut gesungen, plastisch und überzeugend
gespielt – das kann man getrost dem gesamten Ensemble bescheinigen, das sich
mit großer Hingabe für die lohnende Aufgabe eingesetzt hat. Oder um im Bilde des
„Sexischen" zu bleiben: Leipzigs „Muko"
hat ihre Potenz wieder einmal bewiesen.

LVZ, Bernd Locker

„Aphrodite" hat „die Wende" überdauert und blieb annähernd 5 Jahre
auf dem Spielplan.
Die „Autorin" vor einem Plakat in der Innenstadt.

231

„GANGSTER LIEBEN KEINE BLUMEN"
Musical von Heinz Hall, Maurycy Janowski
und Conny Odd

Neues musste her – doch diese „Neuschöpfung" erwies sich als absoluter Flop!
Eine dürftige Geschichte, die Musik einfallslos – der Misserfolg war, trotz aller Bemühungen, prognostiziert!
Letztendlich mussten die Darsteller die misslungene Aufführung allabendlich „ausbaden".
„Sie gingen auf die Barikaden"!

Sehr geehrter Herr Prof. Kayser!

Aus gegebenem Anlaß und von Verantwortungsbewußtsein für unsere Produktion getragen, sehe ich mich gezwungen Ihnen im Namen der an der Produktion von "Gangster lieben keine Blumen" beteiligten Solisten unterbreiten zu müssen, daß wir uns in arger Bedrängnis befinden und nicht vertreten können diese Inszenierung in der derzeitigen Form und Fassung unserem Publikum darzubieten.
Wir bitten Sie eindringlichst darum, daß Stück einstweilen vom Spielplan nehmen zu wollen.

Es ist für alle beteiligten Kolleginnen und Kollegen unerträglich erleben zu müssen, daß wie am gestrigen Abend geschehen in der Pause ca. 150 Besucher mit wohl berechtigter Enttäuschung unser Haus verließen.

In der augenblicklich stagnierenden Besuchersituation glauben wir es uns nicht leisten zu können, auch nur einen einzigen Besucher auf diese Weise enttäuschen zu dürfen.

In der Gruppenversammlung der Gew. Gruppe Solo am 7.6.83 haben wir eine Auswertung der Inszenierung durchgeführt und sehr offen, hart und konstruktiv über die von Dramaturgie und Regisseur verabsäumten und verpaßten Chancen im Vorfeld der Inszenierung diskutiert.
Bei allen Beteiligten stellte sich Bereitschaft und Einsicht in die zwingende Notwendigkeit einer Kürzung, Überarbeitung und Neuorientierung der vorliegenden Inszenierung ein.

Wir hatten nunmehr erwartet, daß sich zumindest der Regisseur des Stückes die gestrige Vorstellung daraufhin nochmals angesehen hätte um erste Konsequenzen für eine Verbesserung der Inszenierung einzuleiten.
Wir sahen uns aber leider allein gelassen und müssen fürchten, daß dies so bleiben soll und wir uns in den weiteren Aufführungen des Stückes dem Publikum gegenüber in nicht zu beneidender Lage befinden.

Wir bitten Sie sehr, die maßgebenden Verantwortlichen der Regie, Dramaturgie und der Musikal. Leitung des Stückes, mit einer Überarbeitung der vorliegenden Regiefassung zu beauftragen um dem Werk letztendlich doch noch einen Erfolg beim Publikum zu ermöglichen bzw. zu verhindern, daß uns die Besucher während der Vorstellung davonlaufen.

Mit gewerkschaftl. Gruß
(Walter Reimsbach, AGL-Vors.)

PUPPEN

Das „Staatliche Puppentheater Berlin", in Fachkreisen wegen seiner Experimentierfreude bekannt, fragt eines Tages an, ob ich mir die Inszenierung eines „Puppen-Musicals" vorstellen könne?
Tanzende Puppen im „Musical-Rhythmus"!
Eine reizvolle Idee!
Ich sagte zu.

Puppenspieler sind ein eigenwilliges Völkchen.
Besessen von ihrer Mission, agieren sie zumeist hinter den Kulissen.
Sie beherrschen die ungewöhnliche Kunst der „Belebung",
das heißt, sie können mit ihren geschickten Händen tote Gegenstände,
eine Puppe, einen Regenschirm oder einen alten Hut, „zum Leben
erwecken".
Besonders kompliziert ist das präzise Führen einer Marionette.
Sie spielen mit der Puppe wie auf einem Instrument und wissen aus dem
Strippengewirr stets den rechten Faden zu ziehen.
Eine beeindruckende Technik, die viel Übung, unendliche Geduld,
Einfühlungsvermögen und vollen Körpereinsatz erfordert.
Leider wird dieser fantasievollen Zauberwelt, zumeist aus Unwissenheit,
oft die verdiente Anerkennung verwehrt.
Wer jemals, während einer Märchenvorstellung, die strahlenden,
staunenden Kinderaugen erlebt hat, wird die Liebe und Begeisterung der
Puppenspieler zu ihrem Beruf verstehen.
Kein Geringerer, als der Dichter Theodor Storm, hat einst in seiner
Novelle „Pole Poppenspeeler", diesem liebenswerten Genre ein
bleibendes Denkmal gesetzt.
Das Puppentheater genoss eine großzügige Förderung und wenn es der
Spielplan in Leipzig erlaubte, war ich ständiger Gastregisseur am
Puppentheater Berlin, Leipzig und Zwickau.
Das jeweilige Gastspielhonorar war weniger opulent.
Es passte sich den kleinen Puppenakteuren an.

Das Katzenhaus

von Samuil Marschak

Regieanweisung hinter der „Spielleiste"

DER WUNDERRUBEL

von Juri Elissejew
in der Nachdichtung von Martin Remané

DDR-ERSTAUFFÜHRUNG

Regie   Erwin Leister a. G.
Musik   Siegfried Tiefensee a. G.

Das Feuerzeug

Nach Hans Christian Andersen
von Jutta und Erwin Leister

... machen sie die Inszenierung von Regisseur Erwin Leister zu einer mitreißenden Geschichte.

Lumpazivagabundus

ZWICKAU. – Was aber das Team um Gastregisseur Erwin Leister auf die Bühne brachte, ist größter Beachtung wert, und hat mit Kasperletheater nicht das Mindeste zu tun.

235

LEIPZIGER MESSE

Messeonkels
(aus Juttas Feder!)

Wenn Kehrmaschinen rattern durch die Straßen,
wenn Blumen blüh`n, wo sonst zerlatschter Rasen,
wenn aufgeriss`ner Fahrdamm
endlich wieder zugeschüttet wird,
wenn sich der Hauptbahnhof mit bunten Fahnen ziert,
wenn Hausfrau`n sich begeistert in Berufe stürzen,
wenn sich die Ruhezeiten aller Kellner stark verkürzen,
wenn Schnitzelpreise sprunghaft in die Höhe schießen,
wenn auf der Damen Köpfe plötzlich Locken sprießen,
wenn Obstgeschäfte nicht mit Apfelsinen knausern,
wenn Badewannen sich zu Betten mausern,
wenn Schaufenster sich geschmackvoll überbieten,
wenn Müllers alles, bis auf den Balkon, vermieten,
wenn man dann auch noch ein Taxi kriegt,
falls man es gerne hätte – dann ist in Leipzig Messe, jede Wette!

Hinweise für Messegastgeber

ST. Die Abteilung Paß- und Meldewesen des VP-Kreisamtes Leipzig bittet uns mitzuteilen, daß alle Messegastgeber verpflichtet sind, die polizeiliche Anmeldung der Messegäste, die von außerhalb der DDR einreisen, zu überprüfen und ein Gästeverzeichnis für alle vom Zimmernachweis des Reisebüros vermittelten Messegäste zu führen (in Block-, Buch-, Listen- oder Karteiform), das folgende Angaben des Gastes enthalten muß: Ankunftstag, Abreisetag, Name, Geburtsname, Vorname, Beruf, Geburtsdatum, -ort und -kreis, Familienstand, Staatsbürgerschaft, Wohnanschrift, Land, PA-/Reisepaß-Nummer, Ausstellungsort, Ausstellungstag, Unterschrift des Gastes.

Gäste aus der UdSSR, VR Polen, CSSR, Ungarische Volksrepublik, SR Rumänien und der VR Bulgarien sind bei einem Aufenthalt bis zu 30 Tagen von der Meldepflicht befreit, nicht aber von der Eintragung in das Hausbuch.

Weitere Angaben können der Broschüre „Erläuterung der Meldeordnung" entnommen werden, die jeder Hausbuchbeauftragte besitzt. Die Hausbuchbeauftragten werden den Messevermietern bei Unklarheiten Unterstützung geben, und sie können auch von den ihnen übertragenen Kontrollbefugnissen Gebrauch machen.

„Leipziger Volkszeitung"

236

Zweimal im Jahr „mausert" sich Leipzig zur „Weltstadt".
Hotels, Kneipen, Bars, Taxifahrer und Klofrauen rotieren,
die „Messeonkels" sind im Anmarsch!
Der Kampf um die begehrten „West-Piepen" erfordert vollen Einsatz!
Auch Familie Leister erwartet heute Besuch.
Unsere „Oma aus dem Westen".
Es herrscht höchste Alarmstufe!
Die „Champagner-Lady", wie Oma, ob ihres regen „Sektkonsumes" im
engsten Familienkreis genannt wird, ist äußerst pingelig und Tochter
Jutta möchte sich schließlich nicht blamieren.
Hauptbahnhof, Bahnsteig 15.
Der „Messe-Sonderzug" aus Köln ist soeben eingetroffen.
Im Strom der ankommenden Gäste ist sie kaum zu übersehen, da sie stets
auffällig „behütet" ist!
Dieses Mal kaschiert ein „samtroter Sombrero" ihr dünnes Haupthaar.
Sie hat mich längst entdeckt!
„Hallo Schwiegersohn!"
Küsschen, Umarmung.
„Wieso kommst du denn allein?"
„Jutta hat noch einiges zu besorgen und Pati drückt die Schulbank."
„Du siehst abgespannt aus!"
„Ich stecke in den Endproben, morgen ist Premiere der
„Csardaszfürstin". Übrigens deine Premierenkarte ist reserviert!"
„Die „Csardaszfürstin"?"
„Mmh… Kennst du denn die Operette?"
„Und ob!"
Sie hebt an: „Schlösser die im Monde liegen…"
„Nee, das ist aus „Frau Luna" von Paul Linke."
„Aus „Frau Luna"…is` ja auch egal… jedenfalls freu ich mich auf die
Premiere.
Nehmen wir ein Taxi?"
„Die Taxifahrer haben im Moment Hochkonjunktur, da drüben steht
mein Auto!"
„Fährst du etwa immer noch diese alte „Pappkarosse", also
Schwiegersohn, dieses Auto ist eine Zumutung!"
„Du wirst es überleben, steig ein.

Als gebürtige Leipzigerin ist unsere Oma neugierig auf den derzeitigen Messetrubel und lädt Tochter Jutta umgehend zum Mittagessen in „Auerbachs Keller" ein.

Goethes „inspirative Lieblingskneipe" ist während der Messezeit ausschließlich einer devisenträchtigen Kundschaft vorbehalten.

Der „Laden" ist total überfüllt.

Jutta, erfahren im Umgang mit der „korrupten Kellnerzunft", drückt dem „wachhabenden Ober an der Tür", 5 Mark „West" in die Hand – und siehe da, es findet sich noch ein Plätzchen!

Die Zweiertische sind meist gewissen Herren, in Begleitung einer attraktiven „Sekretärin", vorbehalten, daher geleitet der dienstbeflissene Ober die beiden Damen zu einem Dreiertisch, wo bereits ein Gast auf seine „Thüringer Klöße" wartet.

Eine treffliche Gelegenheit unserer Oma, den sympathischen Tischnachbarn etwas näher zu „beschnuppern".

Der Herr stammt aus der Nähe von Köln, ist erstmalig Gast der Messe und hat, wegen Überlastung der Hotelkapazitäten, ein Privatquartier zugewiesen bekommen.

Er fand Unterkunft bei einem jungen Ehepaar, welches ihm ihr Schlafzimmer zur freundlichen Nutzung überlassen hat.

In Leipzig eine durchaus übliche Sitte, denn für „Westkullerchen" bringt man jedes Opfer!

Der Messegast ist überrascht von der freundlichen Aufnahme und spendiert zur Begrüßung ein Flasche Whisky, die eigentlich künftigen Kunden zugedacht ist.

Glas um Glas kommt man sich näher und alsbald angelt die „rheinische Frohnatur" ein zweites Fläschchen aus seinem „Vertreterköfferchen".

Der „schottische Göttertropfen" verfehlt seine Wirkung nicht!

Spät nach Mitternacht, der spendable Gast hatte die fröhliche Runde längst verlassen, vernimmt er ein mörderisches Geschrei!

Die biederen Wirtsleute, der „schottischen Edelsorte" ungewohnt, liegen sich in den Haaren.

Sie brüllen sich an, es fallen unflätige Beschimpfungen.

Der Messegast, aus dem Tiefschlaf gerissen, stülpt sich den Bademantel über und eilt umgehend in die Stube, zur Stätte vormaliger Eintracht, um die wütenden Kampfhähne zu besänftigen.

Bei seinem Auftritt wird der wohlmeinende Schlichter, in dem „verbalen Kampfgetümmel", schlichtweg ignoriert.
Die Eheschlacht tobt bis in die frühen Morgenstunden und somit war es mit der Nachtruhe, des „großzügigen Mundschenkes", vorbei.
Nun hockt er hier, „mampft" müde die erkalteten Klöße und sucht dringend eine neue Bleibe.

Die Generalprobe ist „gut gelaufen" und bei meiner Heimkehr steht ein fremder Koffer im Flur.
Aus dem Wohnzimmer dringt lautes Gelächter.
Unsere „Champagner-Lady" hat bereits ihre Lieblingssorte „Henkell Trocken" aufgefahren und der Tischnachbar aus „Auerbachs Keller", scheint bereits bestens informiert über meine Tätigkeit.
Während unserer Begrüßung gesteht er, dass er gern Tenor geworden wäre, doch die lieben Eltern meinten, er solle lieber etwas „Vernünftiges" lernen.
So versucht er nun als Großhandelskaufmann, die „Bifi-Dauerwürstchen" einer entsprechenden Branche „schmackhaft" zu machen.
Am nächsten Abend sitzen wir gemeinsam in der zweiten Vorstellung der „Csardaszfürstin".
Erste Reihe, unmittelbar hinter dem Dirigentenpult.
Was ich bis dato nicht ahnen konnte, unser „Bifi-Vertreter" hat den verflossenen Tag eifrig genutzt, seine „Dauerwürstchen" an den Mann zu bringen und dabei wurde jeder Geschäftsabschluss mit einem Gläschen Sekt, Whisky, Wein oder Cognac fleißig begossen.
Im Verlaufe eines Tages läppert sich das ganz schön zusammen.
Doch unser Gast schien geübt in diesem Ritual, denn außer einer „strammen Alkoholfahne", bewahrt er eine erstaunliche Contenance.
Das Licht im Zuschauerraum erlischt, die Gespräche verstummen.
Der Dirigent hebt den Taktstock und das Orchester legt los.
Bereits nach den ersten Takten, während die Geigen, Trompeten und Posaunen in feurigen „Pusztaklängen" schwelgen, verabschiedet sich mein „abgefüllter" Nebenmann von dieser Welt.
Den Mund weit geöffnet, versucht er das Orchester mit lauten Schnarchattacken zu übertönen.

Einen sanften Stoß von mir in die Rippen, deutet er als „Stellungswechsel".

Gegen Ende des ersten Aktes, als der Darsteller des „Boni" zur Arie anhebt, *„ Ganz ohne Weiber geht die Chose nicht... "*, wird mein Nachbar plötzlich munter!

Seine glasigen Augen leuchten und er beginnt lauthals mitzujubeln: „Ganz ohne Weiber geht die Chose nicht..."

Die schockierten Blicke und „Psst-Rufe" des Publikums sind ihm völlig schnuppe und sein „fortissimo" ist kaum zu bremsen!

Peinlich berührt, als sei mir der sangesfreudige Nachbar völlig unbekannt, rücke ich demonstrativ von ihm ab und schüttele empört den Kopf.

Zum Glück geschah die provokante Gesangseinlage kurz vor der Pause und unser erstmaliger Messegast hat den Rest der Vorstellung, dem Diesseits entrückt, in der Theaterkantine verbracht.

BESUCH AUS WIEN

Möglicherweise wird sich ein älterer Leser noch an folgende Melodien erinnern:

„Vor meinem Vaterhaus steht eine Linde..."
„Auf der Heide blühen die letzten Rosen..."
„Im Prater blühen wieder die Bäume..."
„Adieu, mein kleiner Gardeoffizier..." u.v.a.

Sie stammen aus der Feder des bekannten Komponisten Robert Stolz.
1938, nach dem „Anschluss Österreichs ans Reich", nimmt Robert Stolz freiwillig Abschied von Wien, seiner geliebten Heimat.
Er immigriert zunächst nach Frankreich und wird nach Kriegsausbruch in ein Internierungslager gebracht, wo „Einzi", seine 5. Frau den Todkranken befreite.
„Einzi" war, wie Robert Stolz später gestand, die „größte Liebe seines Lebens".
Nach seinem Tode hat „Einzi" leidenschaftlich um das künstlerische Erbe ihres, über alles geliebten Mannes, gekämpft und eines Tages hatte sie auch bei uns an der „MuKo", eine seiner Operetten „untergebracht".

Die Musik „stimmte", aber Robert Stolz hatte, wie einst sein Kollege Franz Lehar, wenig Glück mit den vorgegebenen Textbüchern.

Freundliche Begrüßung unseres Wiener Gastes

Herrn
Erwin Leister
MUSIKALISCHE KOMÖDIE
Karl Marx Platz 12
DDR- 7010 LEIPZIG

Sehr verehrter Herr Leister,   Wien,23.Oktober 1984

Die großartige, fulminate Aufführung der Robert Stolz-Operette
DER TANZ IN'S GLÜCK an der Musikalischen Komödie hat mich zutiefst beeindruckt.
Es war eine Sternstunde! Sie haben es hervorragend verstanden, bei einer
anspruchsvollen und intelligenten Linie alle Pointen treffsicher auszuspielen.
Der ganze Aufbau, das Regiekonzept und die Personenführung sind meisterhaft.
Ich überglücklich, daß diese, Ihre Produktion so ein großer Erfolg geworden
ist. Es ist ein wohlverdienter Erfolg, zu dem ich Ihnen von ganzem Herzen
gratuliere.
Ich danke Ihnen aufrichtigst für diese herrliche Leistung und für Ihre
Liebe und Freundschaft zu Robert und seiner Musik.
Ihre Inszenierung der Operette DER TANZ IN'S GLÜCK hat das beste Anrecht,
als beispielhaft in die Theatergeschichte einzugehen.

Ich danke Ihnen nochmals und verbleibe mit den aufrichtigsten, besten Wünschen
und Grüßen,

           allerherzlichst Ihre

                                    Einzi Stolz

                              (Einzi) Stolz

Sie kämpfte mit „allen Mitteln" um das künstlerische Erbe ihres Mannes.

Die

INTERNATIONALE

ROBERT STOLZ

GESELLSCHAFT

verleiht

Regisseur Erwin Leister

in Anerkennung und Dankbarkeit für die Liebe
und Treue zu Robert Stolz und seiner Musik,
sowie für die großen Verdienste um die Pflege und
Förderung seiner Werke die

ROBERT STOLZ EHRENURKUNDE

Wien, *Feb. 1985*

Einzi Stolz
Präsidentin

Erwin Leisters Inszenierung
versucht sich nicht in Um- und
Neudeutungen des Stückes, sondern packte es ungehemmt beim
Schopfe, um es in seinen ureigensten Qualitäten auszuspielen. Immer wieder jedoch setzte Leister
den ironischen Kontrapunkt, der
die, natürlich reichlich vorhandenen, Banalitäten und Operettenklischees mitunter zu zwerchfellerschütternden Einlagen umgestaltete.

„Leipziger Volkszeitung"

DIE GRÄFIN VON NASCHMARKT

Während einer Herbstmesse bekommen wir erneut Besuch aus Wien. Professor Kutschera vom „Theater an der Wien" und Komponist Erwin Halletz. (u.a. „Das machen nur die Beine von Dolores")
Beide haben vor kurzem die Uraufführung des Musicals „ Die Gräfin vom Naschmarkt" aus der Taufe gehoben und nun sind sie neugierig auf unsere „DDR-Erstaufführung".
Marika Rökk, die bekannte Filmschauspielerin, spielte in der Wiener Inszenierung die Titelrolle.
Nach der Vorstellung plauderten die sympathischen Gäste freimütig über die schwierige Probenarbeit mit der ungarischen Diva, ihrem unstillbaren Rampendrang, was man „neudeutsch" schlicht „Rampensau" nennt.

Erfolgreiche DDR-Erstaufführung an der

MUSIKALISCHEN KOMÖDIE

DIE GRÄFIN VOM NASCHMARKT

MUSICAL

Erwin Leister und Roland Seiffarth, ein auf Tempo, Dynamik, Hingabe an das Werk und die nötige Zutat von Ironie eingeschworenes und eingespieltes Team, fand die genau richtigen Relationen für treffsichere Wirkungen. Seiffarths Musizieren bewegte sich gern um die Grenze zur ironischen Übertreibung. Leister inszenierte ideen- und temporeich, geistvolle Dialogpassagen fast unmerklich heraushebend, sprachliche Banalitäten, mit denen der Text ebenfalls nicht geizt, elegant übergehend.

„Leipziger Volkszeitung"

Brigitte Kreuzer

„... augenfällige und temporeiche Inszenierung, die sich der Herkunft von der Short Story bewußt bleibt..."

(Neue Zeit, 16. 12. 80)

244

Hinreißende „Schnapsdrossel"

„Die Gräfin vom Naschmarkt" – DDR-Erstaufführung in der Muko

In der musikalischen Komödie hat Erwin Leister, dessen absoluter Sensus für wirkungsvolles, zündendes In-Szene-Setzen schon in früheren Inszenierungen seinen Niederschlag fand, das von Erwin Halletz (Buch) und Kurt Nachmann (Musik) für das Theater an der Wien und die legendäre Marika Rökk geschriebene Musical, die Geschichte der Leute vom Wiener Naschmarkt, inszeniert. Es besticht, wie Leister die einzelne Szene ausleben läßt, ohne den Faden des Ganzen zu verlieren, mit welchem Gespür auch für optische Wirksamkeit er Solisten und Ensemble zu ihren versteht, wie er Ruhepunkte setzen weiß, ohne daß ihm dabei Quentchen an szenischer Spannung verlorenginge, wie er selbst den ligen, doch recht dünnblütigen chluß des Ganzen noch durch flüssige, wirkungsvolle Arrangeufzuwerten weiß.

„Leipziger Volkszeitung"

DDR-Erstaufführung in der Musikalischen Komödie

Bravo-Rufe für Solisten und das ganze Ensemble

...im übrigen sorgt Leister, nach wie vor Temporegisseur der Muko, aus gutem Grunde dafür, daß der diesem Musical eigene Charakter der Short Story gewahrt bleibt: In zwei sehr unterhaltsamen Stunden ist alles vorbei!

Zweimal Brigitte Kreuzer und das Ballett

„Union"

THEATER AN DER WIEN

20.März 1981
Prof.Ku/Ko

Herrn
Erwin L e i s t e r
Manetstraße 18
7022 L E I P Z I G

Sehr geehrter Herr Leister !

Nach Wien zurückgekommen, denke ich gerne an den wunderschönen Abend, den Herr Halletz und ich im Kreise Ihrer
Kollegen und mit Ihrer Gattin verbringen durften und ich
bedanke mich herzlich für die großzügige Einladung.

Ich möchte Ihnen noch einmal zu der GRÄFIN gratulieren.
Es ist in jeder Beziehung eine ausgezeichnete Vorstellung
und ich verstehe den Presse- und den Publikumserfolg
sehr gut.

Wie versprochen, schicke ich Ihnen 2 Platten von der GRÄFIN
und Kassetten von EVITA und SHE LOVES ME. Ich schicke aber
die Sachen an LIED DER ZEIT und Herr Glävke wird dann das
Material an Sie weiterleiten.

Grüßen Sie, bitte, alle Ihre Freunde, die wir an diesem
Abend kennengelernt haben, Herrn Seiffarth, Frau Geppert und
vor allem natürlich Frau Brigitte Kreuzer und Herrn Reimsbach.
Herr Halletz und ich haben den Abend wirklich genossen und
besonders die Einladung in Ihre wunderschöne und gemütliche
Wohnung.

Nochmals vielen Dank. Alles Liebe, beste Wünsche,

I h r

Prof.Rolf Kutschera

Dietrich Hergt   Karl Zugowski

Berliner Operetten-Oma in Leipziger Verjüngungskur

In der Musikalischen Komödie:
Neuinszenierung von Linckes „Frau Luna"

Leister hat kräftig den Staub aus der Klamotte zu schütteln versucht, für das Finale „Untern Linden" — ein echtes Leistersches Kabinettstück mit dem auf einem Laufsteg rund um den Orchestergraben hautnah präsentierten mitreißenden Ensemle. Und natürlich wieder eine ichere Bank für abschließende Pulikumsresonanz — drei Wiederholungen in einer Repertoirevorstelung, die wir sahen, sind immerhin icht unbedingt die Regel.

„Leipziger Volkszeitung"

Das allein ist schon ein Pfund, mit dem zu wuchern einem Musiker wie Walter Hessel, einem Regisseur wie Erwin Leister, einem Ensemble wie dem mit musikalisch trächtigen Werken nicht eben verwöhnten der Musikalischen Komödie geradezu Bedürfnis sein sollte. Und was da nun im Hause in der Dreilindenstraße zu sehen und zu hören ist, beweist, daß mit Hingabe, Einsatz, Ideen und Gespür für die Feinheiten der Geschichte und auch für die der Musik gearbeitet worden ist.

„Union"

Populärer Paul Lincke

„Frau Luna" in der Musikalischen Komödie

Erwin Leisters Inszenierung versucht sich nicht in Um- und Neudeutungen des Stückes, sondern packte es ungehemmt beim Schopfe, um es in seinen ureigensten Qualitäten auszuspielen. Immer wieder jedoch setzte Leister den ironischen Kontrapunkt, der die, natürlich reichlich vorhandenen, Banalitäten und Operettenklischees mitunter zu zwerchfellerschütternden Einlagen umgestaltete.

„Sächsisches Tageblatt"

„Luna"-Herzen schlugen höher..

Erfolgreiche Neuinszenierung an Leipziger „Musikalischer Komödie"

LEIPZIG. Ein derart stürmisch gefeiertes Comeback in der Leipziger „Musikalischen Komödie" hätte ihr kaum einer vorausgesagt — der guten alten „Frau Luna" von Paul Lincke.

Ewin Leister nimmt das Libretto Bolten-Baeckers in der textlichen Neufassung von Otto Schneidereit im wesentlichen, und darin liegt zweifellos die **szenische** Erklärung für den Überraschungserfolg der Leipziger Aufführung. bei seiner Bodenständigkeit;

Bis zum Schluß der Aufführung hält diese spürbare Mitbeteiligung des Publikums vor, weil Leister die szenische Stimmung auch nach dem Erwachen Steppkes in seiner Berliner Dachkammer nicht abflauen läßt — sie vielmehr bis zum Hochzeitsbild im Gartenlokal tempogeladen hält.

Von der kräftig aufgedrehten „Berliner Luft" bekam der Zuschauersaal an beiden Abenden nicht genug — mehrfache Wiederholung des turbulenten Ausklangs zum rhythmischen Applaus!

„Leipziger Volkszeitung"

Jubel um die Mondgöttin

Erfolgreiche Inszenierung von Linckes „Frau Luna" in der Musikalischen Komödie

Zum noch größeren Gewinn aber wird, wie Erwin Leister als Regisseur die „Luna" angeht — wohltuend respektlos und modern, wenn auch die Durststrecke bis zur Pause noch verkürzt werden könnte.

Leister inszeniert gewiß auch die deftige Lokalposse und spekuliert mit dem Hang zur Nostalgie. Mehr aber noch hält er sich an die Elemente der Revue,

Was soll's noch viele Worte: Geben wir zu, daß unsere Erwartungen in Werk und Aufführung nicht gerade hochgesteckt waren. Und stellen wir mit Freude fest, daß sie weit übertroffen wurden. „Frau Luna" in Leipzig — der Besuch der alten Dame ist eine angenehme Überraschung! Georg A n t o s c h

„Union"

„Marie"
Hannelore Schilling

BESUCH AUS MOSKAU...

Nach der ONEGIN-Generalprobe (22.9.) fand im Keller ein Pressegespräch
mit Prof. POKROWSKI (Bolschoi Theater) statt.
Ich war am Mittwochabend, sagte Prof. POKROWSKI, in der Musikalischen
Komödie und habe mir "Frau Luna" angesehen. Eigentlich dachte ich, die
richtige Operette wäre tot, aber ... ich wurde nicht eines besseren,
sondern eines viel besseren belehrt. Ich halte ja nichts von Theater,
das Publikum belehren will um jeden Preis; das wird viel zu oft gemacht. Theater soll unterhalten, im besten Sinne. Die "Luna" hat mir
ausgezeichnet gefallen; so locker musiziert, gelöst und voll Einsatz
gespielt, daß ich überrascht war, daß es so etwas noch gibt. Mit wenigen äußerlichen Mitteln wurde Optimales erreicht im Vertrauen und
dessen Rechtfertigung durch alle Darsteller, Solisten, Chor und Ballet
Ich fühlte mich im schönsten Sinne unterhalten und amüsiert. Ich fand
alles mit Geschmack und Pfiff gemacht. Zum Beispiel welch köstliche
Wirkung der nette Einfall in Kostüm, Choreographie und Inszenierung
bei der Mondpolizei (mit einigen kühnen Gesten der Hände beschreibt
er dies ganz genau).
Wir sprechen immer so viel von der Verwandlung des Darstellers auf
der Szene, sagte er weiter, wichtiger, schöner, schwerer als Aufgabe
ist die Verwandlung des Publikums. Dies ist an diesem Abend dort
geschehen. Die Menschen wurden verwandelt in eine ganz andere, heitere
psychische Disposition, aufgelockert, geöffnet, verwandelt, daß sie
sich mit Spaß auf jeden neuen Spaß , jedes neue Complet, in der Pause
aufs Büffet stürzten. Humor und Lachen machen hungrig und durstig
auf Stullen und Bier. Einen habe ich gesehen, der hat sogar Champagner
getrunken.
Eins hat mich gewundert, meinte Prof. POKROWSI abschließend, wieso
waren bei "Frau Luna" die Kostüme so flott, adrett, gut sitzend,
treffend und bei meinem ONEGIN nicht?

> Ulrich Burkhardt /AR

Ulrich Burkhardt, mein damaliger Regieassistent,
at dem Pressegespräch beigewohnt

249

Gerd Fahl und der Herrenchor

Vibrierende Spannung
bis zur letzten Minute

Erwin Leister hat die Vorzüge des Stücks und der Musicalbühne geschickt genutzt, die angedeuteten Schwachstellen überspielt und mit szenischer Turbulenz einen vibrierenden Spannungsbogen von der ersten bis zur letzten Szene gezogen. Nun ist ohnehin bekannt: Wenn Leister inszeniert, biegen sich die Bretter, und die Motten fallen aus dem Vorhang. Aber solcher formaler Vorzug erschöpft sich hier nicht in geschickten Bühnenarrangements, raffinierten Kontrasten zwischen Soli und Massenszenen, für Schauwert und genüßlich ausgekostetes erotisches Flair. Der fast revueartige Zuschnitt der Inszenierung unterstützt und betont nachdrücklich Logik und Emotionen, hebt die soziale Grundkonstellation hervor — selbstverständlich immer in dem Maße, wie es die Musicalbühne zuläßt und verträgt.

„Leipziger Volkszeitung"

Dieses, inzwischen an vielen Bühnen aufgeführte Erfolgs-Musical, erlebte in Leipzig seine zweite Inszenierung.

Ein Komponist bedankt sich…

Guido Masanetz
KOMPONIST,

1108 BERLIN-BLANKENFELDE
BUCHHOLZER STRASSE 70 · 137/14
TELEFON 483 92 77

An die
Städtischen Theater Leipzig

Berlin, den 23.6.1979

Sehr geehrter Herr Prof. K a y s e r ,

es ist mir ein Herzensbedürfnis, der Leitung der Städtischen Theater Leipzig meinen allerherzlichsten Dank auszusprechen für die Wiederaufnahme meiner Operette "In Frisco ist der Teufel los", aber auch dafür, daß mit dieser 2. Inszenierung von Erwin Leister eine solch großartige, für das heitere Musiktheater repräsentative Aufführung zustandekam. Vor der Ensembleleistung, bei der jeder Einzelne seinen Part treffendst interpretierte, kann man nur Hochachtung haben. Was da von der Bühne herunterkam, war überaus sympathisch, Freude spendend, Genuß bereitend an der "heiteren Muse", die so schwer zu machen ist – einfach: ein beglückendes Gemeinschaftserlebnis. Ich selbst habe einen solchen Erfolg mit einem nicht enden wollendem Beifall und unzähligen da capi noch nicht erlebt, wie bei der Premiere am 16.Juni 1979 in der Musikalischen Komödie Leipzig.Die Komponisten der DDR und wir alle können froh und stolz sein ob solch ausgezeichneter Interpretationsmöglichkeiten in unserem Lande.

Ich bedanke mich auf diesem Wege bei allen Beteiligten von "Frisco" aller-allerherzlichst für allen Fleiß, Kraft und Mühe, die sie in diese Neuinszenierung investiert haben.

Sehr geehrter Herr Prof.Kayser, ich bin sehr glücklich über dieses Ergebnis. Es hat mich bestärkt für weitere Arbeiten auf dem Gebiete des heiteren Musiktheaters. Ich bedanke mich nochmals und wünsche Ihnen beste Gesundheit und bestes Wohlergehen und den Städtischen Theatern Leipzig weitere, schönste Erfolge in allen Sparten.

Mit sozialistischem Gruß

Guido Masanetz

Dienstanweisung des Generalintendanten
anlässlich einer Sylvesterveranstaltung

Lieber Kollege   L e i s t e r !

Es besteht Veranlassung, darauf hinzuweisen, daß es zur Moral
des Theaters gehört, daß die Aufführungen am 31.12.1977, also
am Silvesterabend, dem Niveau einer Premiere entsprechen und
daß das Theater nicht mit einem Lokal verwechselt wird, in dem
man Silvester feiert oder in einem Kabaarett, in dem man besondere Poenten abzusetzen hat.

Hiermit verpflichte ich Sie, daß am Silvesterabend von keinem
der Daersteller aus dem Rahmen herausfallende Extempores gemacht werden. Das würde unter dem Niveau des Theaters sein und
außerdem von meiner Seite aus nicht statthaft.

Da ich nicht annehmen kann, daß Sie den ganzen Abend in der
Vorstellung sind, bitte ich Sie, die Abendaufsicht bzw. die
Kollegen, von denen Sie wissen, daß sie dazu neigen, schon
jetzt darauf hinzuweisen, daß dies verboten ist. Besonders be-
liebt sind diese Extempores bei einigen Kollegen in der Muko
und im Schauspielhaus.

In der Annahme, von Ihnen richtig verstanden worden zu sein,
weise ich darauf hin, daß ein diesbezüglicher A u s h a n g
nicht gestattet ist.

Ich verbleibe mit den besten Grüßen und Wünschen für ein ge-
sundes Neues Jahr

                         Ihr

                         Prof. Karl K a y s e r

Das Kulturministerium gratuliert…

```
6111nt lzg   dd
1111i  bln   dd
zczc 188
610)belintf 7 1646
ampliation

    223 ^{1715}

remettr8.11. lx45
herrn e. leister
staedt. theater leipzig
musikalische komoedie
karlmarxplatz 12
(7010)leipzig


sehr geehrter herr leister zu ihrem 60. geburtstag
uebermittle ich ihnen die hrzlichstengreusse und
glueckwuensche ichverbinde damit meinen dank und
anerkennung fuer die eispielhafte kontinuitaet in
ihrer kuenstlerischen arbeit als oberspielleiter und
regisseur mit der sie einen wertvollen beitrag zur
entwicklung des heiteren musiktheaters in der ddr leisten konnten
ich wuensche ihnen gesundheit schaffenskraft und weitere erfolge
in ihrer arbeit
          martin meyer stellv. des ministers


1657 nnnnö
6111nt lzg   dd
11111  bln   dd
```

Von Fortissimo bis Mezzo

Neueinstudierung von „Eine Nacht in Venedig" in der Musikalischen Komödie

Dem Schwung solcher Deutung sucht die Inszenierung zu entsprechen. Erwin Leister schlägt das Tempo der Commedia dell' arte an und erstrebt die lustige Buntheit eines Goldoni,

„Leipziger Volkszeitung"

Hinter hoffendem Lächeln schimmern stets die Tränen...

Das amerikanische Erfolgsmusical „Sweet Charity" in Leipzig

...Die Inszenierung (Erwin Leister) gehört zu den schönsten Produktionen der letzten Jahre.

Diesen dramatischen, in harten Kontrasten gleichermaßen tragischen wie komischen Stoff hat Erwin Leister in einer außerordentlich dichten Inszenierung auf die Bühne gebracht.

„Leipziger Volkszeitung"

Maienfrisch und evergreen

„Wie einst im Mai" in der Musikalischen Komödie

Erwin Leister hat sich dem leichtgeschürzten Opus auf die wohl einzig mögliche Weise genähert: Mit immer wieder neuen und nahezu durchweg überzeugenden szenischen Lösungen, mit vielen witzigen Details belegt er ironisch-kritische Distanz zur generationenumspannenden Fabel, weiß leisen wie derben Spott treffend zu nuancieren und vor allem seine Stärke – die genaue Einschätzung und das jeweils einfühlsame Nutzen der Potenzen der Muko-Ensembles – mit sicherem Gespür einzusetzen. Zudem läßt er dem Werkchen, was des Werkchens ist;

„Union"

Spritzig, wohlklingend - und wie aus einem Guß!

Carl Millöckers „Gasparone" in der Musikalischen Komödie

Im Operettendreiakter „Gasparone", jenem genial gebauten Räuberstück, in dem der Hauptakteur gar nicht vorkommt, werden die vermeintlichen und die wahren Bösewichter von vornherein nicht ernst genommen. Und Erwin Leister hat das in seiner jüngsten Inszenierung in der Musikalischen Komödie nicht nur dabei belassen, sondern das Augenzwinkern von der Bühne zum Parkett verstärkt, dabei auch wiederum jenes flotte Tempo anschlagend, mit dem er mögliche bremsende Hürden in der Regel elegant überspringt.

„Sächsisches Tageblatt"

Leicht laues Bad

„Das Bad auf der Tenne" in der Musikalischen Komödie

Erwin Leister, in jüngster Zeit vor allem im Musical höchst erfolgreich und mit deutlichen Ambitionen für Bewegtheit der Bilder, für die großen, zündenden Ensembleszenen, für die Revue, hat sich nun auch bei dieser Inszenierung von diesen seinen Neigungen leiten lassen, hat immer dann, wenn zu den Solisten auch der erneut ausgezeichnet spielende und singende Chor (Vorbereitung: Armin Oeser) kommt, Gefälliges, Erfreuliches arrangiert. In der Anlage der handlungstragenden Figuren allerdings bleibt manches fragwürdig.

„Sächsisches Tageblatt"

Sprung übern Gartenzaun als ,Sehnsucht nach dem Abenteuer

Paul Abrahams „Ball im Savoy" in der Leipziger Musikalischen Komödie

Daß die jüngste Inszenierung in der Dreilindenstraße trotzdem kein Schuß in den Ofen wurde, ist wohl jener eingängigen Musik und vor allem Erwin Leisters geschickter, Schau- und Unterhaltungsvergnügen massiv hervorkehrender Inszenierung zu danken – weil sich der Regisseur hütete, dort nach etwas zu suchen, wo nichts zu finden sein konnte. Leister läßt das Stück (musikalische Leitung: Walter Hessel) pur spielen, aber mit viel Ironie, streckenweise fast als Operettenparodie.

„Union"

Zupackend von der Ouvertüre bis zum letzten Seufzer

Erfolgreiche Neuinszenierung von Kalmans „Csardasfürstin"

Nach 13 Jahren kam sie nun wieder hereingeweht in Leipzigs Musikalische Komödie – die „Csardasfürstin". Und siehe da, das betörende Super-Weibchen ist frisch und verlockend geblieben, sogar fast ganz ohne kosmetische Operationen oder das in Mode kommende kräftige Liften. Lediglich ein Shimmy aus der „Bajadere" von 1921 als stilwidriger, aber kräftiger Farbtupfer für den 3. Akt und etliche raffende Striche quer über das Libretto wurden für ein zeitgemäßes Make-up als passend empfunden.

Was für Emmerich Kalman mit 700 Vorstellungen einer suite nach der Uraufführung im November 1915 in Wien zum Meisterstück wurde, erweist sich – wie schon 1974 vom Team Erwin Leister/Roland Seiffarth in Szene gesetzt – im Oktober 1988 in Leipzig wieder als echtes „Leister-Stück": eine Inszenierung voller Esprit, dynamisch von der zupackend dargebotenen Ouvertüre bis zum letzten leisen Seufzer, geschmackvoll, witzig und farbenfreudig auch im Bühnenbild (Bernd Leistner) und im Kostüm (Dorothea Weinert). Kurz: Operette pur, schillernd und leichtfüßig, so wie sie viele Leute mögen, und die geizten deshalb in der (hier besprochenen) Premiere vom 7. Oktober auch nicht mit Szenenapplaus, Bravorufen und enthusiastischem Schlußbeifall.

Roland Seiffarth, eben erst zum Musikdirektor ernannt, bringt nun am Pult des Orchesters der Musikalischen Komödie das Prickelnde dieser junggebliebenen Musik wahrlich zum Überschäumen, dabei in der Ihm eigenen subtilen Weise alle Nuancen bis zum letzten „Tropfen" genußvoll auskostend. Erwin Leisters pointierte Dialogregie und die ideenreichen, temperamentvollen Choreographien Monika Gepperts für die Damen des Balletts lassen die vielen großen Erfolgsnummern zu einer beinahe pausenlosen Folge optisch und musikalisch leuchtender Musikszenen verschmelzen; nur unterbrochen durch den ständigen Szenenapplaus des davon begeisterten Publikums.

„Leipziger Volkszeitung"

Weniger wohlmeinende Kritiken und auch solche gab es, wurden, nach gründlicher Analyse, zumeist umgehend „entsorgt".

Ballettszene

Musikalische Komödie
MAM'ZELLE NITOUCHE
Florimond Hervé

Musikalische Leitung: Ralph Rank
Inszenierung: Erwin Leister
Darsteller: Piotr Kolodziej – (links)
Christel Guck – (kniend)
Brigitte Kreuzer – (mitte links)
Hans-Gottfried Henkel – (mitte)
Lisa Thomas-Muschau – (mitte rechts)
Manfred Brendel – (rechts)

„Bitte recht freundlich!"
Ein gestelltes Probenfoto

RAT DER STADT LEIPZIG

Sehr geehrter Herr Erwin Leister!

Zu Ihrem 65. Geburtstag gratuliere ich Ihnen im Namen des
Rates der Stadt sowie persönlich auf das herzlichste.

Ihr besonderer Ehrentag fällt in die Zeit bewegten Aufbruchs,
in der volles persönliches Engagement lebensnotwendige Tugend
wird.
Es war mir eine große Freude, bei unserer kürzlichen Begegnung
gerade diese Eigenschaft bei Ihnen in so überzeugender Weise
erlebt zu haben. Sie ist mir im Nachdenken über Ihre bisherige
künstlerische Ernte ein Schlüssel Ihrer Erfolge als Oberspielleiter und Regisseur der Musikalischen Komödie.

Ein herzliches Danke dafür, daß Sie vielen Menschen Freude und
Entspannung bereitet haben. Danke auch dafür, daß Sie in Ihrem
Streben nach künstlerischer Qualität sich nie von widrigen
äußeren Bedingungen haben abbringen lassen.

In diesem Sinne wünsche ich Ihnen weiterhin schöne Erfolge,
Gesundheit und Schaffenskraft.

                                    In herzlicher Verbundenheit

                                    Dr. Uwe Fischer
                                    Stadtrat für Kultur

Leipzig, 8. November 1989

Man beachte obiges Datum!
Wahrscheinlich war es einer der letzten Gratulationswünschedes
„Stadtrates für Kultur".

257

Meine letzte Inszenierung...

» DIE SCHÖNE HELENA «

VON JACQUES OFFENBACH

Vor allem Honorar für Action

Offenbachs „Schöne Helena" in der Musikalischen Komödie

Allerdings – ein hier und da ein-
gestreutes Bonmot macht weder das
rote noch das weiße Kraut so richtig fett. So bleiben vor allem der
durch Roland Seiffarth (musikalische Leitung) mit dem Orchester
überlegen ausgekostete leichtfüßige
Charme Offenbachscher Musik und
die musikalische wie optische Prä-
gnanz turbulenter Massenszenen
mit den Solisten und dem von Wolfgang Horn gut vorbereiteten Chor
in Erinnerung. Erwin Leister (Regie) und Monika Geppert (Choreographie und szenische Mitarbeit) beweisen hier wieder einmal sicheres
Gespür für Action, was das wohl-
wollende Publikum freudig hono-
riert. Das ist in gegenwärtigen Zeiten schon etwas, zumal in puncto
Spielplan der Musikalischen Komödie durch weiteren Schwund diver-
ser Mittel erheblich die Flügel ge-
stutzt wurden.

"Helena"
Angela
Mehling

Eintragung in mein Tagebuch:
„Westtantiemen" aufgebraucht – künstlerische Arbeit unerfreulich –
politische Situation trostlos...

258

TALFAHRT

In Leipzig, der alten Messemetropole, brodelt es!
Unter den Dächern der Stadt, in den Betrieben, Wohnungen, Geschäften und Gaststätten, überall macht sich eine kaum beschreibbare Lethargie breit.
Der spöttische Slogan – „Ruinen schaffen ohne Waffen" – entpuppt sich zusehends als traurige Wahrheit.
Überall bröckelt der Putz.
Die ehemals prächtigen Fassaden der Bürgerhäuser verkommen und ihr Verfall ist kaum noch aufzuhalten.
In der Nacht, wenn das benachbarte „VEB Braunkohlekombinat Espenhain" seine Dreckschleudern öffnet, ist die Luft über der Stadt zeitweilig so verpestet, dass man die Fenster sinnvollerweise geschlossen hält.
Am nächsten Morgen liegt auf den Dächern, Straßen, Bäumen und dem sorgsam gehüteten „Trabi", eine schmierige Rußschicht.
Im Eilverfahren, quasi über Nacht, werden in unserer Straße die historischen Schinkellaternen abmontiert, in der Nebenstraße das Kopfsteinpflaster herausgerissen.
Alles, was „West-Kullerchen" oder „Dollars" bringt, wird von einem gewissen Herrn Schalck-Golodkowski verscherbelt.
Totaler Ausverkauf!
Über`m „sozialistischen Musterländle" schwebt der Pleitegeier!
Die spärliche Versorgungslage öffnet der Korruption Tür und Tor!
Ohne einen „Blauen" (Westmark) auf die Hand, als „Begrüßungsgeld", lässt sich kaum noch ein Handwerker blicken.
Presse, Rundfunk und Fernsehen ignorieren die prekäre Lage, „Hurra-Optimismus" ist angesagt!
Die „Arbeiterführer", in der „Exklave Wandlitz", üben sich in vornehmer Zurückhaltung.
Kopf in den Sand!
Letztendlich möchten sie ihren Arsch noch möglichst lange im Warmen behalten.
Doch eines Tages ist das Maß voll!!

Während die Glocken der Nikolaikirche vom Ende des „Friedensgebetes" künden, strömen die Besucher umgehend zum „Karl-Marx-Platz", wo sie auf eine, zu Tausenden zählenden Menge, Gleichgesinnter treffen.
Alle beseelt nur ein Gedanke – so kann und darf es nicht weitergehen!!
Erstaunlich diszipliniert, wie von unsichtbarer Hand geleitet, formiert sich die Menschenmenge vor dem Gebäude der „Hauptpost" zu einem Demonstrationszug und ohne Zielangabe oder irgendeine Aufforderung, setzt sich die Menschenlawine langsam in Bewegung.
Ich stehe mit Jutta am Straßenrand, in unmittelbarer Nähe eines Lautsprechers, wo Gewandhauskapellmeister Kurt Masur soeben die Menge zur Besonnenheit mahnt.
„Reiht euch ein!", klingt es aus dem Demonstrationszug.
Mein Puls ist kaum zu bremsen, die Gefühle fahren „Achterbahn".
Schließlich zähle ich zu den Leitungsmitgliedern der „Städtischen Theater" und die Zukunft liegt noch absolut im Dunkeln!
Immer lauter schalt die Aufforderung:
„Reiht euch ein!", „Schließt euch an!"
Jutta spürt meinen Konflikt, nimmt mich kurzentschlossen bei der Hand und wir zwängen uns hinein in die Menge, in den Proteststurm, der kaum noch aufzuhalten scheint!
Vorm Hauptbahnhof begrüßt uns ein dichtes Spalier Schaulustiger mit Applaus.
Erst die lautstarke Aufforderung sich einzuordnen, lässt Hemmungen und Ängste überwinden und viele schließen sich an.
Inzwischen ist es dunkel geworden.
Wir passieren die „Blechbüchse", das „Konsument-Warenhaus".
Bis zur „Runden Ecke", der „Bezirksbehörde der Staatsicherheit", sind es noch wenige Minuten.
Die euphorischen Rufe verstummen mehr und mehr.
Laut einer Pressemeldung, erklärt sich der Kommandeur einer „Kampfgruppe" bereit, die „konterrevolutionären Aktionen" zu unterbinden – notfalls mit der Waffe in der Hand!

LVZ / 6. Oktober 1989

Werktätige des Bezirkes fordern:

Staatsfeindlichkeit nicht länger dulden

Die Angehörigen der Kampfgruppenhundertschaft „Hans Geiffert" verurteilen, was gewissenlose Elemente seit einiger Zeit in der Stadt Leipzig veranstalten. Wir sind dafür, daß die Bürger christlichen Glaubens in der Nikolaikirche ihre Andacht und ihr Gebet verrichten. Das garantiert ihnen unsere Verfassung und die Staatsmacht unserer sozialistischen DDR. Wir sind dagegen, daß diese kirchliche Veranstaltung mißbraucht wird, um staatsfeindliche Provokationen gegen die DDR durchzuführen. Wir fühlen uns belästigt, wenn wir nach getaner Arbeit mit diesen Dingen konfrontiert werden.

Deshalb erwarten wir, daß alles getan wird, um die öffentliche Ordnung und Sicherheit zu gewährleisten, um die in 40 Jahren harter Arbeit geschaffenen Werte und Errungenschaften des Sozialismus in der DDR zu schützen und unser Aufbauwerk zielstrebig und planmäßig zum Wohle aller Bürger fortgesetzt wird. Wir sind bereit und Willens, das von uns mit unserer Hände Arbeit Geschaffene wirksam zu schützen, um diese konterrevolutionären Aktionen endgültig und wirksam zu unterbinden. Wenn es sein muß, mit der Waffe in der Hand!

Wir sprechen diesen Elementen das Recht ab, für ihre Zwecke Lieder und Losungen der Arbeiterklasse zu nutzen. Letztlich versuchen sie damit nur, ihre wahren Ziele zu verbergen.

Kommandeur GÜNTER LUTZ
im Auftrag der
Kampfgruppenhundertschaft „Hans Geiffert"

Der Demonstrationszug stoppt.
Das Gebäude der Staatssicherheit liegt völlig im Dunkeln, die Fenster verhangen, kein Lichtstrahl, der nach draußen dringt!
Gespenstisch!

Unbeachtet von der Menge, scheren einige Mädchen aus dem Protestzug aus, laufen zu den Wachtposten und stellen ihnen zu Füßen brennende Kerzen auf.
Die martialisch mit Schild und Sturmhaube ausgerüsteten Bereitschaftspolizisten suchen die friedvolle Geste krampfhaft zu ignorieren.
Was mag jetzt in ihren Köpfen vorgehen?
Möglicherweise sind unter den Demonstranten auch ihre Eltern, Geschwister oder Freunde.
Und während alle Augen verängstigt auf die abgedunkelten Fenster starren, tönt aus der Menge eine vereinzelte Stimme:
„Keine Gewalt! Wir sind das Volk!"
Und Sekunden später hallt es hundertfach im Chor:
„Keine Gewalt! Wir sind das Volk!"
Und immer wieder, „Keine Gewalt!!"
Und letztendlich sind es Zehntausende, die ihren angestauten Frust in Leipzigs nächtlichen Himmel schreien:
„Wir sind das Volk! Keine Gewalt!"
Tränen fließen… man schämt sich ihrer nicht!

Wenige Monate später liegen sich, die so viele Jahre getrennten Landsleute, freudetrunken in den Armen!
Tausende Trabantfahrer machen sich umgehend auf die Piste nach Hamburg, Hof oder Kassel, um den Bewohnern jenseits „des eisernen Vorhangs" kräftig die Luft zu verpesten.
Alsbald tauchen „seriöse Herren in Nadelstreifen" auf und ein, bis dato unbekanntes, Wort macht die Runde – „Abwicklung"!
Viele Werkstore werden für immer geschlossen.
Bald macht sich ein „gewichtiger" Politiker aus Oggersheim, dem „Saumagen-Ländle", auf den Weg nach Dresden, um den dort, gläubig lauschenden Bürgern, „Blühende Landschaften" zu prophezeien!
Es gibt künftig zwei „Sorten Deutsche" – den „Ossi" und den „Wessi" – Differenzen sind vorprogrammiert!
40 Jahre unterschiedlich gelebtes Leben sollte man sich nicht einander vorhalten!
Das braucht Geduld und Zeit, sehr viel Zeit!

Unmittelbar nach der Grenzöffnung bot mir Ulf Reiher, mein einstiger Regieassistent aus Gera und nunmehr Intendant des „Landestheaters Detmold", eine Gastinszenierung an.

Gasparone

Landestheater Detmold

Carl Millöcker

Operette in drei Aufzügen
Musik von Carl Millöcker
Text von F. Zell und Richard Genée
Revidiert von Rudolf Bibl und Hans Dieter Rosser

Musikalische Leitung	Kai Bumann
Inszenierung	Erwin Leister
Choreographie	Richard Lowe
Choreinstudierung	Ulrich Nolte
Bühnenbild	Gernot D. Zahel
Kostüme	Isolde Lehofer
Masken und Frisuren	Edda Niemann

GASPARONE 3. BILD

1989/90

Bühnenbild

Auch der ehemalige „Heldentenor" des Geraer Theaters, Martin Peleikes, seit Jahren Intendant des „Staatstheaters Saarbrücken", erinnerte sich meiner.

Das „Saarländische Staatstheater" ist ein architektonischer Prachtbau, welches einst Hitler dem Saarland, anlässlich der „Heimkehr ins Reich", zum Geschenk gemacht hat.

Saarländisches Staatstheater – Großes Haus

Der Graf von Luxemburg

**Operette in drei Akten von A. M. Willner und Robert Bodanzky.
Musik von Franz Lehár.**

Am Saarländischen Staatstheater inszenierte Erwin Leister „Der Graf von Luxemburg"

René, Graf von Luxemburg Volker Bengl

Spielzeit 1990 / 91

Die Flinkheit von Erwin Leisters Inszenierung, eine Spontaneität der Szenenfolgen, die Rührseligkeit gleich gar nicht aufkommen ließ: Das ist wohl die richtige Gangart für das Stück. Ganz in Ordnung, daß der Chor immer in Unordnung schien.

„Saarbrücker Zeitung"

DIENSTSCHLUSS

1990 – nach 41 „Dienstjahren" – ist es soweit!
Ich nehme Abschied von den „Leipziger Brettern".
Es ist ein Scheiden ohne Wehmut.
Wie heißt es doch so treffend im „Wilhelm Tell":
‚Das Alte stürzt, es ändert sich die Zeit
– und neues Leben blüht aus den „Ruinen"…‘

Monika Geppert
Ballettmeisterin, später Direktorin

Roland Seiffarth
Musikalischer Oberleiter,
später Musikdirektor

Ohne diese beiden Kollegen, besessen von der jeweiligen
Herausforderung, ideenreich und engagiert, hätte ich so manche
Leipziger Premiere weniger erfolgreich „überstanden".
Uns war es vergönnt, den Zuschauern etwas zu vermitteln, was man
nicht kaufen kann – den „Ausbruch aus dem Alltag in eine „heitere",
unbeschwerte Welt".

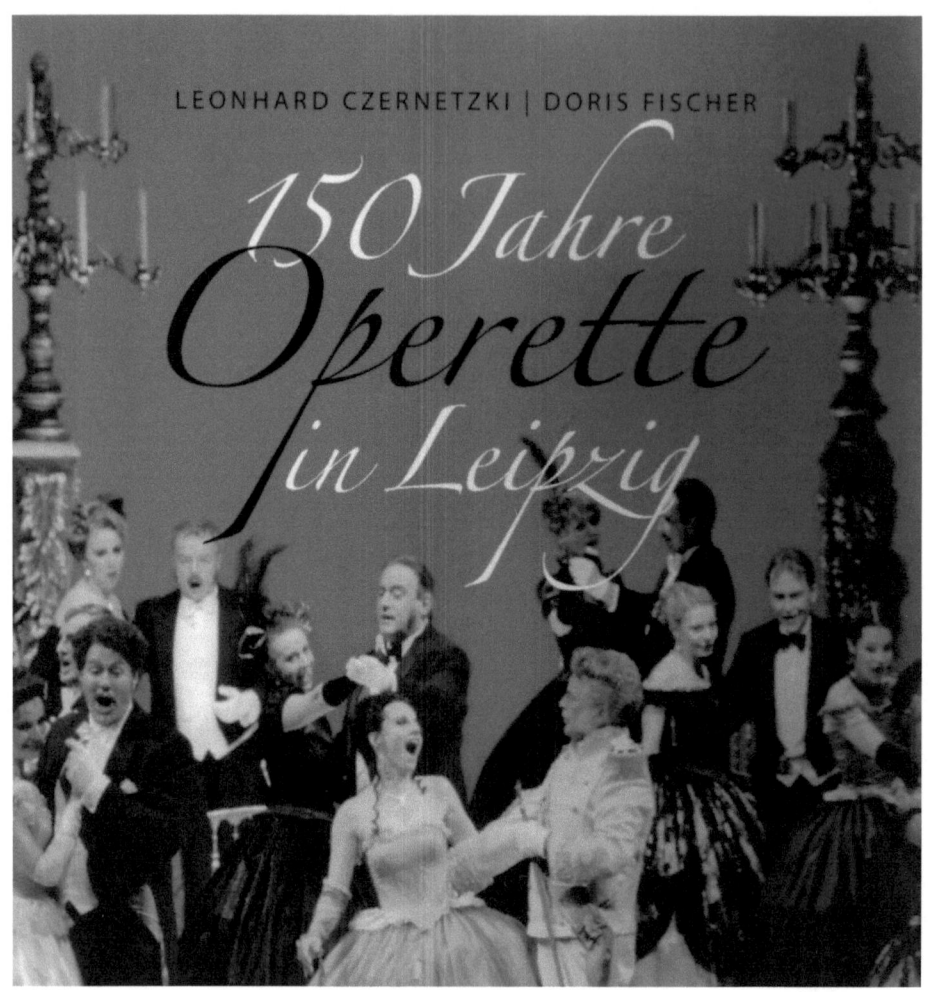

LEONHARD CZERNETZKI | DORIS FISCHER

150 Jahre
Operette
in Leipzig

In diesem Almanach, dessen Inhalt der ehemalige erste Konzertmeister der „Musikalischen Komödie" Leonhard Czernetzki akribisch recherchiert hat, fand mein 20-jähriges Mitwirken eine freundliche Erwähnung.

Erwin Leister, Oberspielleiter der Musikalischen Komödie von 1970 bis 1990, kam vom Schauspiel und war sieben Jahre beim Fernsehen tätig – sowohl in der dramatischen als auch in der Unterhaltungsabteilung. Seine lebendigen Inszenierungen wurden vom Publikum oft mit Ovationen gefeiert.

RICHTIGE ENTSCHEIDUNG

Ich höre ihn noch heute, den Satz von Sepp Wanders, damals 1947 im englischen Repatriierungscamp Harwich,
„Sag Erwin, du willst dich tatsächlich in die „Russische Zone" absetzen?"
Es half kein Warnen, ich wollte und habe es letztendlich nicht bereut, ohne zu ahnen, dass ich in meiner Heimatstadt Erfurt eines Tages meinen „Traumberuf" verwirklichen sollte!

Die Kultur besaß in der DDR einen hohen Stellenwert, denn „Film- und Schauspielkunst" galten als wirksame Waffe gegen den „menschenfeindlichen, absterbenden Kapitalismus".
Dabei räumte man dem „heiteren Musiktheater" eine gewisse „Narrenfreiheit" ein.
Mit der „lustigen Witwe", dem „Zigeunerbaron" oder „My Fair Lady", vermochten wir kaum zur Umgestaltung der „neuen sozialistischen Gesellschaftsordnung" beizutragen.
Ein „Widerstandskämpfer", der schon immer wusste, dass sich die DDR eines Tages von der „Weltbühne" verabschieden würde, war ich nicht!
Und doch gab es Augenblicke, in denen ich aufrichtig an die Verwirklichung einer „besseren Welt" geglaubt habe – bis mich die Realität immer wieder eines Anderen belehrte.
Mir erging es wie einem Großteil meiner Umwelt – ich lernte „die Kunst des Verdrängens".

Doch „Tempera mutantur".
Nun bin ich Rentner, Pensionär, ein Mann im Ruhestand.
Jetzt darf ich brav auf dem Sofa hocken, die Zeitung „durchforsten", die „Schnäppchenpreise" vergleichen, der Umwelt stolz mein gelöstes Kreuzworträtsel präsentieren, die Fernsehsender „durchzappen", mich über das „beschissene" Programm erregen...

Zum meinem Glück bleibt mir dieses Szenario nur kurze Zeit „vergönnt"! Wenige Tage nach meinem Abschied von der „MuKo", klingelt das Telefon.

Die „Hochschule für Musik und Theater Mendelssohn-Bartholdy,
Leipzig", fragt an, ob ich mir vorstellen könne, angehenden Musical-
Studenten das nötige Rüstzeug für ihre künstlerische Zukunft mit auf den
Weg zu geben.
Der „frischgebackene" Rentner nimmt das verlockende Angebot
umgehend an.
Was folgt, sind 13 interessante, fordernde Jahre mit jungen, von ihrer
künftigen Berufung besessenen „Allround-Darstellern".
Am Ende des Studiums wissen sie um die Aufgabe, Schwierigkeit und
Erfüllung dreier Berufe, die eines Schauspielers, Sängers und Tänzers.
Zudem können sie sich auf dem Klavier auch selbst begleiten.

HOCHSCHULE
FÜR MUSIK UND THEATER
»FELIX MENDELSSOHN
BARTHOLDY«
LEIPZIG

Intendantenvorspiel

München
Prinzregententheater

„Ein Traumberuf..."
Konzept und Regie: Erwin Leister

Vorsprechen in München.
Die Absolventen stellen sich den angereist‹
Intendanten und Regisseuren vor.

Prof. U.Ernst,   Prof. H.Singer,   Dozent E.Leister,   Prof. L.Curry
Leitung Pop/Musical   Musikalischer Leiter   Dramatischer Unterricht   Ballettmeisterin

HOCHSCHULE
FÜR MUSIK UND THEATER
» FELIX MENDELSSOHN
BARTHOLDY «
LEIPZIG

Dienstausweis

Erwin Leister
Lfd.Nr. 159

Zum 80. Geburtstag
von Erwin Leister

Am 8. November feierte Erwin Leister seinen 80. Geburtstag! Seit Herbst 1991, mit Gründung der Ausbildung im Fach Musical, gab er den MusicalstudentInnen Dramatischen Unterricht. Er war maßgeblich am Aufbau unseres Fachgebietes beteiligt. 1993 inszenierte Erwin Leister unsere erste Musical-Aufführung, SWEET CHARITY von Cy Coleman. Im vergangenen Jahr begleitete er seine Absolventen zum letzten Mal auf dem Weg ins Berufsleben und inszenierte zum Intendantenvorspiel an der Bayerischen Theaterakademie AUGUST EVERDING in München die gemeinsame Präsentation.

Mit Beginn des Wintersemesters 2004/05 verabschiedeten sich Kolleginnen und Kollegen feierlich von Erwin Leister – und auch an dieser Stelle sei nochmals herzlich gedankt für sein unermüdliches Engagement innerhalb der Musical-Ausbildung an unserer Hochschule. Wir wünschen alles Gute zum Jubiläum, viel Gesundheit und weiterhin soviel Jugend und umwerfenden Charme!

Uta Ernst, Prof. und FR-Leiterin
Jazz/Popularmusik/Musical

Verabschiedung nach
13 turbulenten, erfahrungsreichen Jahren…

HOCHSCHULE FÜR MUSIK  UND THEATER

DER REKTOR

Herrn
Erwin Leister
Komm.-Trufanow-Str. 18

04105 Leipzig

Leipzig, 10. Dezember 2004

Sehr geehrter Herr Leister,

mit Ende des letzten Studienjahres habe 	Sie Ihre Lehrtätigkeit an der Hochschule
für Musik und Theater Leipzig beendet.

Im Namen des Rektoraiskollegiums möchte ich Ihnen für Ihre erfolgreiche Arbeit mit
den Studierenden und für Ihr persönliche Engagement herzlich danken.

Ich wünsche Ihnen für Ihren weiteren Lebensweg Gesundheit, alles Gute und bei
allen auf Sie zukommenden Entscheidungen eine glückliche Hand.

Mit allen guten Wünschen zum Weihnachtsfest und zum Neuem Jahr
grüße ich Sie herzlich als

Prof. Konrad Körner

»FELIX MENDELSSOHN BARTHOLDY«   LEIPZIG

LEIPZIGER MARKTTAGE

Dem „Leipziger Marktamt"
verdanke ich ein zweiundzwanzigjähriges „Tingel-Abonnement"
als „Historischer Marktmeister".

Im „historischen Ornat"

„Hört, ihr Bürgersleut`…

 **LEIPZIGER INTERNET ZEITUNG**
MEHR NACHRICHTEN, MEHR LEIPZIG.

Leben. Gesellschaft

Leipziger Markttage 2012: Erwin Leister spielt zum letzten Mal den Marktmeister

Ralf Julke
26.09.2012

Die Leipziger Markttage sind ein Geheimtipp. Zumindest für Leute, denen die Sprüche beim Leipziger Karneval zu lasch sind. Wer die Eröffnungszeremonie der Markttage kennt, wie sie seit 22 Jahren ist, der weiß, dass niemand die aktuelle Politik so scharfzüngig bereimt wie der Leipziger Marktmeister. Der heißt in jedem Herbst Erwin Leister. Und am 29. Oktober tritt er zum letzten Mal auf.

Das bedauert nicht nur Herbert Unglaub, Leiter des Leipziger Marktamtes, der mit dem Einbinden eines "echten Marktmeisters" den Markttagen auch einen eigenen Charakter gegeben hat. Der unkonventionelle Herr in Rock und Dreispitz, der da jedes Jahr am ersten Tag der Markttage auf d Bühne steigt und das Zeremoniell des Aufziehens des Marktwisches anweist, ist der Hingucker des Festes, das Überraschungsereignis für alle, die so ganz zufällig am Eröffnungstag über den Markt schleichen, weil sie ihre Beutel im nächsten Warenhaus füllen wollen.

Auf der Bühne steht er seit 60 Jahren. Er war Schauspieler und Regisseur, hat 20 Jahre lang das Gesicht der Musikalischen Komödie geprägt, hat beim Fernsehen der DDR mit den Schauspielergrößen seiner Zeit gearbeitet und auch als Dozent an der Hochschule für Schauspiel und Musik. De Auftritt aber bei den Markttagen war immer seine besondere Bühne. Und das wird er auch am Samstag, 29. September, um 11 Uhr wieder genieße Mit großem Schritt wird er ans Mikrophon treten und eine Rede halten, wie sie in Leipzig sonst keiner hält…

272

Den Text der jeweiligen Moderationen hat zumeist Jutta „geliefert".
Anbei eine Kostprobe.
Es standen Wahlen an.

Nach der Melodie „Alle Jahre wieder…"

Immer nach vier Jahren
steigt die Politik
zu den Bürgern nieder
und verkündet Glück

Zieht mit großen Reden
weithin übers Land
und reicht sogar jedem
jovial die Hand

Alle putzen eifrig
ihren Heil´genschein
was sie uns versprechen
`s könnt` nicht besser sein

Ihre Häupter schmücken
manch Laternenpfahl
markige Parolen
rufen uns zur Wahl

Aber lasst euch raten
wählet mit Bedacht
denn man trägt oft lange
am „Kreuzchen" das man macht!

PER ASPERA AD ASTRA

Er ist äußerst heimtückisch und nähert sich dem braven Erdenbürger
zumeist schleichend.
Und irgendwann, wenn du es niemals erwartest, schlägt er zu –
„Darmkrebs"!!
Gottlob, ich habe den Schock an Leib und Seele glücklich überstanden
und einige Tage nach der Operation klingelt neben meinem Krankenbett
das Telefon.
„Hallo Erwin, hier ist Heinrich!
Es hat sich in Kollegenkreisen bereits herumgesprochen, Mensch, alter
Junge wie geht es dir?"
„Bergauf, Heinrich, zunehmend bergauf, nochmal verdammt Glück
gehabt, es scheint der „Herr im Himmel" will mich noch nicht."
„Da wunderst du dich?!"
„Wieso?"
„Der Herr dort „droben" hat doch Angst vor dir!"
(Komödianten pflegen bisweilen einen eigenwilligen Humor.)

Ostrau

Es zeugt von keiner Bildungslücke wenn man dieses kleine Fleckchen
Erde, nahe der tschechischen Grenze, nicht kennt.
Auf einem Plateau, hoch über der Elbe, steht eine renommierte
„Reha-Klinik".
Das noble Entree täuscht.
Es erwartet dich kein „Luxushotel".
Du betrittst einen „Gesundheitstempel".
In diesen „Hallen" ist der Tagesablauf akribisch geregelt.
Morgens, pünktlich um 7 Uhr, geht es los!
Massagen, Wassertreten, Ballübungen, Reifenspiele, Arztgespräche,
Vorträge,usw.
Ab 18 Uhr treffen sich die „Rekonvaleszenten" in der Kantine, zum
„letzten Abendmahl".
Unterhaltsame Gespräche erübrigen sich.

Hier gibt es nur das eine Thema – Krankheit!

Nach dem Verzehr der letzten Schnitte, schnapst du dir noch ein Tässchen „Gesundheitstee" und begibst dich nach oben, in dein Zimmer.

Ein Tisch, zwei Stühle, ein Schränkchen für die „Klamotten" und ein Fernseher, vervollständigen das spärliche Inventar.

Da hockst du nun in dieser fremden „Behausung", mutterseelenallein!

Die „Glotze" schweigt – sie ist defekt!

Das Nebenbett, wo ein freundlicher Zimmernachbar vielleicht meinem „Gesülze" lauschen könnte, steht leer.

Und draußen „gießt" es seit Tagen.

Da kommt Freude auf!

Höhepunkt der Tristesse ist das Wochenende!

Schwestern und Ärzte sind „ausgeflogen".

Ab 14 Uhr ist Besuchszeit.

Heute hat sich Jutta angesagt.

Die Tische in der Kantine sind voll besetzt.

Einige Familien haben die halbe Verwandtschaft mitgeschleppt.

Kaum ein Lächeln, überall nur sorgenvolle Mienen.

Die Luft ist stickig, die Stimmung gedämpft.

Quengelnde Kinder, die sich offensichtlich langweilen, ergänzen die beklemmende Atmosphäre.

Jutta versucht ihre Betroffenheit zu überspielen und wir finden noch einen Zweiertisch, unmittelbar an einem Fenster.

Die junge Aushilfskellnerin zeigt sich überaus freundlich, doch angesichts dieses trostlosen Umfeldes, will uns der leckere Pflaumenkuchen, eine Eigenproduktion der Kantine, nicht so recht schmecken.

Ich starre leicht verbiestert auf die verregnete Fensterscheibe.

Langjährige Ehefrauen spüren wenn beim „Angetrauten" die „Säge klemmt".

„Deiner ‚freundlichen Miene' entnehme ich, dass du dich hier fürchterlich langweilst.

Ich hülle mich weiterhin in Schweigen.

Weißt du was – setz` dich doch hin und schreibe!"

„Schreiben?"

„Du hast dich nicht verhört. Ich sagte schreiben."

„Es gibt doch schon genügend ‚Schreiberlinge'.

„Egon, der tapfere Kämpfer an der Müsli-Front",
„Schwarten" die umgehend auf dem Flohmarkt landen und für'n
„Appel und n` Ei" verramscht werden."
Nach einer längeren „Sendepause" ergreift Jutta meine Hand:
„Versuch es, tu' es ganz einfach für dich, du wirst sehen, die Sache kann
Spaß machen!"
Und wenig später, nach meiner Entlassung aus dem
„Gesundheitstempel", habe ich mich überwunden und zur Feder
gegriffen – wobei ich eine Erkenntnis gewonnen habe –
„Schreiben ist ein lustvolles Quälen!"

Erwin Leister

Im Galopp durch
die geschenkte Zeit

Ich wollte den Krieg gewinnen

Das Resultat
meines ersten
„lustvollen
Quälens"…

Freunde und Förderer der Musikalischen Komödie Leipzig e.V.

Musikalische Komödie

Freitag, 26. März 2010, 19.00 Uhr
Theaterrestaurant MuKo-Klause

"Mein langer Weg nach Lindenau ..."

Es liest:
Erwin Leister
Regisseur/Oberspielleiter von 1970-1990
an der Musikalischen Komödie

Musikalische Umrahmung:
Milko Milev - Bariton, Roland Seiffarth – Klavier

Eintritt frei

Erste Lesung aus meinem zweiten, noch „unvollendeten Opus"!
Das Theaterrestaurant „überfüllt"!

Epochaler Höhepunkt meiner Vortragsreihe, eine Lesung im „Frisörssalon Lerch"!
Gage:
1 Blumenstrauß!
2 x Haarschnitt gratis!

Eine „Laudatio" in der LEIPZIGER VOLKSZEITUNG, anlässlich meines
90. Geburtstages, war der Auslöser folgender Geschichte.

Papyrus Magazin, Heft 3 – Januar/Februar 2015, S. 26–30

Ein Neunzigjähriger im Dialog mit zwei Tausendjährigen
Bernd Landmann und Erwin Leister

Premiereabend im Ballon-Theater Kairo

Am 6. November 2014 widmete die Leipziger Volkszeitung einen mehrspaltigen
Beitrag mit großem Porträtfoto dem Schauspieler und Regisseur Erwin Leister aus
Anlass seines bevorstehenden 90. Geburtstages. Der Artikel rief den kulturbeflisse-
nen Leipzigern in Erinnerung, dass das begnadete Multitalent Leister als Oberspielleiter der *Musikalischen Komödie* von 1970 bis 1990 ein gut Stück Leipziger Theatergeschichte mitgeschrieben hat. Die Zahl der Operetten, Musicals, Shows und Revuen,
denen er in Leipzig und etlichen anderen Städten wie Berlin und Warschau seine
unverwechselbare locker-geniale Handschrift aufgedrückt hat, dürfte Legion sein.
Und da er ein unheilbar rastloser Mensch ist, hat er seiner überbordenden Kreativi-
tät und unbändigen Spielfreude nach Erreichung des Rentenalters keineswegs abrupt
Einhalt geboten, um sich nun etwa ausschließlich seinen sechs Enkeln und seiner
Couch zu widmen. Er hat vielmehr ohne Zäsur einfach weitergemacht. Als witzig-
schlagfertiger Marktmeister der alljährlich stattfindenden Leipziger Markttage hat er
sich in den letzten Jahren noch ein ganz neues und teilweise sogar recht junges Publikum erobert. Laut Schiller flicht die Nachwelt dem Mimen keine Kränze. Wer wollte
das in Abrede stellen?! Doch glücklicherweise haben wir noch Mitwelt und ich als
Mitweltler nutze die Chance, Erwin Leister einen weiteren Kranz zu flechten. Er hat
ihn sich verdient.

Sein Name ist mir zum ersten Mal in Kairo begegnet. Vor genau 45 Jahren. Und
zwar in einem Kontext, der sich mir nachhaltig eingeprägt hat. Deshalb hat mich
der erwähnte Zeitungsartikel geradezu elektrisiert. Ich erinnerte mich sofort an den
Namen Erwin Leisters und habe umgehend angefangen, in meinen Aufzeichnungen zu blättern. Unter dem 30.12.1969 bin ich fündig geworden:

„Gestern Abend sind wir im Ballontheater gewesen und haben Herrn Erwin Leisters Revue 1.000 Jahre Kairo gesehen.

Obwohl wir die Gespräche der Darsteller nicht verstehen konnten, hat uns der Theaterbesuch viel Spaß gemacht. Es gab allerhand für Auge und Ohr. Herr Leister hat mit Kostümen und Kulissen nicht gespart. Ein farbenprächtiges Bild jagte das andere. Über hundert Tänzer waren aufgeboten. Die Musik war orientalisch, aber sie ging ins Ohr. Alle bedeutenden Gestalten der Geschichte Kairos marschierten auf, sogar Napoleon ... Falsche Esel und echte Pferde galoppierten ins Bühnengeschehen ..."

Als ich das niederschrieb, war ich ein junger Spund. Jedenfalls fühlte ich mich so. Kein Wunder, dass ich damals nicht den Mut aufbrachte, dem umjubelten Regisseur und gestandenen Mann meine Bewunderung in einer persönlichen Begegnung zu Füßen zu legen. Obwohl: das wäre recht einfach gewesen, denn er wohnte wie ich am Midan Ahmed Orabi, kaum 200 m Luftlinie von mir entfernt, und damals hätte ich mich auch noch ohne Mühe bücken können. Nun aber wollte ich es wissen. Jetzt sah ich in vierzehn Jahren Altersunterschied keine unüberwindliche Barriere mehr. Ohne Zögern und ohne Bedenken schrieb ich ihm einen Brief. Und – o Wunder – er rief postwendend bei mir an. Wir verabredeten ein Treffen in meiner Wohnung...

Erwin Leister war damals am Nil keineswegs *„wundergläubiger Fellachen"* wegen unterwegs, sondern vielmehr auf der Basis eine Staatsvertrages, der beinhaltete, dass Künstler aus der DDR zusammen mit ägypti schen Kollegen zur Würdigung des 1969 anstehenden tausendjährigen Geburtstage von El Kahira, der Siegreichen, eine prachtvolle Revue auf die Beine stellen sollten Der Vertrag trug die Unterschriften des Kulturministers der seinerzeitigen VAR Dr Sarwat Okasha und des DDR-Kulturministers Klaus Gysi. Wen der Name des Letzte ren zu Vermutungen über verwandtschaftliche Beziehungen veranlasst, der ist keines wegs auf einer falschen Fährte. Der sich heute als Unruhestifter Nr. 1 in der parlamen tarischen Landschaft Deutschlands gerierende Gysi ist sein Sohn Gregor.

Für Erwin Leister begann in Ägypten das vielleicht größte Abenteuer seines Lebens und er hat es in vollen Zügen genossen. Wie sehr ihn die schöpferischen Monate in Kairo herausgefordert, inspiriert, gestresst, beglückt, immer wieder in den Himmel katapultiert und manchmal auch kurz darauf ins Fegefeuer geschleudert haben, widerspiegeln seine „ungeschminkten Aufzeichnungen", die er mir kurzzeitig mit der Erlaubnis überlassen hat, nach Belieben daraus zu zitieren. Und das tue ich nun ausgiebig, denn seine authentischen Worte lassen auf erfrischende, faszinierende Weise lebendig werden, was er damals erlebt hat und vor allem auch wie. Im Folgenden reihe ich einfach Auszüge aus seiner Niederschrift aneinander. Verbindender Wortkitt scheint mir nicht nötig zu sein, da jeder die Leerstellen leicht mit seiner Fantasie ausfüllen kann:

Kairo wurde 1000 Jahre alt. Aufgrund der Kriegssituation mit Israel sollte die „Jubelfeier im Saale" stattfinden...
Alles Weitere ist dem Leser bereits bekannt.

Die Zeitschrift für
Deutschsprachige
in Ägypten

Das Resultat unserer Begegnung –
eine Lesung im „Salon am Donnerstag",
eine Veranstaltung der „Rahn-Dittrich-Group", die inzwischen 19 Standorte im
In- und Ausland unterhält.

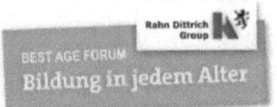

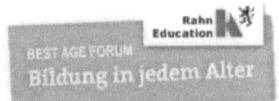

▶ Salon am Donnerstag

ERWIN LEISTER

Im Galopp durch die geschenkte Zeit –
Ein ungeschminkter Blick hinter die Kulissen
des Theaters und Fernsehens

Schumann-Haus Leipzig | Inselstraße 18 | 04103 Leipzig
Moderator: Dr. Bernd Landmann

VVK: 8,00 EUR (4,00 EUR ermäßigt)
Abendkasse: 10,00 EUR
15. Oktober 2015 | 17:00 Uhr

Best Age Forum
Einlass: 16:30 Uhr
Inkl. Getränk
www.bestageforum.de   **072**

▶ Salon am Donnerstag

Kammersänger Prof. Peter Schreier

Zwei Kruzianer im Gespräch

Markt 10 | 04109 Leipzig | Handwerkerpassage | linker Eingang
Moderator: Prof. Dr. Hans John

VVK: 8,00 EUR (5,00 EUR ermäßigt)
Abendkasse: 10,00 EUR
19. Mai 2016 | 17:00 Uhr

Best Age Forum
Einlass: 16:30 Uhr
www.bestageforum.de   **060**

„Auf Augenhöhe" mit einem Weltstar…

„Salon am Donnerstag mit Erwin Leister"
Rückblick der Lesung im Internet:
(http://www.bestageforum.de/3567.html)

[...] Als Hauptperson des „Salons am Donnerstag" brannte Erwin Leister im ehrwürdigen Salon der Schumanns ein Feuerwerk an Pointen ab, wie man es hier wohl noch nie hat erleben können. „Im Galopp durch die geschenkte Zeit – ein ungeschminkter Blick hinter die Kulissen des Theaters und Fernsehens" hat er sein Programm genannt und es wurde in der Tat ein atemberaubender Parforceritt. Durch das Wechselbad der Gefühle, das Erwin Leister seinem Publikum bereitete, verwandelten sich Lachtränen unversehens in Tränen der Rührung und dann gleich wieder zurück in Lachtränen. Es war einfach wunderbar.
[...]Der Jubel war überwältigend.

Dr. Bernd Landmann

Mein letzter „öffentlicher Auftritt".

29.09.2016

Liebe Erwin,

Du bist hoffentlich wohlauf, auch wenn Dein Telefon kontinuierlich besetzt ist?
Ich wende mich heute mit einer Bitte an Dich.
Wir sind eine Truppe von Journalisten-Senioren (Professoren, Dozenten oder Fußvolk wie
ich). Wir treffen uns jeden dritten Dienstag des Monats ab 14.00 Uhr im Jagdzimmer des
Ratskellers. Dazu laden wir uns seit Jahren bekannte Leipziger ein, die über ihre Arbeit
sprechen.
Die Reihe reicht von Joachim Herz, Hans-Joachim Rotzsch, Elmar Faber, Mark Lehmstedt,
Helmut Richter, Adel Karasholi, Nepal-Reisenden, Demenz-und Diabetes-Ärzten, Klima-
Professoren bis zum OBM Burkhard Jung.
Nun würden wir uns freuen, wenn Du diese Reihe vervollständigen könntest.
Der Termin ist der

Dienstag, 20. Dezemnber 2016 um 14.00 Uhr im Jagdzimmer des Ratskellers.

Du solltest über Deine Anfänge als Schauspieler, als Fernsehmacher, Ägyptenreisender,
MuKo-Regisseur und Marktmeister plaudern. Gesprächspartner wäre ich ich.

Honorar können wir Dir leider nicht zahlen, aber eine gute Flasche Wein (rot oder weiß?)
wäre unser Dankeschön für reichlich eineinhalb Stunden Kulturgeschichte à la Erwin Leister.

Hast Du Lust, Zeit und vor allem bist Du gesund?

Sei herzlich gegrüßt von

PS: die genaue Bezeichnung der bisherigen Gäste:
    Operndirektor Prof. Herz, Thomaskantor Prof. Rotzsch,
    Verlagschef E.Faber, syrischer Literat A.Karasho

Die dem Leser bereits bekannte, Geschichte
der „Geburtsstunde des Greizer Karnevals", erschien 2011 in mehreren
Artikeln der „Ostthüringer Zeitung".

Greiz. Erwin Leister gestattete
uns den Vorabdruck aus seinem
demnächst erscheinenden zweiten Buch.

Greiz wird närrisch

Über die Anfänge des Faschings – Erwin Leister erinnert sich

Hustenbonbons statt Kamelle

Greiz wird närrisch, Teil 2

Umzug mit Trauermiene

1957 – Greiz wird närrisch, Teil 3

Mit närrischer Gymnastik gegen die Kälte

1957 – Greiz wird närrisch, Teil 4 und Ende

„Grimmaer für Grimmaer"
Jubiläums-Gala

Christian Steyer

Ulrich Mühe

Aus dem
Programmheft:
„Als Regisseur
Festgala „Grimm
für Grimmaer"
konnte der Leip.
Erwin Leister
gewonnen werd

Carmen Nebel

Sehr geehrter Herr Leister,
meine guten Wünsche an Sie und
Ihre Gattin zum Jahreswechsel
möchte ich mit dem herzlichen Dank
für die großartige Unterstützung unserer
Festgala „Too false Grimm" verbinden
Die Grimmaer sind bis heute begeistert
von dem herrlichen Abend! ...

Grüße, Bettina Holzer

(Kulturdezernentin)

286

Zwei „Kostproben" aus meinem „Tingel"-Repertoire.

Das Leben

Mit „10", stöhnt heut' so mancher Knabe:
„Ach, wenn ich erst die „20" habe!"

Ist es soweit, meint er: „Jetzt weiß ich,
ganz fertig ist man erst mit „30"!"

Doch die Erfahrung lehrt, er irrt sich,
der „wahre Mann" beginnt mit „40"!

Falls ihn jetzt nicht die Panik fasst,
er habe irgendwas verpasst
und da es auf die „50" geht,
sei's nun für „Alles" schon zu spät!

So ärgert er sich bis zur „60"
und seine „Grämlichkeit", die rächt sich,
da er mit „70" erst begreift,
das uns das Leben ständig „reift"!

„Ach", seufzt er, „erst beim Rückwärtssehen merk' ich –
dass jedes Lebensalter schön!!

Jutta Eberhardt – Leister

Die Liebe

Ein „Paar" – noch nicht ganz „ausgegoren"
und ziemlich feucht noch hinter`n Ohren,
liebt sich auf ganz besond`re Art!
Mal schwärmerisch, romantisch, zart.
Dann wieder mit brutalen „Knuffen"
und kräftig in die Seite „puffen".
Wenn sie sich dem „Alleinsein" widmen,
dann jault die „Heule" wilde Rhythmen!
Die Schule findet man schon „öde"
und Leute über „30", blöde!
Zwar ist man auch schon „aufgeklärt",
mit allem was dazu gehört,
doch bleibt`s bei reiner Theorie –
für „Praxis", wär´s noch etwas früh!
Im Grenzfall, zwischen „Groß" und „Klein",
ist´s nicht ganz leicht ein Mensch zu sein!

Ein „Paar" – so in den „20er"-Jahren,
ist in der Liebe schon erfahren.
Man hat´s probiert, mal „lang", mal „flüchtig"
und fühlt sich nunmehr „liebestüchtig"!
Da, unversehens überfällt
DIE Liebe sie, die „ewig" hält!
Der sachlich, kühle Mensch von heute,
wird nun der Leidenschaften „Beute"!
Und alles, was er sonst verlacht,
wird voll „Emphase" nachgemacht.
Es wird gestottert und errötet,
Blümchen geschenkt und angebetet,
„Mondnachtgewandelt", Hand in Hand
und Liebesschwüre angewandt.
Nur „Romeo und Julia" fühlt man sich
innerlich noch nah!
Wenn sich`s um „Große Liebe" handelt –
ist halt` der Mensch, wie umgewandelt...

Ein „Paar – lang` schon im Ehestand,
mit zwei, drei Kindern an der Hand,
hat sich zwar immer noch sehr gern,
doch „Liebesschwüre" liegen fern!
Der „Ehealltag" schafft Probleme
und häufig nicht sehr angenehme.
Sie fühlt sich manchmal ausgebeutet,
weil er die Zeit beim Skat vergeudet.
Er fürchtet den „Total-Ruin",
kauft sie mal zu viel „Suppengrün".
Und weil er häufig dienstlich reiste,
hatte sie Angst, dass er „entgleiste".
Will man nicht auseinanderlaufen,
muss man sich halt „zusammenraufen",
denn oft, trotz bester „Eheleitung",
denkt man an „Mord" –
nicht an die Scheidung.
Doch prüft man sie auf Herz und Nieren,
sie möchten niemals sich verlieren!
Sie lieben sich noch, wie ihr seht –
jedoch in „Neuer Qualität"!

Ein „Paar" – nun auf des Lebens „Gipfel",
wünscht sich vom Glück auch noch `nen Zipfel
und Liebe, „reif, beschaulich, milde",
nicht mehr die stürmisch, heiße, wilde,
die einst man in den Jugendjahren,
schon zur Genüge hat erfahren.
Denn wirklich tolle „Leidenschaften"
kann man nicht mehr so recht verkraften.
Es haben schließlich die „Potenzen",
schon von Natur aus ihre Grenzen.
Doch Liebe kann – wie guter Wein –
im Alter erst vollkommen sein!

Jutta Eberhardt – Leister

ÜBERRASCHENDES GEDENKEN

Während eines Ausfluges nach Kirchworbis, einer kleinen Gemeinde im thüringischen Eichsfeld, wo mein Vater in jungen Jahren als „Dorfschulmeister" tätig war, und ich die Grundschule absolvierte, entdeckte ich auf dem dortigen „Kriegerdenkmal" meinen Namen! Nach den Wirren des zweiten Weltkrieges hat mich die damalige Dorfverwaltung, aus unerklärbaren Gründen, schlichtweg für tot erklärt – womit die These bewiesen ist –
„Totgesagte leben länger"

SCHAUSPIELER

Wer sich berufen fühlt, dieses „ehrbare" Handwerk zu ergreifen, hat sich „unabdingbaren Regularien" zu unterwerfen.
So du gewillt bist:
1. Dein Privatleben weit hint´an zu stellen...
2. Ein Nomadenleben zu führen...
3. Deine Seele ungehemmt zu entblößen...
4. Unter ständigem „Beschuss" zu leben...
5. Dich von subjektiver Kritik nicht beeindrucken zu lassen...
6. Den Gang zum Arbeitsamt nicht scheust...
Ach ja – Talent solltest du auch mitbringen.
Und ohne eine gewisse „Portion Wahnsinn" – hast du kaum Überlebenschancen!

EINE ERFINDUNG DES TEUFELS

Nach einem abgeschlossenen Schauspielstudium heißt es „Vorsprechen" oder neudeutsch „Audition".
Du stehst mutterseelenallein auf einer fremden Bühne.
Grelles Scheinwerferlicht blendet die Augen.
Im dunklen Zuschauerraum hocken die „anonymen Examinatoren".
Du spürst ihre lauernden Blicke!
Dein Herz rast, was du krampfhaft zu verbergen suchst.
Dann bemühst du all deine Phantasie, versuchst in die Seele einer fremden, fiktiven Person einzusteigen, durchlebst in deiner Vorstellung Freude, Trauer, Wut, Liebe, Hoffnungslosigkeit und letztendlich den Tod...
Danach kauerst du atemlos auf dem Bühnenboden und wartest hoffnungsvoll auf ein Signal aus dem dunklen Zuschauerraum.
Langes Schweigen...
Dann, nach endlos scheinenden Minuten, ruft eine unverbindliche Stimme:

„Danke! Der Nächste bitte!"

In praxi, „es hat nicht gereicht" oder „du bist nicht der gesuchte Typ".

Du rappelst dich auf, wischst dir verlegen den Staub von der Hose und verlässt gesenkten Hauptes den Schauplatz deiner „Niederlage".

Den übrigen 19 Mitbewerbern ergeht es nicht anders.

Nur einem ist es vergönnt das Rennen um das heiß begehrte Engagement zu gewinnen.

Die Verlierer fahren wieder nach Hause, besuchen zwischenzeitlich das Arbeitsamt und warten hoffnungsvoll auf die nächste „Audition".

Die bekannte Formel:

„Am richtigen Ort, zur richtigen Zeit, die richtigen Leute kennenlernen", ist leider nur Wenigen beschert!

FINALE

Bald habe ich die 93 erklommen, bin stolzer Träger orthopädischer Kompressionsstrümpfe und gelte meinen Enkelkindern längst als der „Vorzeige-Opa".

Dreiundneunzig Jahre!!

Dieser Herausforderung muss man sich stellen!

Der Kopf ist noch brauchbar und die Tagesform obliegt der Laune von Mutter Natur.

Täglich zwickt es woanders.

Nicht nur das Haar, auch die Seele, wird merklich dünner.

Der schlechten Laune biete ich „Paroli", indem ich den Blick in den Spiegel auf das Nötigste beschränke.

Der Familie und dem Freundeskreis begegne ich stets aufgeschlossen und gesprächsbereit.

Meine ständigen Wiederholungen scheinen Balsam für ihr Gemüt.

Doch gemach –

„Zu des Alters größten Tücken, gehören die Gedächtnislücken.

Doch mein Trost in diesem Falle – irgendwann erwischt es alle!"

Der Rücken schmerzt, das Bein erlahmt, die Augen trüb, der Kopf vergisst – und doch begrüße ich hoffnungsvoll den neuen Morgen!

Mit Dankbarkeit und Demut, schaue ich, trotz mancher Enttäuschung,
auf die gelebten Jahre zurück.
Was bleibt, ist die Erinnerung an einstige Weggefährten.
Regisseure, Schauspieler, Sänger, Kapellmeister, Bühnenbildner,
Ballettmeister, Tänzer, Dramaturgen, Kameramänner und viele andere.
Die „Begabten" waren meist bescheiden und pflegeleicht.
Der „Mittelmuff" hingegen, eitel, umständlich und anstrengend.
Ich erlebte glanzvolle Premieren und schmerzhafte Niederlagen.
Ohne meine Frau, die mir stets bescheiden im Hintergrund, mit Rat und
Tat zur Seite stand und manchen „Operetten-Schwachsinn" ausgebügelt
hat, hätte ich vieles kaum bewältigt!

1975 – ein gestelltes Foto für die „Nationalzeitung"

Seine ureigensten Gefühle und Gedanken dem Papier anvertrauen,
heißt – „seelisch die Hose runter lassen"!
Ich habe es gewagt, im Zeitraffer, ungeschminkt und ohne
„Ghost-Writer"!
„Nota bene" – nicht ohne eine gewisse Portion Eitelkeit, die unserem
Metier besonders immanent ist.

„Ein Künstler der nicht eitel ist, gleicht einem Weibe,
was nicht gefallen will – beide sind langweilig!"

Heinrich Laube 1835

EPILOG

Die Operetten-Premiere ist ausverkauft.
Im Zuschauerraum allenthalben erwartungsvolle Besucher.
Professor Dr. Jungnickel nebst Gattin.
Oma und Opa Meisel.
Der Kegelverein „Alle Neune".
Klempnermeister Machulke und Frau.
Eine Gymnasial-Klasse, usw. , usf. …
Das heißt –
unterschiedliche Bildungsgrade,
divergierende Altersunterschiede,
andersartige Lebenserfahrungen,
und besonders relevant – die momentane Gefühlslage!
Für diese bunt zusammengewürfelte Zuschauergemeinde gilt es einen
emotionalen Gleichklang zu finden.
Das erfordert, die zumeist naive Operetten-Fabel, möglichst spannend,
unterhaltsam, anregend, amüsant, unbeschwert, witzig, heiter und
humorvoll zu interpretieren!
Wie heißt es so treffend bei Berthold Brecht:
„Das Leichte, das so schwer zu machen ist!"
oder wie es ein bekannter Theaterkritiker, anlässlich meines 90.
Geburtstags formulierte –
„GUTE UNTERHALTUNG IST SCHWERSTARBEIT"!!
Dem wage ich nicht zu widersprechen…

Fotos

Privat
Kairo ADN – (H. Becker)
Grimma Jubiläum – (Gerhard Weber)
Leipziger Theater – (Helga Wallmüller)